INFORMATIONS-
TECHNOLOGIE

Grundwissen

Realschule Bayern

Cornelsen

INFORMATIONS-TECHNOLOGIE

Grundwissen

Autorinnen und Autoren:
    Julia Beck, Landsberg am Lech;
    Sabrina Klein-Heßling, Bad Aibling;
    Markus Mingo, Furth im Wald;
    Julia Reichel, Pfaffenhofen a. d. Ilm;
    Theresa Spannbauer, Gauting;
    Florian Stelzle, Landshut

Beraterin: Susanne Lautenschlager, Puchheim

Redaktion: Dr. Lutz Engelmann

Umschlaggestaltung: Studio SYBERG

Layoutkonzept: zweiband.media, Berlin

Grafik und technische Umsetzung: zweiband.media, Berlin

Begleitmaterialien für Lehrerinnen und Lehrer
Begleitmaterial auf USB-Stick mit Unterrichtsmanager und E-Book auf Scook   978-3-06-041079-8

---

www.cornelsen.de

Die Webseiten Dritter, deren Internetadressen in diesem Lehrwerk angegeben sind, wurden vor Drucklegung sorgfältig geprüft. Der Verlag übernimmt keine Gewähr für die Aktualität und den Inhalt dieser Seiten oder solcher, die mit ihnen verlinkt sind.

1. Auflage, 1. Druck 2017

Alle Drucke dieser Auflage sind inhaltlich unverändert und können im Unterricht nebeneinander verwendet werden.

© 2017 Cornelsen Schulverlag GmbH, Berlin

Das Werk und seine Teile sind urheberrechtlich geschützt.
Jede Nutzung in anderen als den gesetzlich zugelassenen Fällen bedarf der vorherigen schriftlichen Einwilligung des Verlages.
Hinweis zu den §§ 46, 52a UrhG: Weder das Werk noch seine Teile dürfen ohne eine solche Einwilligung eingescannt und in ein Netzwerk eingestellt oder sonst öffentlich zugänglich gemacht werden.
Dies gilt auch für Intranets von Schulen und sonstigen Bildungseinrichtungen.

Druck: Grafisches Centrum Cuno GmbH & Co.KG, Calbe

ISBN 978-3-06-041006-4 (Schülerbuch)
ISBN 978-3-06-041011-8 (E-Book)

PEFC zertifiziert
Dieses Produkt stammt aus nachhaltig bewirtschafteten Wäldern und kontrollierten Quellen.
www.pefc.de
PEFC/04-31-1370

Kapitel 1 — Texterfassung — 5

1. Arbeitsplatz und Arbeitshaltung ... 6
2. Die Tastatur ... 8
3. Das 10-Finger-System ... 9
4. Textgestaltung ... 22
5. Gymnastische Übungen ... 23

Zeig was du kannst! ... 24

Kapitel 2 — Objekte der Vektorgrafik — 25

1. Klassen und Objekte ... 26
2. Objekte in einem Vektorgrafikprogramm ... 28
3. Bringe Bewegung in deine Grafik: Methoden ... 30
4. Beziehungen zwischen Objekten: Gruppierung ... 32
5. Programme erstellen ... 33

Grundwissen ... 40
Zeig was du kannst ... 41

Kapitel 3 — Einführung in die Textverarbeitung — 45

1. Textverarbeitungsprogramme ... 46
2. Die letzten Griffe im 10-Finger-System ... 47
3. Normen vereinheitlichen auch Dokumente ... 50
4. Zeichen und Absatz ... 52
5. Shortcuts verkürzen Wege ... 54
6. Tabellen und Bilder ... 55
7. Längere Texte übersichtlich gestalten ... 59

Grundwissen ... 61
Zeig was du kannst ... 62

Kapitel 4 — Informationsaustausch — 65

1. Information und Kommunikation ... 66
2. Codierung ... 68
3. Digitale Kommunikation in sozialen Netzwerken ... 74
4. Gefahren bei digitaler Kommunikation ... 76

Grundwissen ... 81
Zeig was du kannst ... 82

Kapitel 5 — Einführung in die Bildbearbeitung — 85

1. Pixel- und Vektorgrafik ... 86
2. Grafische Dateiformate ... 89
3. Begriffe der Bildbearbeitung ... 90

	4	Farbmodelle	92
	5	Vergleich von Pixel- und Vektorgrafik	93
	6	Bildbearbeitung	93
		Grundwissen	101
		Zeig was du kannst	102

Kapitel 6 — Tabellenkalkulation — 105

	1	Aufbau eines Kalkulationsprogramms	106
	2	Berechnungen im Tabellenblatt	110
	3	Grafische Datenauswertung durch Diagramme	116
		Grundwissen	118
		Zeig was du kannst	119

Kapitel 7 — Informationsbeschaffung und -präsentation — 125

	1	Informationssuche	126
	2	Gesetzliche Grundlagen	129
	3	Präsentationsplanung	133
	4	Präsentation mit einem Programm erstellen	135
		Grundwissen	139
		Zeig was du kannst	140

Kapitel 8 — Grundlagen elektronischer Datenverarbeitung — 145

	1	Das EVA-Prinzip	146
	2	Computermodelle	147
	3	Die Aufgaben des Betriebssystems	148
	4	Die Verwaltung und die Sicherheit von Daten	151
		Grundwissen	156
		Zeig was du kannst	157

Projektaufgaben — 165

Register 167
Bildquellenverzeichnis 168

Kapitel 1

Texterfassung

1 Arbeitsplatz und Arbeitshaltung
2 Die Tastatur
3 Das 10-Finger-System
4 Textgestaltung
5 Gymnastische Übungen

Kapitel 1 — Texterfassung

Endlich ist es soweit, du darfst in den IT-Fachraum und am Computer arbeiten. Sicherlich ist es nicht das erste Mal, dass du vor einem Computer sitzt. Vielleicht hast du schon einmal mit deinen Freunden gechattet, eine E-Mail geschrieben oder ein Referat erstellt.

Doch wie geübt bist du im Schreiben von Texten? Bist du sehr langsam und musst oft auf die Tastatur schauen, um mit dem „2-Finger-Suchsystem" die richtigen Tasten zu finden?

In diesem Kapitel lernst du das Tastschreiben nach dem 10-Finger-System, das dir hilft, schnell und fehlerfrei am Computer zu schreiben. Mit dieser Methode bist du aber nicht nur flotter, du kannst dich auch besser auf deine eigentliche Arbeit konzentrieren, weil du nicht ständig auf die Tastatur sehen musst. Außerdem lernst du in diesem Kapitel die wichtigsten Funktionen eines Textverarbeitungsprogramms kennen und beschäftigst dich mit den grundlegenden Möglichkeiten der Textgestaltung.

Doch bevor es mit dem Schreiben losgeht, sehen wir uns zunächst deinen Arbeitsplatz an.

1 Arbeitsplatz und Arbeitshaltung

Der Computerarbeitsplatz

1. Nenne weitere Geräte, die am Computer angeschlossen werden können.
Beschreibe auch ihre Funktion.

2. Beschreibe deinem Banknachbarn wie dein Computerarbeitsplatz zu Hause aussieht und welche Geräte dort angeschlossen sind.

Zu einem vollständigen Arbeitsplatz gehören natürlich nicht nur ein Computer, ein Monitor, eine Tastatur und eine Maus. Auch deine Arbeitsumgebung und deine Büromöbel sollten bestimmte Kriterien erfüllen, damit du effektiv arbeiten und dich wohlfühlen kannst:

- Die Arbeitsfläche sollte <u>ausreichend Platz</u> bieten, frei von unnötigen Gegenständen sein und keine reflektierende Oberfläche besitzen.
- Die Tastatur sollte <u>frei beweglich</u>, <u>rutschfest</u> und <u>neigbar</u> sein. Die Arbeitsfläche vor der Tastatur muss ein Auflegen der Handballen ermöglichen.
- Der Stuhl sollte <u>höhenverstellbar</u> sein und eine neigungsfähige Rückenlehne haben.
- Der Arbeitsplatz sollte eine angenehme Raumtemperatur, <u>ausreichend Licht</u> und keine Störgeräusche aufweisen.

Tipp: Neue Ordner kannst du einfach erstellen:
Drücke die rechte Maustaste und wähle „Neu → Ordner" und benenne diesen.

Auch deine Dateien sollten <u>strukturiert gespeichert</u> und <u>ordentlich benannt</u> sein, damit du sie leicht wiederfinden kannst. Dafür kann man auf Datenträgern wie USB-Sticks oder Festplatten Ordner anlegen. Das Objekt Ordner ist vergleichbar mit einem Aktenordner oder Schnellhefter, in den man Schriftstücke einlegt. Das in einem Ordner gespeicherte Objekt Datei ist letztlich ein solches „Schriftstück".

Erstelle einen neuen Ordner in deinem Verzeichnis und benenne diesen Ordner mit einem geeigneten Namen (Beispiel: *„Texterfassung"*). Jede deiner Übungen zur Texterfassung kannst du dort zukünftig als Datei speichern.

3. Überlege dir geeignete Dateinamen.

Die richtige Arbeitshaltung

Ging es bisher um deinen Arbeitsplatz, so geht es jetzt um dich. Deine Sitzhaltung und die ergonomische Einrichtung deines Arbeitsplatzes beeinflussen die Effektivität deiner Arbeit enorm. So können eine langsamere Eingabegeschwindigkeit und die Häufung von Fehlern beim Schreiben die Folge schlechter Haltung sein.

Auch gesundheitliche Probleme im Nacken-, Schulter- und Rückenbereich können durch falsches Sitzen und einen schlecht eingerichteten Arbeitsplatz entstehen – vielleicht nicht gleich, aber sicher in einigen Jahren.

Achte deshalb darauf, dass du die folgenden Punkte stets beachtest:

„Ergonomisch" bedeutet vor allem „benutzerfreundlich". Die **Ergonomie** ist eine Wissenschaft, die sich damit beschäftigt, die Arbeitsbedingungen, den Arbeitsablauf und die benötigten Werkzeuge so zu gestalten, dass das Arbeitsergebnis qualitativ und wirtschaftlich) optimal wird und die arbeitenden Menschen möglichst wenig ermüden oder gar geschädigt werden.

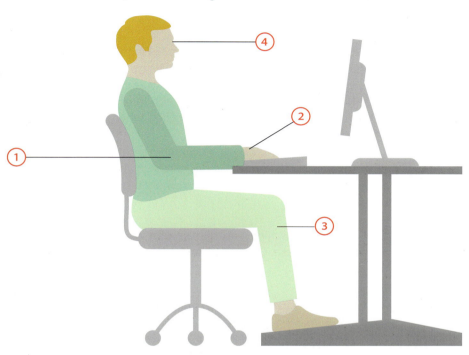

- Du solltest aufrecht, aber angenehm sitzen.
- Die Stuhlhöhe sollte so eingestellt sein, dass deine Ellenbogen möglichst einen rechten Winkel bilden, wenn du die Hände auf der Tastatur ablegst. (1)
- Deine Handrücken und Unterarme bilden eine gerade Linie. (2)
- Deine Beine sollten sich nicht überkreuzen. (3)
- Dein Monitor sollte so eingestellt sein, dass du bei geradem Blick knapp über den oberen Bildschirmrand blicken kannst. (4)
  Dein Monitor muss so stehen, dass dich keine Spiegelungen von Lampen oder Fenstern auf dem Bildschirm stören.

4. Kontrolliere die Sitzhaltung deines Banknachbarn und korrigiere ihn gegebenenfalls.

Tipp: Auf Seite 18 findest du Entspannungsübungen.

So solltest du nicht sitzen:

5. Sieh dir links die beiden Bilder an. Nenne Verbesserungsmöglichkeiten zur Sitzhaltung.
Ist die Sitzhaltung der Kinder auf dem Kapiteleinstiegsbild korrekt (▶ S. 5)?

CHRISTOPHER LATHAM SHOLES
(1819 – 1890)

2 Die Tastatur

Der Drucker und Erfinder CHRISTOPHER LATHAM SHOLES konstruierte und patentierte im Jahre 1878 eine neuartige Schreibmaschine, die die Basis für die Remington Model 2 der Firma Remington darstellte.

Es war die erste Schreibmaschine, welche die gleiche Tastaturbelegung aufweist wie du sie noch heute auf modernen Computertastaturen vorfindest.

Bis dahin hatten alle Schreibmaschinen eine strikt alphabetische Anordnung der Tasten. Dabei ist jede Taste über ein Gestänge (Hebel) mit dem jeweiligen Buchstaben (Typen) verbunden. Aufeinanderfolgende Buchstabenkombinationen lagen häufig nebeneinander. So kam es beim schnellen Schreiben dazu, dass mehrere Typenhebel aneinanderschlugen und verklemmten.

Die abweichende Tastaturbelegung verhinderte das Verklemmen der Typenhebel und steigerte die Schreibgeschwindigkeit.

Außerdem war es das erste Modell, auf dem man mit 10 Fingern schreiben konnte. Die Kunden waren von der Schreibgeschwindigkeit derart begeistert, dass diese Schreibmaschine schnell zum marktführenden Modell wurde. Folglich haben auch die anderen Schreibmaschinenhersteller die Tastaturen ihrer Modelle umgestellt und die neue Tastenanordnung von SHOLES hatte sich schon bald als Standard durchgesetzt.

Eine Tastatur (*engl.:* keyboard) gibt es auch am Computer und ist meist mit dem Monitor gekoppelt. Sie ist immer noch das gebräuchlichste Eingabegerät eines Computers, selbst der Touchscreen deines Smartphones muss manchmal eine Tastatur simulieren.

Im Unterschied zur Schreibmaschine von damals gibt es auf einer Computertastatur noch weitere Tastenfelder. Grundsätzlich wird die Tastatur in vier Bereiche unterteilt:

Remington Typewriter No. 2

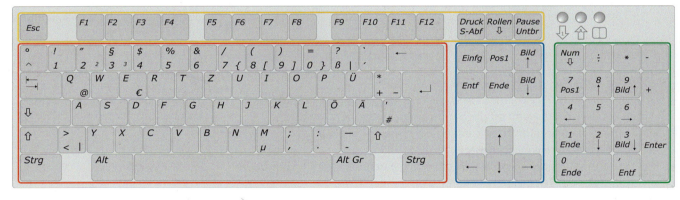

- **Alphanumerisches Tastenfeld (Schreibmaschinenblock):**
  Die Tasten dienen der Eingabe von Buchstaben und Ziffern sowie Sonderzeichen.

- **Numerisches Tastenfeld (Numerikblock):**
  Hier können Zahlen und Rechenzeichen eingegeben werden. Die Tasten werden genutzt, wenn man häufig mit Zahlen arbeitet. Der Block muss bei den meisten Tastaturen mit der Sondertaste Num eingeschaltet werden. Ob das numerische Tastenfeld aktiviert ist, siehst du an der Kontrollleuchte.

- **Funktionstastenfeld (Steuerblock):**
  Die Funktionstasten F1 bis F12 sind mit bestimmten Befehlen belegt oder können damit belegt werden. Dies ist je nach Programm, das du gerade nutzt, unterschiedlich.

- **Cursortastenfeld (Bewegungsblock):**
  Mit den Pfeiltasten kannst du den Cursor innerhalb von Texten bewegen.

6. Begründe, warum die Tasten E und I weiter in der Mitte des Tastenfeldes angeordnet sind als die Tasten Ä, Ö und Ü oder Q und Y.

7. Begründe, dass die Tasten Z und Y auf der englischen Tastatur vertauscht sind.

3 Das 10-Finger-System

Die Grundstellung

Jetzt geht es endlich los, du lernst das 10-Finger-System. Als Erstes betrachten wir die Grundstellung. Diese legt die Ausgangsposition deiner Finger fest und sieht wie folgt aus:

8. Schließe deine Augen und streiche mit deinen Fingern über die Tastatur. Was spürst du?

Die Erhöhungen auf den Tasten F und J sind dir eine Hilfe, um die **Grundstellung** besser und vor allem ohne Hinsehen zu finden.

Taste	Grundstellung
F J	Die Zeigefinger liegen auf den Buchstaben F und J.
D K	Die Mittelfinger liegen auf den Buchstaben D und K.
S L	Die Ringfinger liegen auf den Buchstaben S und L.
A Ö	Die kleinen Finger liegen auf den Buchstaben A und Ö.
Leertaste	Die Daumen liegen auf der Leertaste.

Entertaste

Beim Tastschreiben bleiben deine Finger immer in der Grundstellung. Willst du einen anderen Buchstaben schreiben, verlässt der entsprechende Finger die Ausgangsstellung um den Buchstaben zu tippen und kehrt danach sofort wieder in die Grundstellung zurück.

Am Ende einer Zeile drückst du mit dem kleinen rechten Finger die Entertaste, um eine neue Zeile zu beginnen. Dieser Tastweg wird dir anfänglich ungewöhnlich weit vorkommen. Mache deshalb ein paar Trockenübungen, um die Bewegung zu trainieren. Achte dabei darauf, dass deine anderen Finger in der Grundstellung bleiben.

¶ Dieses Symbol steht für einen neuen Absatz, den du mit der Enter-Taste erstellen kannst.

Aufgabe: Öffne dein Textverarbeitungsprogramm und schreibe den untenstehenden Text mit Hilfe des 10-Finger-Systems ab. Auf der nächsten Seite findest du Hinweise zu den Einstellungen deines Dokuments.

Tastwegübungen

```
fff jjj fff jjj fff jjj fff jjj fff jjj fff jjj fff jjj fff¶      60
fjf jfj fjf jfj fjf jfj fjf jfj fjf jfj fjf jfj fjf jfj fjf¶     120

kkk ddd kkk ddd kkk ddd kkk ddd kkk ddd kkk ddd kkk ddd kkk¶     180
kdk dkd kdk dkd kdk dkd kdk dkd kdk dkd kdk dkd kdk dkd kdk¶     240

sss lll sss lll sss lll sss lll sss lll sss lll sss lll sss¶     300
sls lsl sls lsl sls lsl sls lsl sls lsl sls lsl sls lsl sls¶     360

］öö aaa öö aaa öö aaa öö aaa öö aaa öö aaa öö aaa öö¶           420
öaö aöa öaö aöa öaö aöa öaö aöa öaö aöa öaö aöa öaö aöa öaö¶     480
```

Tipp: Damit deine Abschriften genauso aussehen, wie im nebenstehenden Screenshot, musst du in der Menüleiste deines Textverarbeitungsprogramms folgende Einstellungen (meist unter dem Menüpunkt „Layout") vornehmen:

Seitenränder:
- Oben: 2,5 cm
- Unten: 2 cm
- Links: 2,5 cm
- Rechts: 2,5 cm

Schriftart: Courier New
Schriftgröße: 12 pt

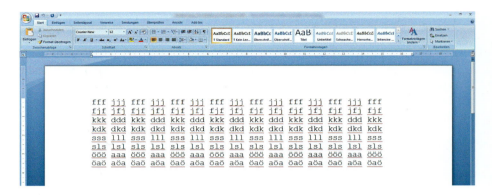

USB-Stick

Tipp: Beschrifte deinen Ausdruck immer mit deinem vollständigen Namen und dem aktuellen Datum.

Logo von Tipp10

Ergänzende Übungen:
Lektionen 1 in Tipp10

Nachdem du deine Übung beendet hast, kannst du diese in deinem Verzeichnis im Ordner „Texterfassung" speichern. Nutze hierzu den Befehl „Datei → Speichern unter" und wähle den richtigen Speicherort aus. Gib deiner Datei einen geeigneten Namen und speichere die Datei ab. Hast du deine Datei bereits einmal gespeichert, kannst du anschließend den Befehl „Speichern" nutzen, um das Dokument am selben Speicherort zu sichern.

Möchtest du deine Dateien in die Schule mitnehmen, kannst du sie auf ein geeignetes Speichermedium, wie zum Beispiel einen USB-Stick, kopieren. Schließe hierzu deinen USB-Stick an deinen Computer an und gehe wie folgt vor:

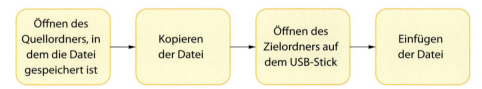

Wenn der Kopiervorgang abgeschlossen ist, kannst du deinen USB-Stick von deinem Computer abziehen.

Bereits erstellte Dokumente kannst du mit dem Befehl „Öffnen", erneut öffnen und bearbeiten.

Du kannst dein Dokument drucken, indem du zuerst den Drucker einschaltest und anschließend in deinem Textverarbeitungsprogramm den Befehl „Drucken" wählst. Überprüfe die Einstellungen im Dialogfeld und starte den Druckvorgang.

Rechtschreibhilfe

Auf dem obigen Screenshot siehst du, dass verschiedene Buchstabenkombinationen rot „unterringelt" sind. Hier erkennt das Textverarbeitungsprogramm, dass es sich nicht um deutsche Worte handelt. Bei Tastwegübungen solltest du dies einfach nicht weiter beachten.

Werden bei Wort- oder Satzübungen hingegen Worte rot unterringelt, handelt es sich wahrscheinlich um einen Tippfehler. Klickst du mit der rechten Maustaste auf das unterringelte Wort gibt dir das Textverarbeitungsprogramm Verbesserungsvorschläge. Zum Berichtigen wählst du die richtige Schreibweise aus. Manchmal kennt dein Textverarbeitungsprogramm ein Wort nicht, obwohl die Schreibweise korrekt ist – wähle in diesem Fall „Ignorieren".

Tipp10

Tipp10 ist ein kostenloses Übungsprogramm zum Erlernen des 10-Finger-Systems. Das Programm kannst du herunterladen oder die Onlineversion nutzen. Dein Lehrer gibt dir hierfür alle entsprechenden Informationen.

Die Buchstaben E, N und R, I und die Korrekturtaste

Taste	Tastweg
E	Dein linker Mittelfinger tastet nach oben links zum E und wieder zurück zum D.
N	Dein rechter Zeigefinger tastet nach unten links zum N und wieder zurück zum J.
R	Dein linker Zeigefinger tastet nach oben links zum R und wieder zurück zum F.
I	Dein rechter Mittelfinger tastet nach oben links zum I und wieder zurück zum K.

Korrekturtaste

Sicherlich sind dir beim Tastschreiben schon einige Fehler unterlaufen. Mit der Korrekturtaste kannst du einen Tippfehler sofort löschen. Diese Taste wird mit dem kleinen rechten Finger gedrückt. Übe den Tastweg zur Korrekturtaste weit nach rechts oben und wieder zurück zum Ö.

Erkennst du Tippfehler erst beim Korrekturlesen deiner Übung, so kannst du mit Hilfe der Pfeiltasten an die entsprechende Stelle in deiner Übung gehen, den Fehler mit der Korrektur- oder der Entfernen-Taste löschen und anschließend berichtigen.

Tipp: Auf Seite 8 findest du im Cursortastenfeld (blau) eine Abbildung der Entfernen-Taste und der Pfeiltasten.

Ergänzende Übungen:
Lektionen 2 und 3 in Tipp10

Tastwegübungen

```
ded jnj ded jnj ded jnj ded jnj ded jnj ded jnj ded¶        60
dea jnö dea jnö dea jnö dea jnö dea jnö dea jnö dea¶       120
asded öljnj asded öljnj asded öljnj asded öljnj¶           180

frf kik frf kik frf kik frf kik frf kik frf kik frf¶       240
fra kiö fra kiö fra kiö fra kiö fra kiö fra kiö fra¶       300
asfrf ölkik asfrf ölkik asfrf ölkik asfrf ölkik¶           360
```

Vorwärts und Rückwärts

```
kassiere kassiere leiser leiser klasse klasse löffel löffel¶       60
leffël leffël essalk essalk resiel resiel ereissak ereissak¶      120

jeder klar erfasse leer dir leiser rede drei darf senf saal¶      180
laas fnes frad ierd eder resiel rid reel essafre ralk redej¶      240

nisse kissen lassen fasse kasse öffnen fallen knalle denken¶      300
nekned ellank nellaf nenffö essak essaf nessal nessik essin¶      360
```

Die Buchstaben T, H und C, U

Tipp: Zwischen den Tastweg- und Wortübungen solltest du Übungen zum Entspannen ausprobieren. Auf Seite 23 findest du Beispiele.

Tipp: Überprüfe dich selbst: Hast du zu oft auf die Tastatur geblickt? Falls ja, dann lege z. B. ein Küchentuch über deine Hände.

Taste	Tastweg
T	Dein linker Zeigefinger tastet nach oben rechts zum T und wieder zurück zum F.
H	Dein rechter Zeigefinger tastet nach links zum H und wieder zurück zum J.
C	Dein linker Mittelfinger tastet nach unten rechts zum C und wieder zurück zum D.
U	Dein rechter Zeigefinger tastet nach oben zum U und wieder zurück zum J.

Tastwegübungen

```
ftf jhj ftf jhj ftf jhj ftf jhj ftf jhj ftf jhj ftf¶      60
fta jhö fta jhö fta jhö fta jhö fta jhö fta jhö fta¶     120
tft hjh tft hjh hjh tft hjh hjh tft hjh hjh tft hjh tft¶ 180

dcd juj dcd juj dcd juj dcd juj dcd juj dcd juj dcd¶     240
dcs jul dcs jul dcs jul dcs jul dcs jul dcs jul dcs¶     300
uju cdc uju cdc uju cdc uju cdc uju cdc uju cdc uju¶     360
```

Wortübungen

```
hals saft last hand kalt fett hell hilf sehr kahl test fest¶        60
taft kraft henne hilfe hast und kunde laune sauna dach fach¶       120
sack frack ecke decke dick fit sehen heilen ruhe truhe sehr¶       180

rasch naschen drucken schicken euch auch hierher dich sache¶       240
höflich herrlich sicher sachlich fröhlich hunde leuchte tun¶       300
hase dachs henne hund hahn unke frische luft duft halt kalt¶       360

entdecken lachen rauch kichern suchen nicht feucht tuch ich¶       420
tasche kuchen richter reiten schlauch echse fichten strudel¶       480
kinderleicht tatsache steinkraut lichterkette stern stecker¶       540
```

9. Nenne weitere Buchstabenkombinationen, die du schon schreiben kannst.

Ergänzende Übungen:
Lektionen 4 und 5 in Tipp10

Buchstabensalat
Stellt euch im Kreis auf. Der erste Spieler wirft einen kleinen Ball zu einem Mitschüler und nennt einen Buchstaben. Der Mitschüler muss innerhalb von 2 Sekunden sagen, mit welchem Finger der Buchstabe getippt wird und den Tastweg nennen. Dann wirft er den Ball zu einem anderen Schüler weiter und nennt einen neuen Buchstaben. Diejenigen, die eine falsche oder keine Antwort geben, scheiden aus.

Die Großschreibung

Die Umschalttaste ermöglicht dir, Großbuchstaben zu schreiben. Du findest sie auf der Tastatur zweimal.

Taste	Tastweg
⇧ + Buchstabe der rechten Hand	Dein linker kleiner Finger tastet nach unten links zur Umschalttaste und hält diese gedrückt, bis der Buchstabe mit der rechten Hand angeschlagen ist. Dann kehren alle Finger in die Grundstellung zurück.
⇧ + Buchstabe der linken Hand	Dein rechter kleiner Finger tastet nach unten rechts zur Umschalttaste und hält diese gedrückt, bis der Buchstabe mit der linken Hand angeschlagen ist. Dann kehren alle Finger in die Grundstellung zurück.

Tipp: Übung macht den Meister: Übe lieber jeden Tag 10 Minuten, statt einmal 45 Minuten.

Umschalttaste (Shift-Taste)

10. Begründe, warum die Tastatur zwei Umschalttasten besitzt.

Ergänzende Übungen:
Lektion 6 in Tipp10

Tastwegübungen

```
Aö Öa La Sö Ka Dö Ja Fö Aö Öa La Sö Ka Dö Ja Fö Aö Öa La Sö¶      60
Aö Öa La Sö Ka Dö Ja Fö Aö Öa La Sö Ka Dö Ja Fö Aö Öa La Sö¶     120
aÖa öAö aLa öSö aKa öDö aJa öFö aÖa öAö aLa öSö aKa öDö aÖa¶     180

ÖaÖ AöA LaL SöS KaK DöD JaJ FöF ÖaÖ LaL SöS KaK DöD JaJ FöF¶     240
ÖAö AÖa SLs LSl DKd KDk FJf JFj ÖAö AÖa SLs LSl DKd KDk FJf¶     300
öAÖ aÖA sLS lSL dKD kDK fJF jFJ öAÖ aÖA sLS lSL dKD kDK fJF¶     360
```

Wortübungen

```
Öre Assel Fön Jahr Land Sand Öl Können Fass Dunkelheit Hund¶      60
Saal Esche Antritt Haare Deich Ufer Dackel Reise Lied Tante¶     120
Kirschen Schaschlik Kaffee Fenchel Lachs Ölsardine Tee Senf¶     180

Chef Keller Chöre Kajakfahrer Haltestelle Friseure Kaufhaus¶     240
Kaffeelöffel Seereise Hundefell Flussschifffahrt Husten Fee¶     300
Fernseher Köchin Kuchen Schinken Steuer Tasse Teller Löffel¶     360

Lichterkette Seehund Förster Ölflasche Anteile Stiefel Null¶     420
Terrasse Klassentreffen Dichter Kutsche Seife Husten Kirche¶     480
Kinderschuh Taschentuch Öl China Jackentasche Keller Salami¶     540
```

Blindschreiben
Schreibe die Wortübungen einmal ab und mache eine kurze Pause.
Schalte nun den Bildschirm aus und versuche die gleichen Zeilen erneut ohne Fehler zu tippen.

Der Buchstabe G und die Satzzeichen Punkt und Doppelpunkt

Taste	Tastweg
G	Dein linker Zeigefinger tastet nach links zum Buchstaben G und wieder zurück zum F.
.	Dein rechter Ringfinger tastet nach unten rechts zum Punkt und wieder zurück zum L.

Feststelltaste (Caps Lock, Shift Lock)

Tipp: Nach einem Satzzeichen kommt immer ein Leerzeichen.

Ergänzende Übungen:
Lektion 7 in Tipp10

Der Tastweg des Ringfingers ist vorerst ungewöhnlich. Mache einige Trockenübungen um den Tastweg zum Satzzeichen Punkt einzuüben. Möchtest du einen Doppelpunkt schreiben, musst du zusätzlich die Shift-Taste drücken.

Wenn du mehrere aufeinanderfolgende Buchstaben groß schreiben möchtest, kannst du hierzu die Feststelltaste nutzen. Sie befindet sich oberhalb der linken Shift-Taste. Die Kontrollleuchte zeigt, dass die Großschreibung aktiviert ist. Je nach Tastatur beendest du die Großschreibung, indem du nochmals die Shift-Taste (Umschalttaste) drückst.

Tastwegübungen

```
gfg fgf .l. l.l gfg fgf .l. l.l gfg fgf .l. l.l gfg fgf .l.¶    60
gGg .:. gGg .:. gGg .:. gGg .:. gGg .:. gGg .:. gGg .:. gGg¶   120
GgG :.: GgG :.: GgG :.: GgG :.: GgG :.: GgG :.: GgG :.: GgG¶   180
```

Wortübungen

```
gegen lang fange gehe hastig sage ölig eifrig freudig fege¶     60
Genre Ginster Geister Geier Gast Gleis Geld Galle Gas Glas¶    120
Last Leute Linsen Laune List Liter Laden Lunge Löffel Lied¶    180

Gras Laster Gedanke Lasur Gartenfest Leichtsinn Grund Leid¶    240
Lagerregal Geröll Lösegeld Glöckchen Laterne Götter Lösung¶    300
Jagd Geisterhaus Klangschalen Lenkrad Hunger Lichterketten¶    360
```

Satzübungen

```
Gegner Klingel geradeaus Glaser Dinge gesellig Segel Kegel      60
Sehr nett. neun : sechs Die Geister. Die Engel. eins : elf     120
Die Henne legt Eier. Die Schafe essen Gras. Die Erlkönige.     180

Der Gast ist klasse. Jana trinkt Saft. Die Grillen singen.     240
Das Fahrrad steht in der Garage. Die Glasflasche liegt da.     300
Der Segelflieger ist in Gefahr. Greta Lange ist sehr klug.     360
```

Die Buchstaben O und M

Taste	Tastweg
O	Dein rechter Ringfinger tastet nach oben links zum Buchstaben O und zurück zum L.
M	Dein rechter Zeigefinger tastet nach unten rechts zum Buchstaben M und zurück zum J.

 Tipp: Vermeide häufiges Hin- und Hersehen zwischen Vorlage und Bildschirm, um dich besser auf die Tastwege konzentrieren zu können. Dadurch entstehen weniger Tastfehler.

Tastwegübungen

```
olo lol mjm jmj olo lol mjm jmj olo lol mjm jmj olo lol mjm¶    60
lOl OlO jMj MjM lOl OlO jMj MjM lOl OlO jMj MjM lOl OlO jMj¶   120
oOo mMm oOo mMm oOo mMm oOo mMm oOo mMm oOo mMm oOo¶          180
```

Wortübungen

```
oder locker sondern konnten offen soll ohne goldig somit so¶    60
mehr matt mögen muss malen mich mitfahren jemanden manchmal¶   120
Osten Meer Ostsee Monat Ostern Mode Orion Mallorca Oslo Mut¶   180

Meter Kloster Gold Schmied Meteorologe Oder Florist Malkurs¶   240
Museum Mailand Ohrring Koffer Onkel Sonntag Emmentaler Mist¶   300
Goldschmied Goldschmuck Muster Milch Gutsherr Geld Mai Mast¶   360
```

Satzübungen

```
Magda geht gerne mit ihrer Freundin Olga in ein Restaurant.    60
Der Friseur macht gerne moderne Hochsteckfrisuren. Sage Cem   120
auf Mallorca ist es schön. Mit Freude am Meer. Das Dach des   180

Turmes leuchtet golden. Das Auto hat einen matten Lack. Mit   240
dem Schiff auf dem See. Die meisten Meerestiere sind schöne   300
Fische. Am Morgen scheint rot die Sommersonne in der Stadt.   360
```

Satz-Pyramide
Schreibe die Pyramide ab und überlege dir weitere Satz-Pyramiden.

Ich
Ich habe
Ich habe Hunger
Ich habe
Ich

11. Nenne weitere Wörter, die du schon schreiben kannst.

Ergänzende Übungen:
Lektion 7 in Tipp10

Die Buchstaben B und W

Tipp: Bist du verspannt? Auf Seite 23 findest du Entspannungsübungen.

Ergänzende Übungen:
Lektion 9 in Tipp10

Taste	Tastweg
B	Dein linker Zeigefinger tastet weit nach unten rechts zum Buchstaben B und zurück zum F.
W	Dein linker Ringfinger tastet nach oben links zum Buchstaben W und zurück zum S.

Tastwegübungen

```
fbf bfb sws wsw fbf bfb sws wsw fbf bfb sws wsw fbf bfb sws¶    60
fBf BfB sWs WsW fBf BfB sWs WsW fBf BfB sWs WsW fBf BfB sWs¶   120
wWw bBb wWw bBb wWw bBb wWw bBb wWw bBb wWw bBb wWw¶           180
```

Wortübungen

```
bitte beide binden besonders bis blind benehmen bei bleiben¶    60
wieso wenig werden walken womit wollen wecken wissen windig¶   120
Narben Anwalt Ober Oktober Umwelt lebenswert Handwerker wer¶   180

Benimmregel Basilikum Boot Buch Badewanne Badehose Berliner¶   240
Wette Wildschwein Wind Winter Wolle Wecker Wissen Wanderweg¶   300
Windbeutel Balkon Wochenende Besteck Waschmaschine Broschen¶   360
```

Satzübungen

```
Bei schönem Wetter Eis essen gehen. Im Wald leben Rehe und     60
Wildschweine. Auf dem See rudern Kinder mit einem Boot. In    120
den Bergen wandern gehen. Deine Schwestern sind Gold wert.    180

Der Mischwald besteht aus Nadelwald und Laubwald. Laut dem    240
Wetterbericht können wir die wunderbaren Sommermonate Juli    300
August erwarten. Auf dem Meer kann man herrlich windsurfen.   360
```

Position der Hände

Crosswriting

Schreibe mit deinem Banknachbarn die Satzübungen ab. Schreibt dabei gleichzeitig auf nur einer Tastatur. Setzt euch so nebeneinander, dass jeder nur eine Hand nutzt und sich eure Arme überkreuzen.

Der Schüler, der links vor dem Computer sitzt schreibt mit der rechten Hand und der Schüler, der rechts sitzt schreibt mit der linken Hand. Macht aus, wer von euch die Leertaste tippt.

Die Buchstaben Z und die Satzzeichen Komma und Semikolon

Taste	Tastweg
Z	Dein rechter Zeigefinger tastet weit nach oben rechts zum Buchstaben Z und zurück zum F.
;	Dein rechter Mittelfinger tastet nach unten rechts zum Komma und zurück zum K.

 Tipp: Wie auch beim Satzzeichen Punkt folgt nach einem Komma oder Semikolon immer ein Leerzeichen.

Tastwegübungen

```
fzf zfz k,k ,k, fzf zfz k,k ,k, fzf zfz k,k ,k, fzf zfz k,k¶      60
fZf ZfZ k;k ;k; fZf ZfZ k;k ;k; fZf ZfZ k;k ;k; fZf ZfZ k;k¶     120
zZz ,;, zZz ,;, zZz ,;, zZz ,;, zZz ,;, zZz ,;, zZz¶             180
```

Wortübungen

```
zeichnen zahle zinken zaghaft zumindest zauberhaft ziemlich¶      60
zerlegen, beziffern, auszeichnen, zusammen, beziehen, zwölf¶     120
Zeltlager, Jazz, Zutat, Bezug, Zauberstab, Magazin, Uhrzeit¶     180

zierlich, zugleich, zwielichtig, zugeschlossen, zart, zwölf¶     240
Zauberlehrling, Zugang, Zuschauer, Zahltag, Zimt, Zeitzeuge¶     300
Zettel, Zwetschgengarten, Zwillinge, Zeit, Zwerge, Zitronen¶     360

Zimmer, Zauberei, Zahnarzt, Zucker, Zunge, Zeichnungen, Zeh¶     420
Die Zeitschriften; der Zirkus; die Zahnmedizin; der Zentner¶     480
zerknitterte Zeitungen; zauberhafte Zimmerblume; Zirkuszelt¶     540
```

Satzübungen

```
Der Clown begeisterte die Zuschauer im Zirkuszelt. Zauberer       60
Zenobio hat den Zauberstab zerbrochen, dennoch gelingt sein      120
Zaubertrick. Der Schlangentanz der Schlange Zischele zu der      180

Musik der Flöte betört. Der Zirkusdirektor ist hingerissen.      240
Die Zirkusshow ist ein toller Erfolg. Alle laufen zufrieden      300
nach Hause. Der Zirkus reist danach weiter zur neuen Stadt.      360
```

10-Minuten-Abschrift

Mit einem Textverarbeitungsprogramm und einem Wecker kannst du die 10-Minuten-Abschrift trainieren. Um die Anzahl der Anschläge zu überprüfen kannst du die Funktion „Wörter zählen" verwenden. Du findest sie unter „Extras" oder „Überprüfen".

Die Buchstaben V und P

Sitzt du noch richtig?
Überprüfe deine Sitzhaltung.

Taste	Tastweg
V	Dein linker Zeigefinger tastet nach unten rechts zum Buchstaben V und zurück zum F.
P	Dein rechter kleiner Finger tastet nach oben links zum Buchstaben P und zurück zum Ö.

Tastwegübungen

```
fvf vfv öpö pöp fvf vfv öpö pöp fvf vfv öpö pöp fvf vfv öpö¶        60
fVf VfV ÖPÖ PöP fVf VfV ÖPÖ PöP fVf VfV ÖPÖ PöP fVf VfV ÖPÖ¶       120
vVv pPp VvV pPp vVv pPp VvV pPp vVv pPp VvV pPp vVv pPp VvV¶       180
```

Wortübungen

```
praktisch pompös paar packen pfeife pachten pfeffern planen¶        60
verwalten voll verkaufen verpflanzen viel vertagen verpasst¶       120
Topfpflanzen vor verpachten Bevölkerung Hauptstadt intensiv¶       180

Vasen Vesuv Verstand Verpackung Vater Ventilator Vernissage¶       240
Pferd Pflicht Pfandflasche Pilgerstab Pinguin Pappe Polizei¶       300
Palmengarten Verdacht Puma Villa Puppe Vitrine Pforte Verse¶       360
```

Satzübungen

```
Verena und Veit verreisen gern nach Portugal. Am Strand ist        60
Zeit zum Entspannen und Surfen. Die Beiden reiten durch die       120
Wellen und liegen im Schatten der Palmen. Es ist ein toller       180

Urlaubstag. Abends zeigt der Pförtner des Hotels den Weg zu       240
einem kleinen Fischlokal. Reni möchte Muscheln und Garnelen       300
essen. Reni ist ihr Spitzname. Veit isst gegrillte Doraden.       360
```

Rundlauf
Bildet zwei gleichgroße Teams mit bis zu vier Spielern pro Team. Je ein Spieler jedes Teams beginnt mit dem Tippen der Satzübungen. Nach 15 Sekunden wird gewechselt.
Jeder Spieler ist insgesamt dreimal an der Reihe. Geht euch der Text aus, fangt einfach wieder von vorne an.
Gewonnen hat das Team, das mehr fehlerfreie Zeilen geschrieben hat.

Ergänzende Übungen:
Lektion 11 in Tipp10

Die Buchstaben Ä und Ü

Taste	Tastweg
Ä	Dein rechter kleiner Finger tastet nach rechts zum Buchstaben Ä und zurück zum Ö.
Ü	Dein rechter kleiner Finger tastet nach oben rechts zum Buchstaben Ü und zurück zum Ö.

 Tipp: Achte auch beim schnelleren Schreiben auf die richtigen Tastwege, um Eingabefehler zu vermeiden.

Tastwegübungen

```
öäö  äöä  öüö  üöü  öäö  äöä  öüö  üöü  öäö  äöä  öüö  üöü  öäö  äöä  öüö¶         60
ÖÄö  ÄöÄ  öÜÖ  ÜöÜ  ÖÄö  ÄöÄ  öÜÖ  ÜöÜ  ÖÄö  ÄöÄ  öÜÖ  ÜöÜ  ÖÄö  ÄöÄ  öÜÖ¶        120
ÜöÄ  ÄöÜ  ÜöÄ  ÄöÜ  ÜöÄ  ÄöÜ  ÜöÄ  ÄöÜ  ÜöÄ  ÄöÜ  ÜöÄ  ÄöÜ  ÜöÄ  ÄöÜ  ÜöÄ¶        180
```

Wortübungen

```
Überholen übel üben üppig überflüssig überbrücken überfüllt¶                       60
ängstlich überblättern zahlungsfähig träumen fährt glänzend¶                      120
darüber künstlich grün erzürnt behüten ehrwürdig überprüfen¶                      180

Äpfel Äste Ämter Binär Bäume Lämmer Sänger Empfänger Dächer¶                      240
Übung Gänse Sümpfe Käfer Rübe Bärlauch Düfte Kärnten Bücher¶                      300
Ärmelkanal Südsee Ägäis Überfahrt Ära Süden Änderung Jünger¶                      360
```

Satzübungen

```
Von Dänemark durch den Ärmelkanal geht die Schiffsreise ins                        60
Meer von Südeuropa. Mit Sonnenöl eingecremt liegen Reisende                       120
an Deck. Abends beglückt die Animation die Gäste mit Tänzen                       180

aus der Südsee. Mit Fleisch von Kokosnüssen, Eis und Mangos                       240
endet das vorzügliche Gala Menü an Bord. Zum Glück ist kaum                       300
Wind. Eine ruhige Kreuzfahrt für den Kapitän Burak Acarkan.                       360
```

Was ist denn hier passiert?

Vergleiche die untenstehenden Zeilen mit den Textpassagen der Satzübungen. Beschreibe jeweils, was hier falsch gemacht wurde.

a) Bpm F#mr,stlz fitvj frm ,t,rölsmsö
b) EINE RUHIGE KREUZFAHRT FÜR DEN KAPITÄN
c) 38j3 57z8t3 I53757RQZ56 Rß4 E3H IQ085ÜJ
d) eube rzguge Jreztfagrt für deb jaoutöb

Ergänzende Übungen:
Lektion 12 in Tipp10

Die Buchstaben Q, ß und das Fragezeichen

Taste	Tastweg
Q	Dein linker kleiner Finger tastet nach oben links zum Buchstaben Q und zurück zum A.
ß	Dein rechter kleiner Finger tastet weit nach oben rechts zum Buchstaben ß und zurück zum Ö.

Tastwegübungen

aqa qaq ößö ßöß aqa qaq ößö ßöß aqa qaq ößö ßöß aqa qaq ößö¶	60
aQa QaQ ö?ö ?ö? aQa QaQ ö?ö ?ö? aQa QaQ ö?ö ?ö? aQa QaQ ö?ö¶	120
qQq ß?ß QqQ ?ß? qQq ß?ß QqQ ?ß? qQq ß?ß QqQ ?ß? qQq ß?ß QqQ¶	180

Wortübungen

quitt queren quirlig quellen quadratisch qualmen quietschen¶	60
fleißig bloß gemäß heiß schließen grüßen außerdem groß weiß¶	120
gießen qualitativ büße querfeldein äußern quittieren stoßen¶	180
Qualle Qualität Quadrat Quittung Querstraße Quiz Qual Quirl¶	240
Floß Eheschließung Gefäß Eiweiß Maßnahme Ermäßigung Einbuße¶	300
Maß Quecksilber Begrüßung Quersumme Geburtstagsgruß Quartal¶	360
Quarktasche Quartier Quelle Querflöte Querverweis Quintette¶	420
Straße Qualifikationsspiel Außengeländer Quadratmeter Gefäß¶	480
Querschnitt Buße Quad Weißbrot Quarzuhr Gießkannen Querpass¶	540

Satzübungen

Die Frösche quaken, und Kaulquappen schwimmen quirlig durch	60
den Gartenteich. Als Nachspeise gibt es Eis auf Heiß. Weißt	120
du, was das ist? Heiße Himbeersoße mit sahnigem Vanilleeis.	180
Bitte mache keinen Quatsch. Den gemütlichen Abend genießen.	240
Das Quecksilber des Thermometers zeigt draußen so angenehme	300
Temperaturen an. Die weißen Zudecken werden nicht benötigt.	360

Ergänzende Übungen:
Lektion 13 in Tipp10

1-Minuten-Sprint
Du trittst gegen einen Mitschüler im Wettschreiben an. Fangt gleichzeigt an, die Satzübungen zu tippen. Wer innerhalb von einer Minute mehr Anschläge schafft, bevor er einen Fehler macht, gewinnt.

Die Buchstaben X und Y und die Satzzeichen Bindestrich und Unterstrich

Taste	Tastweg
Y	Dein linker kleiner Finger tastet nach unten rechts zum Buchstaben Y und zurück zum A.
X	Dein linker Ringfinger tastet nach unten rechts zum Buchstaben X und zurück zum S.
–	Dein rechter kleiner Finger tastet nach unten rechts zum Satzzeichen – und zurück zum Ö.

Ergänzende Übungen:
Lektion 14 in Tipp10

Tastwegübungen

```
aya yay sxs xsx ö-ö -ö- aya yay sxs xsx ö-ö -ö- yay xsx -ö-¶      60
aYa YaY sXs XsX ö_ö _ö_ aYa YaY sXs XsX ö_ö _ö_ YaY XsX _ö_¶     120
Yas Xsa _öl Yas Xsa _öl Yas Xsa _öl Yas Xsa _öl Yas Xsa _öl¶     180

Xsx Yay Sxs Aya Ö-ö _ö- Xsx Yay Sxs Aya Ö-ö _ö- Xsx Yay Sxs¶     240
```

Wortübungen

```
bayrisch lyrisch olympisch Ägypten Polypen Lyrik rhythmisch¶      60
verhext exotisch exzellent extern extra komplex extravagant¶     120
systematisch - exquisit - symmetrisch - extrem - symbolisch¶     180

Yacht Yeti Ypsilon Yen Hymne Sylt Typ Rhythmus Baby Olympia¶     240
Xylophon Taxi Pixel Text Felix Boxen Nixe Hintertux Exponat¶     300
Symbol - Hexen - Labyrinth - Expedition - York - Mixgetränk¶     360

Index Ysopzweig Xaver Yoga Praxis Kontext System Psyche Axt¶     420
Zypern Luxus Byte Lexikon Asyl Physik Express Syntax Mexiko¶     480
Bayer Exot Symmetrie Export Dynamit Galaxie Hygiene Hydrant¶     540
```

Satzübungen

```
Der Yachtclub lädt zur Jubiläumsfeier. Appetitliche Speisen       60
und Mixgetränke werden den geladenen Gästen serviert. Musik      120
- sie ist exzellent - kommt aus Lautsprechern. DJ Xena legt      180

auf. Das Publikum ist international. Sie reisten aus vielen      240
Richtungen an, z. B. von Sylt, aus Brixen oder Axams, sogar      300
aus Bordeaux und Yokohama. Die Feier geht noch bis morgens.      360
```

4 Textgestaltung

Nachdem du gelernt hast, wie du Texte mit dem 10-Finger-System erfassen kannst, geht es nun darum, den erstellten Text zu gestalten. Mithilfe von Formatierung kannst du deinen Text strukturieren und wichtige Textpassagen herausstellen. So kannst du beispielsweise Überschriften in einem größeren Schriftgrad und fett darstellen, um sie deutlich vom restlichen Text abzuheben. Dadurch wird dein Text übersichtlicher, leichter lesbar und der Inhalt kann optimal vermittelt werden.

> Schriftgrad bezeichnet die Größe des Textes.

Zu den grundlegenden Attributen (Formatierungsmöglichkeiten) des Objekts Zeichen zählen Schriftart, Schriftgrad, Schriftfarbe und Schriftschnitt. Du findest diese in der Menüleiste deines Textverarbeitungsprogramms im Bereich „Schriftart". Markiere den Textbereich, auf den du die Formatierung anwenden möchtest, und führe anschließend die gewünschte Formatierung im Menü aus.

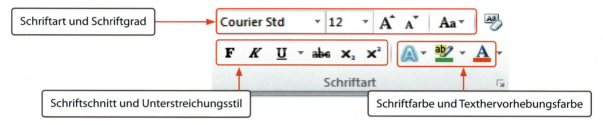

Schriftart und Schriftgrad

In der Auswahlliste „Schriftart" befinden sich oben Schriftarten, die du bereits in deinem Dokument verwendest, gefolgt von einer alphabetischen Auflistung aller vorhandenen Schriften.
In der Auswahlliste „Schriftgrad" können häufig verwendete Schriftgrößen direkt ausgewählt werden. Möchtest du eine andere Schriftgröße verwenden, kannst du diese im entsprechenden Feld über die Tastatur eingeben.

Schriftschnitt und Unterstreichungsstil

Mit den Schaltflächen Fett (**F**), Kursiv (*K*) und Unterstreichen (U) können Textstellen hervorgehoben werden.
Über die Auswahlliste für Unterstreichungen kannst du neben der einfachen Unterstreichung weitere Stile wählen.

Schriftfarbe und Texthervorhebungsfarbe

Die beiden Schaltflächen ermöglichen es dir die Schriftfarbe bzw. die Texthervorhebungsfarbe auf die jeweils zuletzt verwendete Farbe einzustellen. Über die entsprechenden Auswahllisten können weitere Farben gewählt werden.

Weitere Attribute des Objekts Zeichen

Neben den grundlegenden Formatierungsmöglichkeiten findest du unter „Format → Schriftart" weitere Optionen wie Hoch- und Tiefgestellt, Kapitälchen und Großbuchstaben.
Hast du ein Textverarbeitungsprogramm, bei dem Befehlsgruppen wie ein Band (Ribbon) am oberen Rand angeordnet sind, führt ein kleiner Pfeil in der rechten unteren Ecke der Befehlsgruppe zu weiteren Formatoptionen (▶ auch das Bild oben auf dieser Seite).

12. Tippe die letzte Satzübung (▶ Seite 21) ab und probiere die Formatierungen aus.

5 Gymnastische Übungen

Das lange Sitzen am Computer und die konzentrierte Arbeitshaltung lassen den Rücken zu Verspannungen neigen und die Augen trocken werden. Außerdem führt das viele Tastschreiben anfangs zu Verkrampfungen der Hände und Finger.
Damit dir das nicht passiert, ist es wichtig, immer wieder Pausen einzulegen und durch gezielte Übungen dem entgegenzuwirken.

Hier findest du einige Übungen, welche du immer wieder zur Lockerung durchführen kannst.

13. Lies dir die folgenden Übungen durch und probiere sie aus.

Fingergymnastik

1. Schließe deine Hände zur Faust und öffne sie wieder. Wiederhole diese Übung mehrmals schnell hintereinander. Schüttle anschließend deine Hände aus.

2. Strecke beide Hände auf Brusthöhe aus und presse deine Fingerspitzen aneinander. Halte diese Position für 5 Sekunden.
Wiederhole diese Übung mehrmals. Schüttle anschließend deine Hände aus.

3. Hebe beide Hände an und lasse die gestreckten Zeigefinger dreimal im Uhrzeigersinn und anschließend dreimal gegen den Uhrzeigersinn kreisen.
Wiederhole diese Übung mit jedem deiner Finger. Schüttle anschließend deine Hände aus.

Entspannung für die Augen

1. Halte einen Zeigefinger ca. 20 cm vor deine Nasenspitze und sieh ihn an. Fixiere anschließend einen Punkt außerhalb des Fensters für einige Sekunden. Wiederhole diese Übung mehrmals.

2. Verdecke deine geschlossenen Augen mit deiner leicht gekrümmten Hand. Genieße die Dunkelheit für eine halbe Minute.

3. Lasse deine Augen langsam für einige Sekunden im Uhrzeigersinn kreisen. Wiederhole die Übung anschließend in entgegengesetzter Richtung.

Entspannung der Nacken- und Rückenmuskulatur

1. Lege deine Hände auf den Ellenbogen des jeweils anderen Arms. Hebe die Arme auf Brusthöhe an. Versuche nun zwischen deinen Armen und deinem Körper ein möglichst großes Loch zu formen.
Halte diese Position für 10 Sekunden.

2. Verschränke die Hände am Hinterkopf. Versuche nun deine Ellbogen möglichst weit nach hinten zu drücken. Halte diese Position ein paar Sekunden und löse die Spannung wieder.

3. Kreise deine Schultern abwechselnd vorwärts und rückwärts für je 30 Sekunden. Wiederhole diese Übung mehrmals.

14. Denke dir gemeinsam mit deinem Banknachbarn weitere Entspannungsübungen aus.

Tipp: Auf Seite 46 werden dir drei verschiedene Textverarbeitungsprogramme genannt.

Zeig was du kannst!

1. Bearbeite diese Aufgabe gemeinsam mit deinem Banknachbarn. Verwendet hierzu, wenn möglich, zwei unterschiedliche Textverarbeitungsprogramme.
   a) Schreibe die nachstehenden Worte mit Hilfe des 10-Finger-Systems ab.
   b) Beschreibe deinem Banknachbarn, wie du die jeweilige Formatierung durchführst. Vergleicht dabei Gemeinsamkeiten und Unterschiede.

   ```
   Fett, kursiv, unterstrichen, doppelt unterstrichen,
   Courier New, Arial fett, Times New Roman, Comic Sans,
   Schriftgröße 8, Schriftgröße 24, Schriftgröße 50,
   Schriftfarbe: Rot, gelb, blau, grün, lila, orange,
   Texthervorhebungsfarbe: Rot, gelb, blau, grün, lila,
   Hochgestellt, tiefgestellt, Großbuchstaben, Kapitälchen
   ```

2. Schreibe den Text mit Hilfe des 10-Finger-Systems ab.
   Führe die Formatierungen nach nebenstehendem Aktivitätsdiagramm durch.

   ```
   Max und Moritz von Wilhelm Busch
   Also lautet ein Beschluß,
   Daß der Mensch was lernen muß. -
   Nicht allein das Abc
   Bringt den Menschen in die Höh;
   Nicht allein in Schreiben,
   Lesen Übt sich ein vernünftig Wesen;
   Nicht allein in Rechnungssachen
   Soll der Mensch sich Mühe machen,
   Sondern auch der Weisheit Lehren
   Muß man mit Vergnügen hören. –
   ```

3. Für ein Projekt im Deutschunterricht sollst du folgende Geschichte am Computer gestalten.

   ```
   Wie jeden Morgen gingen der braunhaarige Max und der
   blonde Moritz durch den dunklen Wald über eine Brücke
   zur windschiefen Schule. Am morgenroten Himmel flogen
   die Vögel. In der Schule erwartete sie schon der große
   Lehrer Lämpel. Dies war ein besonderer Tag, da Max im
   10-Finger-Schreiben getestet werden sollte, welches
   Moritz viel besser beherrschte. Um den Lehrer Lämpel
   auszutricksen und seine Note zu verbessern, tauschte
   Max seine blaue Jacke mit rotem Revers gegen Moritz
   Grüne. Da Max viel dicker wie Moritz war, viel dem
   klugen Lehrer dieser Trick sofort auf und er schimpfte
   die beiden sehr laut. Beide liefen dunkelrot an und
   duckten sich hinter der Schulbank. ...
   ```

   a) Schreibe den Text mit Hilfe des 10-Finger-Systems in einem Textverarbeitungsprogramm und erfinde ein eigenes Ende der Geschichte.
   b) Erkläre mit welchen Formatierungshilfen du den Inhalt der Geschichte optisch unterstützen kannst und führe die Formatierungen durch.

Max und Moritz

Kapitel 2

Objekte der Vektorgrafik

1 Klassen und Objekte
2 Objekte in einem Vektorgrafikprogramm
3 Bringe Bewegung in deine Grafik: Methoden
4 Beziehungen zwischen Objekten: Gruppierung
5 Programm erstellen

In den letzten Wochen hast du im Fach IT deinen PC schon ganz gut kennengelernt: Du kannst die Maus bedienen, findest dich in der Benutzeroberfläche deines Betriebssystems zurecht, hast bereits einige Programme ausprobiert und weißt, wie man eine Datei speichert. Wahrscheinlich hast du viele Stunden das 10-Finger-System geübt und bist schon ganz schön flott im Tastenschreiben.

Im nächsten Kapitel lernst du, wie Computerexperten die Welt sehen und Computerspiele entstehen. Du kannst dein erstes Zeichenprogramm bedienen und am Ende des Kapitels sogar eigene kleine Programme schreiben.

Gespannt? Los geht`s!

1 Klassen und Objekte

Klassen und Objekte in der Natur

Der berühmte Philosoph ARISTOTELES war der erste Mensch, der versuchte, alle Lebewesen der Erde zu ordnen und zu Gruppen zusammen-zufassen. So erkannte er, dass es für alle Arten einen Bauplan gibt, anhand dessen die Lebewesen erstellt werden können. So ordnete er alles, was denken, sprechen und sich bewegen konnte, der Gattung Mensch zu. Alles, was lebte und sich bewegen konnte, ordnete er der Gattung Tier zu, und diejenigen Lebewesen, die sich nicht bewegen konnten, der Gattung Pflanze.

ARISTOTELES (384 – 322 v. Chr.)

1. Nenne weitere Eigenschaften, die ein Mensch haben kann.

2. Erstelle einen Steckbrief über deinen Banknachbarn. Anhand der Eigenschaftswerte dieses Steckbriefes, soll dein Banknachbar eindeutig identifiziert werden können.

```
       LEBEWESEN

MENSCH    TIER    PFLANZE
```

Er erkannte, dass jeder Mensch nach einem bestimmten Bauplan erschaffen wurde und in etwa die gleichen Eigenschaften besitzt. So hat jeder Mensch eine Haarfarbe, Augenfarbe, Körpergröße, Kopfform und so weiter.

MENSCH	Paul: MENSCH
Haarfarbe	Haarfarbe = blond
Augenfarbe	Augenfarbe = blau
Größe	Größe = 142 cm
Gewicht	Gewicht = 44 kg
Lieblingsessen	Lieblingsessen = Pizza
Hobbys	Hobbys = Fußball, MTB
Gehen() Atmen() Sprechen()	

Beim Erschaffen eines Menschen nach diesem Bauplan wird jeder Eigenschaft ein bestimmter Wert zugeordnet. So erhält z. B. der Mensch „Paul" die Haarfarbe „blond", die Augenfarbe „blau", die Größe „142 cm" usw. Anhand dieser Eigenschaften kann Paul eindeutig identifiziert werden.

Klassen und Objekte in der Informatik

Genauso wie nach der Schöpfungsgeschichte die Menschen erschaffen wurden, kann ein Informatiker ein Computerspiel „erschaffen", oder wie man in der Fachsprache sagt, **programmieren**. Stell dir vor, du beschäftigst dich mit einem Fußballspiel am Computer oder auf einer Spielekonsole. Dann wurde jeder deiner Spieler nach einem bestimmten Bauplan erstellt und hat gleiche Eigenschaften wie „Schnelligkeit", „Schusskraft" oder „Torgefährlichkeit". Der Programmierer vergibt anschließend für jede dieser Eigenschaften Werte auf einer Skala von 0 bis 100, wobei 0 die schlechteste und 100 die beste Graduierung darstellt (z. B. Schnelligkeit = 21; Schusskraft = 97; Passspiel = 99). So lassen sich die Spieler in ihren Fähigkeiten unterscheiden.

Der einzige Unterschied zum vorherigen Beispiel ist, dass der Informatiker Fachbegriffe verwendet: So heißen Eigenschaften in der Informatik **Attribute** und die Eigenschaftswerte folglich **Attributwerte**. Den Bauplan für **Objekte** nennt man **KLASSE** (Klassennamen werden immer groß geschrieben). Objekte werden immer nach dem Bauplan einer KLASSE erzeugt. All diese erzeugten Objekte unterscheiden sich hinsichtlich ihres Namens und meist hinsichtlich ihrer Attributwerte.

Nun wäre dein Computerspiel natürlich langweilig, wenn die Spieler nicht bestimmte Fähigkeiten wie „Laufen", „Passen" oder „Schießen" besitzen würden. Alle Befehle, die deine Objekte etwas machen lassen, nennt man in der Informationstechnologie **Methoden**. Geeignete Methoden für deine Spieler wären demnach Schießen(), Dribbeln() oder Laufen(). Du kannst Methoden schon an der Schreibweise von Attributen unterscheiden. Wozu die Klammern hinter den Methodennamen dienen erfährst du ab Seite 30.

Um Klassen und Objekte übersichtlicher darstellen zu können, verwendet man sogenannte **Klassenkarten** und **Objektkarten**. Nachfolgend siehst du die beiden Diagramme für die Klasse MENSCH.

3. Nenne weitere Methoden für die Klasse **SPIELER**.

4. Nenne weitere Methoden für die Klasse **MENSCH**.

KLASSE

MENSCH
Haarfarbe
Augenfarbe
Größe
Gewicht
Lieblingsessen
Hobbies
Gehen()
Atmen()
Sprechen()

- Klassenname
- Attribute
- Methoden

OBJEKT

Paul: MENSCH
Haarfarbe = blond
Augenfarbe = blau
Größe = 142 cm
Gewicht = 44 kg
Lieblingsessen = Pizza
Hobbys = Fußball, MTB

- Objektname
- Attribute mit zugeordneten Attributwerten

Tipp: Beachte beim Erstellen der Klassen- und Objektkarten folgende Regeln:

Klassennamen	werden immer in Großbuchstaben geschrieben
Attributwerte	schreibt man durch ein Gleichheitszeichen getrennt hinter die Attribute
Klassenkarten	haben die Form eines Rechtecks
Objektkarten	haben abgerundete Ecken
Methoden	besitzen hinter ihrem Namen runde Klammern, in die bestimmte Werte (Parameter) eingetragen werden können

Unter einer **KLASSE** versteht man einen Bauplan, mit dem man unendlich viele Objekte erstellen kann. Die Klasse beinhaltet Attribute (Eigenschaften) und Methoden.

Als **Methoden** bezeichnet man die Fähigkeiten der erzeugten Objekte. Sie lassen Objekte etwas „tun" oder verändern deren Zustand.

Objekte werden immer nach dem Bauplan einer KLASSE erzeugt. Alle Objekte einer KLASSE haben die gleichen Attribute, unterscheiden sich aber hinsichtlich ihres Objektnamens und ihrer Attributwerte.

2 Objekte in einem Vektorgrafikprogramm

Zeichenprogramme und Vektorgrafik

Auch in Zeichenprogrammen begegnen uns Objekte und Klassen. Es gibt Programme, mit denen man Bilder ausschließlich mit Hilfe geometrischer Objekte (Kreis, Rechteck, Linie, ...) erzeugen kann. Ein Kreis kann beispielsweise durch die Lage seines Mittelpunktes, dem Radius, der Linienstärke und der Farbe vollständig beschrieben werden.

> Besteht eine Zeichnung am Computer nur aus mathematisch beschriebenen Linien, Kurven oder Figuren, so spricht man von einer **Vektorgrafik**.
>
> Programme, die das Zeichnen dieser geometrischen Objekte ermöglichen, heißen **Vektorgrafikprogramme** oder ganz einfach Zeichenprogramme.

Das Zeichenprogramm Object-Draw

Folgendes Bild wurde mit Hilfe des Vektorgrafikprogrammes Object-Draw erzeugt:

5. Erstelle eine Liste aller geometrischen Objekte, die in nebenstehendem Bild verwendet werden. Notiere dir dabei den Objektnamen und die geometrische Form.
Beispiel:
Fenster_links: RECHTECK

Bild: Martin Pabst

6. Öffne Object-Draw und zeichne das nebenstehende Bild. Alles was du dafür benötigst findest du in der Symbolleiste des Programms.

Das Programm Object-Draw ist Freeware. **Freeware** (englisch: free = „kostenlos" und ware = „Ware") bezeichnet Software, die vom Entwickler zur kostenlosen Nutzung zur Verfügung gestellt wird.

Object-Draw wurde von dem Lehrer MARTIN PABST extra für Schüler entwickelt. Es lässt sich bequem aus dem Internet herunterladen und darf von jedermann frei verwendet werden.

Tipp: Neben Object-Draw gibt es weitere freie Vektorgrafikprogramme, z. B. Inkscape (auch für Linux verfügbar), Xara Extreme oder Open Office Draw, die du teilweise in Kapitel 5 dieses Buches kennenlernen wirst.

So sieht die Symbolleiste von Object-Draw aus:

Du hast sicherlich bemerkt, dass du, um verschiedene, gleichartige Objekte zu zeichnen, immer wieder dasselbe Symbol verwendet hast. Der LKW enthält in unserem Beispiel vier Rechtecke, das Haus enthält ebenfalls vier Rechtecke und der Hintergrund besteht aus zwei Rechtecken.
Du hast also *zehn verschiedene Objekte* nach demselben Bauplan, der *Klasse Rechteck*, erzeugt.

Neben der Klasse RECHTECK gibt es in Object-Draw noch sechs weitere Klassen, mit deren Hilfe sich alle erdenklichen Grafiken erzeugen lassen:

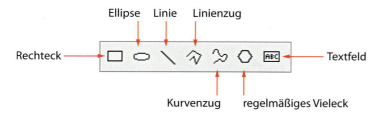

7. Modelliere eine Klassenkarte für die Klassen RECHTECK und ELLIPSE. Jede Klassenkarte sollte mindestens vier Attribute und drei Methoden enthalten.

Das Analysator-Fenster

Sehen wir uns nun das Analysator-Fenster von Object-Draw etwas näher an:

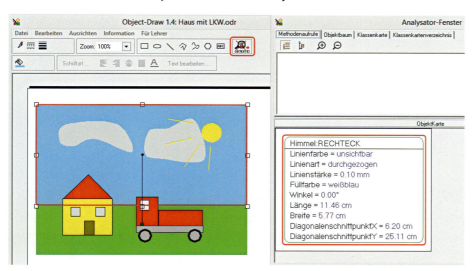

Durch Auswahl des jeweiligen Objekts deiner Zeichnung (Linksklick) erscheint eine Objektkarte mit allen benötigten Informationen. So werden die Attribute mit ihren Attributwerten, der Objektname, sowie die Klasse angezeigt.

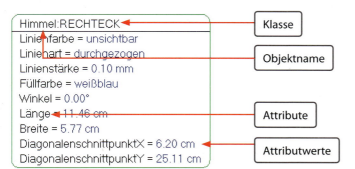

Tipp: Beachte anhand der Objektkarten in Object-Draw noch einmal die korrekte Schreibweise bei der Beschriftung.

Tipp: Durch Linksklick auf den Reiter **Klassenkarte** kannst du überprüfen, ob du Aufgabe 7 richtig gelöst hast.

Damit das Programm die einzelnen Objekte voneinander unterscheiden kann, vergibt es für jedes erzeugte Objekt einen eindeutigen Namen. Der Objektname in unserem Beispiel ist „Himmel".
Durch Klick auf den Reiter „Objektbaum" bekommst du eine Übersicht aller erstellten Objekte in deiner Zeichnung:

8. Vergib für alle Objekte in deiner Zeichnung aussagekräftige Namen.

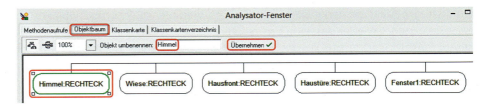

Achtung! Verwende keine Umlaute oder Leerzeichen und achte darauf, keinen Namen doppelt zu vergeben!

Hier hast du auch die Möglichkeit, deine Objekte umzubenennen.
- Markiere dazu das gewünschte Objekt (Linksklick).
- Vergib bei „Objekt umbenennen" einen neuen Objektnamen.
- Klicke anschließend auf „Übernehmen".

3 Bringe Bewegung in deine Grafik: Methoden

Aufbau von Methoden

Object-Draw bietet dir nicht nur die Möglichkeit, Bilder zu erzeugen, sondern du kannst diese mit geeigneten Methoden auch bewegen oder verändern.
Methoden sind folgendermaßen aufgebaut:

9. Im Text sind drei Beispielmethoden aufgeführt. Beschreibe, was mit den jeweiligen Objekten nach Anwendung der Methoden passiert. Erörtere, welche weiteren Parameterwerte man in die Klammer einsetzen könnte.

Beispiele: *karosserie.verschieben(x-Richtung, y-Richtung)*
karosserie.strecken(Faktor)
karosserie.FüllfarbeSetzen(Füllfarbe)

Methoden anwenden

Das Analysator-Fenster zeigt dir eine Übersicht über alle zuletzt verwendeten Methoden:

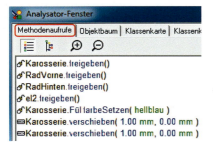

Methoden werden in das dafür vorgesehene Eingabefeld geschrieben. Durch Betätigung der Enter-Taste oder Linksklick auf den grünen Pfeil wird die Methode ausgeführt.

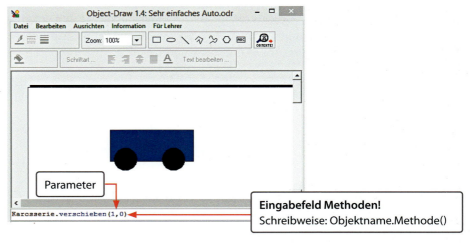

In den Klammern hinter den Methoden stehen die sogenannten **Parameterwerte**. Eine Methode kann keine, einen oder sogar mehrere Parameterwerte erfordern, um sie ausführen zu können.
Wir erläutern das Ganze an der Methode ***verschieben()***:
Stell dir vor, dein Zeichenblatt ist aufgebaut wie ein Koordinatensystem im Fach

Mathematik. Du hast eine x-Achse (waagerecht) und eine y-Achse (senkrecht). Möchtest du nun dein Auto nach rechts fahren lassen, wäre die korrekte Methode verschieben(10,0). So bewegt sich dein Auto zehn Millimeter entlang der x-Achse und null Millimeter nach oben (y-Achse). Willst du rückwärtsfahren, kannst du natürlich auch negative Werte eingeben.

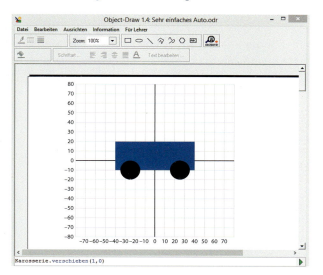

10. Öffne die Datei auto.odr und teste daran die Methode *verschieben()*.

Weitere Methoden in Object-Draw

Nach Eingabe des Objektnamens gefolgt von einem Punkt [1] bietet Object-Draw eine Auswahlliste (Dropdownbox) mit allen Methoden, die für das Objekt zur Verfügung stehen (z. B. *verschieben()*, *strecken()*, *drehen()*, etc.).
Durch Rechtsklick kannst du die gewünschte Methode auswählen.
In blauer Schrift folgen die Parameterwerte, die es, durch Komma getrennt, einzugeben gilt:

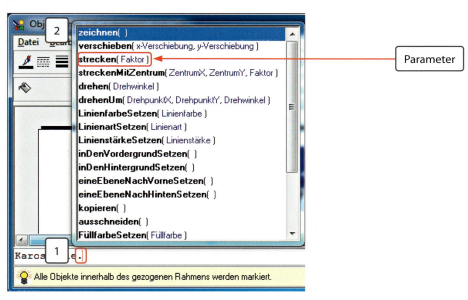

11. Teste an deinem Auto die Methoden:
drehen()
strecken()
FüllfarbeSetzen()
Was fällt dir an der letzten Methode auf?

In den Klammern (blaue Schrift) siehst du welche und wie viele Parameter du für die Methode angeben musst [2].
Zum Beispiel benötigt die Methode *strecken(Faktor)* eine Zahl die angibt um welchen Faktor das Objekt gestreckt werden soll.
Bei der Methode *LinienfarbeSetzen(Linienfarbe)* gibst du in die Klammer die gewünschte Farbe ein. Einzelne Parameter sind durch Kommata voneinander getrennt.

4 Beziehungen zwischen Objekten: Gruppierung

Mit Hilfe der Methode *gruppieren()* können mehrere Objekte zu einer Gruppe zusammengefasst werden. Das bietet den Vorteil, dass anschließend die komplette Gruppe mit nur einer Methode angesprochen werden kann.

In nebenstehender Zeichnung könnte man zum Beispiel durch die Methode Haus.strecken() das komplette Haus vergrößern oder verkleinern und müsste nicht auf jedes einzelne Objekt eine Methode anwenden.

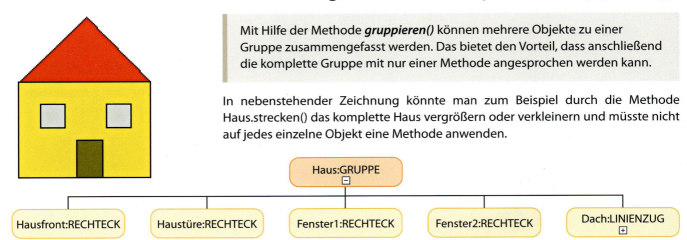

Gruppierung von Objekten in Object-Draw

Um Objekte zu gruppieren, markieren wir alle Objekte, rufen über Rechtsklick das Kontextmenü auf und wählen den Befehl Gruppieren.

Tipp: Es gibt zwei Möglichkeiten mehrere Objekte zu markieren:
1. Halten der Umschalttaste und Linksklick auf alle Objekte.
2. Mit gedrückter linker Maustaste ein Fenster über alle Objekte ziehen.

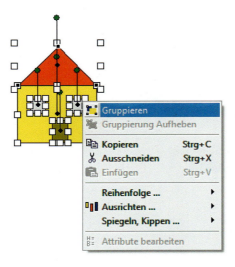

Anschließend kann man über das Analysatorfenster (Reiter „Objektbaum") einen Namen für das Objekt aus der Klasse GRUPPE vergeben. (Ein Objektbaum zeigt dir, wie Objekte zusammengehören und in welchem Verhältnis sie zueinander stehen.)

12. Skizziere auf einem Blatt Papier ein Fortbewegungsmittel deiner Wahl, das ausschließlich aus geometrischen Objekten besteht. Setze deine Skizze anschließend in Object-Draw um, gruppiere die einzelnen Objekte und wende Methoden auf die ganze Gruppe an.

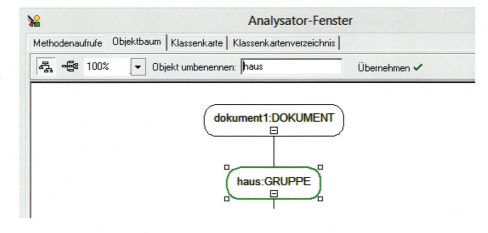

5 Programme erstellen

Mit der Programmiersprache **EOS** (Einfache Objektorientierte Sprache) kannst du auch schon als Programmieranfänger tolle Programme schreiben.
Wir verwenden in diesem Buch die neue, verbesserte Version von EOS, die du kostenlos downloaden kannst.

Als Programmierer müssen wir vorher genau planen, wie unser Programm aussehen soll. Dafür stellen wir uns **vor** der Programmierung folgende Fragen:

> 1. Welche Objekte benötige ich?
> 2. Aus welcher Klasse stammen diese Objekte?
> 3. Welche Attribute haben meine Objekte und welche Attributwerte möchte ich ihnen zuweisen?
> 4. Was sollen meine Objekte können (Methoden)?

Tipp: Eine Skizze verbunden mit einer Mindmap hilft dir bei der Klärung dieser vier Fragen:

Ähnlich wie in Object-Draw kannst du in EOS geometrische Figuren erstellen und diese bewegen. Der einzige Unterschied: Du hast keine Symbolleiste mehr zum Zeichnen, sondern erzeugst die Objekte durch Eingabe von Programmanweisungen.

Wenn du EOS benutzt, erscheinen zwei Fenster: Das Programmierfenster und das Zeichenfenster. Im Programmierfenster steht dein Code für das Programm und im Zeichenfenster kannst du dir das Ergebnis anzeigen lassen.

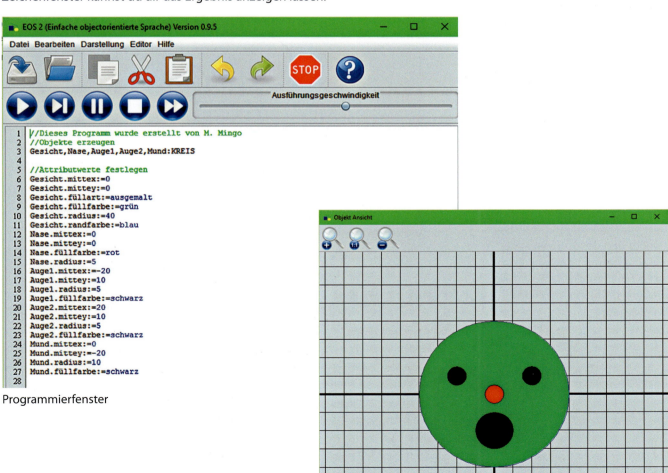

Programmierfenster

Zeichenfenster

Objekte der Vektorgrafik

Zur Bearbeitung deines Programmes stehen dir die gewohnten Befehle wie Speichern, Öffnen, Kopieren, Einfügen oder Ausschneiden zur Verfügung. Programmcode kopieren, ausschneiden und einfügen kannst du natürlich auch mit den Befehlen Strg+C, Strg+X und Strg+V.

Mein erstes Programm mit EOS

Als erstes Programm möchten wir in EOS ein ganz einfaches Auto erzeugen. Als Hilfe dient uns hierzu ein Objektdiagramm, mit dessen Hilfe wir die ersten drei Fragen (Welche Objekte? Welche Klasse? Welche Attributwerte?) bereits beantworten können.

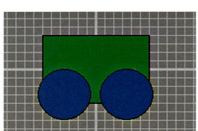

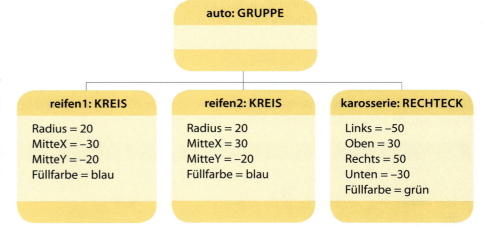

Objekte erzeugen

Im ersten Schritt erzeugen wir nun alle Objekte, die wir für unser Auto benötigen. Dies geschieht durch Eingabe des Objektnamens gefolgt von einem Doppelpunkt und der jeweiligen Klasse des Objekts.

Tipp: Nach der Eingabe des Objektnamens und des Doppelpunktes, öffnet sich automatisch ein Dropdown-Fenster, das dir eine Auswahl aller zur Verfügung stehender Klassen bietet.

13. Öffne das Programm EOS und erzeuge alle Objekte aus obenstehendem Objektdiagramm.

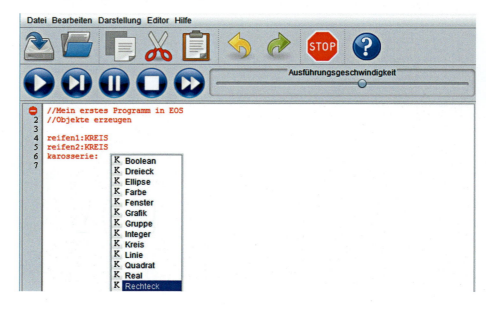

Attributwerte festlegen

Im zweiten Schritt legst du für alle erzeugten Objekte die jeweiligen Attributwerte fest. Dies geschieht durch folgende Schreibweise:

Objektname.Attribut:=Attributwert

Tipp: In EOS2 dürfen Attributwerte auch ohne Doppelpunkt, nur durch das „="-Zeichen zugewiesen werden.
- Möglichkeit 1: füllfarbe=grün
- Möglichkeit 2: füllfarbe:=grün

Tipp: EOS liefert dir Vorschläge für mögliche Attribute durch die Codevervollständigungsfunktion.

14. Ergänze deinen Code um die Attributwerte für die Objekte reifen1, reifen2 und karosserie nach obenstehendem Objektdiagramm.

Tipp: EOS hilft dir mit einer sogenannten Syntaxüberprüfung, mögliche Eingabefehler leichter zu erkennen. Mehr darüber erfährst du auf Seite 39.

Das Zeichenfenster in EOS ist wie ein Koordinatensystem mit x-Achse und y-Achse aufgebaut.
Der Mittelpunkt hat die Koordinaten (0,0) und ein Kästchen entspricht zehn Einheiten. Negative x-Werte liegen links vom Mittelpunkt und negative y-Werte unterhalb des Mittelpunktes.

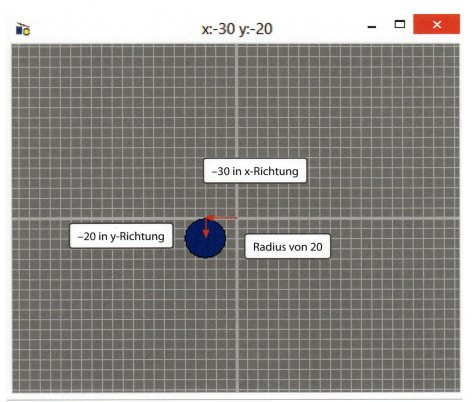

Tipp: In nebenstehendem Beispiel sind die Koordinaten des Mittelpunktes (−30,−20) und der KREIS hat einen Radius von 20.

Programm starten

Dein erstes Programm ist fertig und du kannst das Ergebnis auch schon im Zeichenfenster ansehen. Damit der Computer dieses Programm versteht, muss man es für ihn „übersetzen" (kompilieren) und ausführen.
Klicke dazu einfach auf den „Play"-Pfeil.

Tipp: EOS erzeugt die Objekte immer in der Reihenfolge in der sie erstellt wurden. Liegen in unserem Beispiel die Reifen hinter der Karosserie, musst du zuerst die Karosserie und anschließend die Reifen erzeugen.

```
karosserie:RECHTECK
reifen1:KREIS
reifen2:KREIS
auto:GRUPPE
```

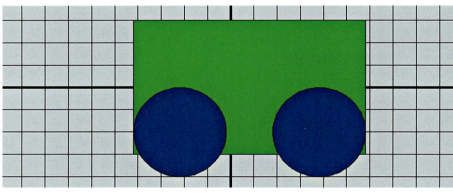

Tipp: Durch Klick auf das Stopp-Symbol kannst du in den einzelnen Zeilen sogenannte **Haltepunkte** setzen. Das bedeutet, dass dein Programm an diesem Punkt automatisch stoppt, bis du erneut auf „Play" klickst.

Durch Linksklick auf das Stopp-Symbol im Programmierfenster schließt sich das Zeichenfenster und du kommst zurück in den Bearbeitungsmodus.
Hier erhältst du eine Übersicht über die weiteren Programmbefehle innerhalb des Zeichenfensters:

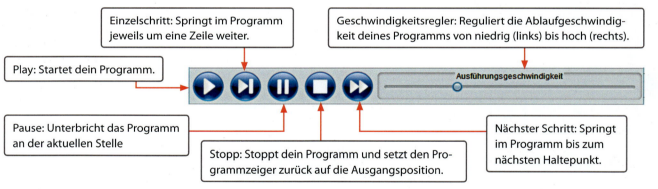

Es ist übrigens normal, dass in deinem Programm kleine Fehler sind. Sicherlich hast du bei den Koordinaten ein Minuszeichen vergessen oder einen Rechtschreibfehler gemacht. Lass dich nicht entmutigen, berichtige deinen Fehler und sieh dir das Ergebnis erneut im Zeichenfenster an.

Gruppierung

Wie in Object-Draw wollen wir unser Auto natürlich als „Ganzes" fahren lassen. Dazu ist es nötig, die einzelnen Objekte zum Objekt Auto zu gruppieren. Dies gelingt dir mit folgenden Anweisungen:

15. Gruppiere dein Auto, sodass es die Objekte `karosserie`, `reifen1` und `reifen2` enthält.

```
auto.schlucke(karosserie)
auto.schlucke(reifen1)
auto.schlucke(reifen2)
```

Die Methode schlucke() fügt die einzelnen Objekte zur vorher erzeugten GRUPPE Auto hinzu.

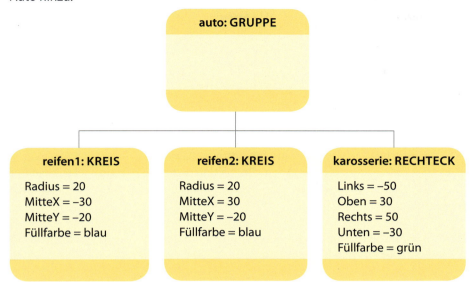

Methoden

Durch die Eingabe des Objektnamens, gefolgt von einem Punkt kannst du Methoden auf dein Objekt anwenden.

Die Methoden sind dabei wie in Object-Draw aufgebaut:

Objektname.Methode (Parameter1, Parameter2)

Punkt ⟵ Eingabewerte (0 bis 4 Parameter möglich)

Anhand unseres Autobeispiels haben wir nun unser erstes kleines Programm in EOS erstellt.

Auch bei allen weiteren Programmen gehen wir systematisch in folgender Reihenfolge vor:

1. Objekte erzeugen
2. Attributwerte festlegen
3. Objekte gruppieren
4. Methoden anwenden

16. Verschiebe dein Auto zweimal hintereinander um 50 Punkte in x-Richtung und strecke es anschließend auf das Doppelte seiner Größe.

Tipp: Durch Anpassung der Geschwindigkeit, kannst du die einzelnen Schritte bei der Abarbeitung deines Programms genau verfolgen.

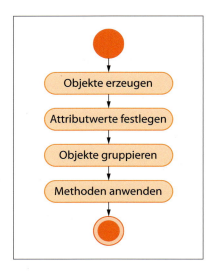

Mithilfe eines Aktivitätsdiagramms werden Abläufe beschrieben. Der ausgefüllte Knoten stellt dabei den Startpunkt, der Knoten mit Kreis den Endpunkt dar. Dazwischen stehen die einzelnen Schritte, die zur Bewältigung einer Aufgabe benötigt werden (▶ auch Seite 111). Nebenstehend ist ein Aktivitätsdiagramm für die Programmerstellung dargestellt.

Die Wiederholung

Großer Schwachpunkt unseres bisherigen Programms ist die Tatsache, dass es noch nicht „flüssig" läuft. Es wirkt alles ruckartig und unser Auto „fährt" nicht wirklich, sondern wird lediglich um 50 Einheiten nach rechts versetzt.
Diesem Problem können wir durch die wiederholte Ausführung vieler kleinerer Einzelschritte entgegenwirken. Die Programmiermethode heißt folglich auch **Wiederholung**.

Im konkreten Fall wollen wir auf unser Auto 100-mal die Methode *verschieben(1,0)* anwenden. Der Programmcode dafür sieht so aus:

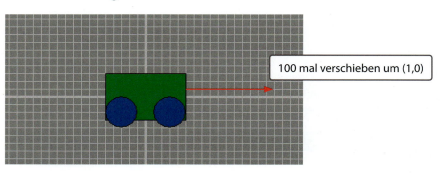

```
wiederhole 100 mal
    auto.verschieben (1,0)
*wiederhole
```

Tipp: Natürlich kannst du auch mehrere Methoden innerhalb einer Wiederholung ablaufen lassen. Beispiel:

```
wiederhole 100 mal
    auto.verschieben(1,0)
    reifen1.drehen(6)
    reifen2.drehen(6)
*wiederhole
```

Mit `*wiederhole` wird das Ende der Schleife kenntlich gemacht.
Falls du bestimmte Methoden ständig ausführen möchtest, ersetzt du die Anzahl einfach durch den Befehl immer.

```
wiederhole immer
    auto.verschieben (1,0)
*wiederhole
```

Während bei einer sogenannten **Zählschleife** (wiederhole 100 mal) das Programm nach der angegebenen Wiederholungszahl automatisch abbricht, ist das bei einer **Endlosschleife** (wiederhole immer) nicht der Fall. Das Programm wiederholt die Aktion solange, bis es der Programmierer beendet.

> Durch Wiederholungen lassen sich Methoden beliebig oft ausführen.

17. Erstelle mithilfe einer Wiederholung ein Programm, das dein Auto erst 100 Einheiten vorwärts- und anschließend wieder rückwärtsfahren lässt.

Tipps und Tricks zum sauberen Programmieren

Kommentare
Sicher sind dir schon die grün formatierten Sätze aufgefallen, die in den Beispielprogrammen dieses Buches immer wieder vorkommen.
Diese Sätze nennt man **Kommentare** und sie dienen zur Erläuterung deines Programmcodes. Du kannst Kommentare durch zwei aufeinanderfolgende Schrägstriche erzeugen:

```
// Mein erstes Programm in EOS
// Paul M. 6b
```

Diese Sätze werden vom Computer „überlesen" und sind für ein funktionsfähiges Programm nicht notwendig.
Programmierer nutzen Kommentare, um sich später wieder im eigenen Programm zurechtzufinden bzw. den Code für andere nachvollziehbar zu machen.

18. Ergänze dein Programm mit sinnvollen Kommentaren.

Syntaxüberprüfung

Wie jede gute Programmierumgebung hat EOS eine sogenannte Syntaxüberprüfung. Das bedeutet, deine Eingabe wird sofort auf Fehler überprüft.
In der untersten Zeile wird dir dieser Fehler angezeigt und es folgt ein Tipp, was genau am Code falsch sein könnte:

Tipp: Nutze bei Fehlern im Programm immer erst die Syntaxüberprüfung. Diese gibt dir oft wertvolle Hinweise.

```
 8
 9  //2. Schritt: Attributwerte festlegen
10
11
12  reifen1.radius=20
13  reifen1.mittex=-30
14  reifen1.mittey=-20
15⊘ reifen1.füllfarbe=grü
16
17  reifen2.radius:=20
18  reifen2.mittex:=30
19  reifen2.mittey:=-20
20  reifen2.füllfarbe:=blau
21
22  karosserie.links := -50
```

```
Die Variable grü existiert nicht.
unbekannt kann nicht in Farbe umgewandelt werden.
```

In unserem Beispiel existiert der Attributwert „grü" nicht, worauf das Programm auch hinweist.

Hilfe

Über den Befehl „Hilfe anzeigen" erhältst du eine Übersicht über alle KLASSEN, Befehle (z. B. Wiederholen) und Konstanten (z. B. die zur Verfügung stehenden Farben), die du in EOS zur Verfügung hast. Diese Bibliothek erleichtert dir die Programmierung ungemein, da du nicht alle Klassen, Befehle und Konstanten auswendig wissen musst.

19. Gestalte dein Auto mit Füllfarben und einer Füllart deiner Wahl.

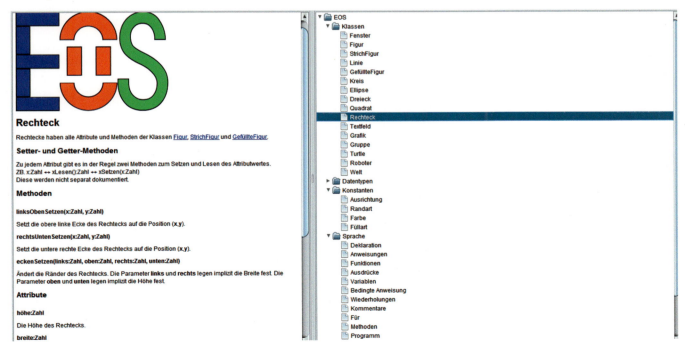

Grundwissen

Klasse	Bauplan für eine Vielzahl gleichartiger Objekte
Objekte	Objekte werden immer nach dem Bauplan einer KLASSE erzeugt. Alle Objekte einer KLASSE haben die gleichen Attribute, unterscheiden sich aber hinsichtlich ihres Objektnamens und ihrer Attributwerte.
Methoden	Methoden verändern Objekte oder lassen sie etwas „tun". Aufbau einer Methode: **Objektname**.**Methode**(**Parameter1, Parameter2**)

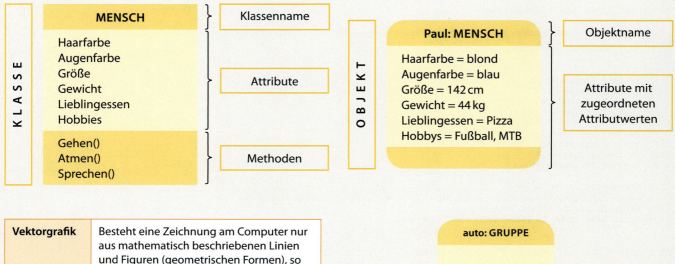

Vektorgrafik	Besteht eine Zeichnung am Computer nur aus mathematisch beschriebenen Linien und Figuren (geometrischen Formen), so spricht man von einer Vektorgrafik.
Gruppierung	Mehrere Objekte werden zu einer Gruppe zusammengefasst. Anschließend können Methoden auf die ganze Gruppe angewandt werden.

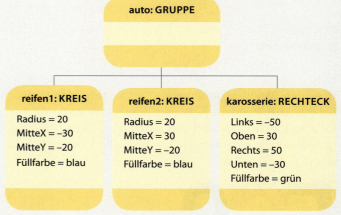

Systematische Programmierung in EOS:

1. Objekte erzeugen: `Objektname:Klasse`
2. Attributwerte festlegen: `Objektname.Attribut:=Attributwert`
3. Objekte gruppieren: `Objektname.schlucke(Objektname)`
4. Methoden anwenden (Beispiel Zählschleife):
```
Wiederhole n mal
   Objektname.Methode()
Wiederhole*
```

Zeig was du kannst

1. **a)** Skizziere aus nebenstehender Objektkarte die zugehörige Klassenkarte und beschrifte sie vollständig. Wähle einen sinnvollen Klassennamen. Diskutiere und begründe deine Wahl mit deinen Mitschülern.
   b) Modelliere eine Klassenkarte und eine Objektkarte für die Klasse SPORTLER (Sportart egal). Bestimme sinnvolle Attribute und Methoden für die von dir gewählte Sportart.
   c) Erstelle in einem Textverarbeitungsprogramm deiner Wahl eine Klassenkarte und eine Objektkarte für die Klasse SPORTLER aus Aufgabe b).

Lionel Messi

Alter: 29
Größe: 168 cm
Gewicht: 65 kg
Rückennummer: 10
Nationalität: Argentinien
Position: Mittelfeld
Tore: 213

LIONEL MESSI während der Fußball-WM 2014 in Brasilien

2. Erstelle in Object-Draw eine Zeichnung gemäß folgendem Objektdiagramm

Haus:DOKUMENT

Dach:LINIENZUG

Linienfarbe = schwarz
Linienart = durchgezogen
Linienstärke = 0.10 mm
Füllfarbe = rot
Winkel = 0.00°
Geschlossen = wahr

Hausfront:RECHTECK

Linienfarbe = schwarz
Linienart = durchgezogen
Linienstärke = 0.10 mm
Füllfarbe = gelb
Winkel = 0.00°
Länge = 2.70 mm
Breite = 2.04 mm
DiagonalenschnittpunktX = 3.26 cm
DiagonalenschnittpunktY = 21.63 cm

Fenster1:RECHTECK

Linienfarbe = schwarz
Linienart = durchgezogen
Linienstärke = 0.10 mm
Füllfarbe = grau6
Winkel = 0.00°
Länge = 5.03 mm
Breite = 5.03 mm
DiagonalenschnittpunktX = 2.61 cm
DiagonalenschnittpunktY = 21.92 cm

Fenster2:RECHTECK

Linienfarbe = schwarz
Linienart = durchgezogen
Linienstärke = 0.10 mm
Füllfarbe = grau6
Winkel = 0.00°
Länge = 5.03 mm
Breite = 5.03 mm
DiagonalenschnittpunktX = 3.96 cm
DiagonalenschnittpunktY = 21.92 cm

Haustüre:RECHTECK

Linienfarbe = schwarz
Linienart = durchgezogen
Linienstärke = 0.10 mm
Füllfarbe = olivgrün
Winkel = 0.00°
Länge = 5.29 mm
Breite = 7.94 mm
DiagonalenschnittpunktX = 3.36 cm
DiagonalenschnittpunktY = 21.01 cm

3. Zeichne das Objekt zu folgender Objektkarte. Achte auf die genaue Einhaltung der Attributwerte.

Verbot: KREIS

Mittelpunkt = 0,0
Radius = 50
Füllfarbe = weiß
Randfarbe = rot
Randstärke = 15

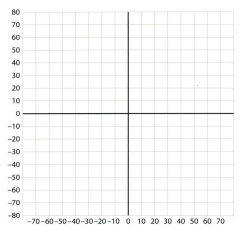

Tipp: Zeichne das Verkehrszeichen mit der Methode „Regelmäßiges Vieleck zeichnen"!

4. a) Erstelle nebenstehendes Verkehrszeichen im Zeichenprogramm Object-Draw.
   b) Entwirf zum gerade erzeugten Objekt die Objekt- und Klassenkarte mit Objektname, Klassenname, Attributen, Methoden und Attributwerten.

5. Gegeben ist folgende Grafik, die aus einzelnen Objekten besteht:

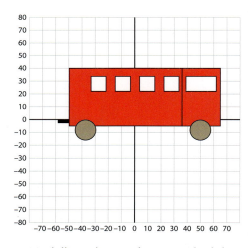

Tipp: Orientiere dich am Koordinatensystem, um in etwa Breite und Länge der einzelnen Objekte herauszufinden.

a) Modelliere die zugehörigen Objektkarten mit den wichtigsten Attributen und Attributwerten. Vergib auch passende Objektnamen.
b) Zeichne die Grafik in Objekt-Draw nach den von dir vorgegebenen Attributwerten.
c) Gruppiere die einzelnen Objekte.
d) Vergrößere deine Grafik um das Doppelte und bewege sie dann mithilfe einer geeigneten Methode um 150 Einheiten in Y-Richtung.

6. Gegeben ist folgende Problemstellung:

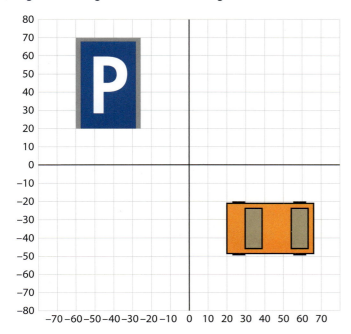

a) Parke das Auto in nur drei Schritten ein. Beschreibe deinen Lösungsvorschlag mit Hilfe eines Aktivitätsdiagramms. Achte dabei auch auf die Angabe der korrekten Parameterwerte!
b) Erstelle die Zeichnung 1:1 in Object-Draw.
c) Teste deinen Lösungsvorschlag aus Aufgabe a) und korrigiere ihn, wenn nötig.

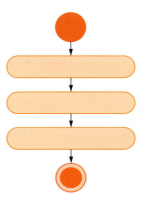

7. Gegeben ist folgender Programmcode:

```
//Objekte deklarieren (erzeugen)
Gesicht, Auge1, Auge2, Nase, Mund: KREIS
//Attributwerte festlegen
Gesicht.mittex:=0
Gesicht.mittey:=0
Gesicht.füllart:=durchsichtig
Gesicht.radius:=40
Nase.mittex:=0
Nase.mittey:=0
Nase.füllfarbe:=rot
Nase.radius:=5
Auge1.mittex:=-20
Auge1.mittey:=10
Auge1.radius:=5
Auge1.füllfarbe:=schwarz
Auge2.mittex:=20
Auge2.mittey:=10
Auge2.radius:=5
Auge2.füllfarbe:=schwarz
Mund.mittex:=0
Mund.mittey:=-20
Mund.radius:=10
Mund.füllfarbe:=schwarz
```

a) Skizziere das Objekt, welches durch das Programm erzeugt wird, auf ein kariertes Blatt.

```
r:RECHTECK
k1,k2:KREIS
e:ELLIPSE
g:GRUPPE

r.links:=-40
r.oben:=30
r.rechts:=40
r.unten:=10
r.füllfarbe:=blau

k1.radius:=10
k1.mittex:=-20
k1.mittey:=10
k1.füllfarbe:=schwarz

k2.radius:=10
k2.mittex:=20
k2.mittey:=10
k2.füllfarbe:=schwarz

e.mittex:=0
e.mittey:=30
e.radiusx:=20
e.radiusy:=10
e.füllfarbe:=gelb

g.schlucke(r)
g.schlucke(k1)
g.schlucke(k2)
g.schlucke(e)

wiederhole 80 mal
  g.verschieben(1,0)
*wiederhole
```

b) Erstelle das Programm in EOS und kontrolliere dadurch deine Zeichnung aus Aufgabe a).

c) Ergänze den Programmcode so, dass die Zeichnung aus Aufgabe b) einen Hut trägt.

8. Gegeben ist nebenstehender Code in der Programmierumgebung EOS.

a) Erstelle ein Objektdiagramm mit den im Code verwendeten Objektnamen, Klassennamen, Attributen und Attributwerten. Achte auf die korrekte Schreibweise.

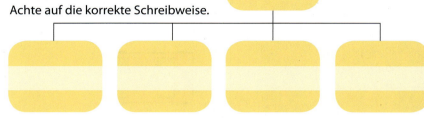

b) Fertige eine Skizze des soeben modellierten Objektes vor und nach Anwendung der Methoden an.

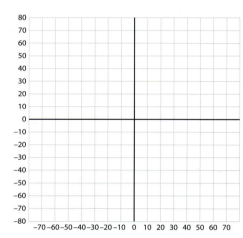

9. Gegeben ist das folgende Objektdiagramm:

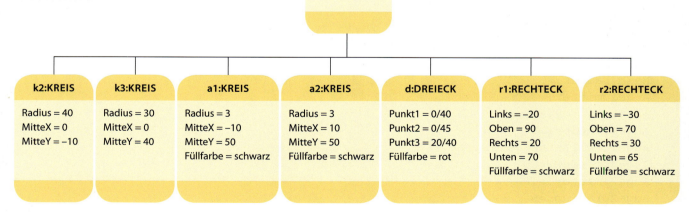

a) Starte EOS und erzeuge alle Objekte, die laut Objektdiagramm benötigt werden.

b) Setze für alle Objekte die Attributwerte, wie im Objektdiagramm vorgegeben.

c) Fasse die einzelnen Objekte zu einer Gruppe zusammen.

d) Drehe das gruppierte Objekt fünfmal um 60° und strecke es anschließend so sehr, dass es über den Bildschirm hinaus verschwindet.

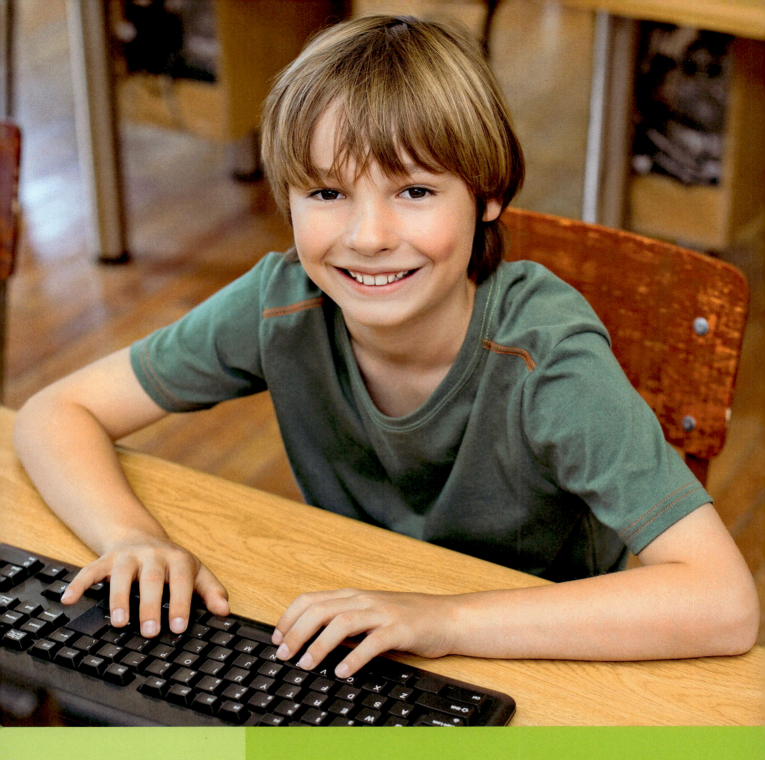

Kapitel 3

Einführung in die Textverarbeitung

1 Textverarbeitungsprogramme
2 Die letzten Griffe im 10-Finger-System
3 Normen vereinheitlichen auch Dokumente
4 Zeichen und Absatz
5 Shortcuts verkürzen Wege
6 Tabellen und Bilder
7 Längere Texte übersichtlich gestalten

1. Seit der Texteingabe auf einer Schreibmaschine hat sich einiges getan. Beurteile die Vorteile, die sich durch die heutige Textverarbeitung an einem Computer mit Bildschirm, Maus und Speicher ergeben.

Bekannte Textverarbeitungsprogramme sind LibreOffice Writer, Microsoft Word, Apache OpenOffice Writer und Apple Pages.

2. Öffne dein Textverarbeitungsprogramm und finde die genannten Programmbestandteile.

3. Überprüfe den aktuellen Namen der Datei deines Nachbarn in der Titelleiste.

4. Überprüfe die Einstellung deiner Seitenränder und ändere sie gegebenenfalls in oben, links und rechts 2,5 cm und unten 2 cm ab.

5. Skizziere die Symbole, mit denen Tabulatoren und Leerzeichen im Textdokument angezeigt werden (Tabulator-Taste ▶ Seite 55).

Alinea-Zeichen aus dem Mittelalter und Absatzendemarke

Nachdem du im ersten Kapitel gelernt hast, Texte mit dem 10-Finger-System schnell und fehlerfrei am Computer zu schreiben, willst du diese nun selbstverständlich auch ansprechend gestalten, d. h. layouten. Hierzu lernst du nun weitere wichtige Funktionen von Textverarbeitungsprogrammen kennen, mit denen du Texte formatieren und durch Objekte wie Bilder und Tabellen aufwerten kannst. Für manche Inhalte gibt es auch Regeln, die bei der Gestaltung zu beachten sind und die du kennen solltest. Um noch effektiver zu arbeiten, erweiterst du dein 10-Finger-System außerdem um Ziffern und Zeichen und lernst gewisse Tastenkombinationen kennen, mit deren Hilfe man den Computer steuern kann.

1 Textverarbeitungsprogramme

Die Programmoberfläche

Die Programmoberflächen der meisten Textverarbeitungsprogramme sind sich sehr ähnlich.
- Ganz oben in der **Titelleiste** stehen der Name des aktuellen Dokumentes und das Programm, mit dem dieses gerade geöffnet ist.
- Direkt darunter findet man die **Menüleiste**, mit deren Hilfe man durch die verschiedenen Bearbeitungsrubriken navigieren kann.
- Durch die Symbole in der **Symbolleiste** darunter kann man per Schnellzugriff Änderungen am Dokument vornehmen.
- Den größten Teil des geöffneten Programmfensters nimmt dann der eigentliche **Arbeitsbereich** ein, in dem der Inhalt des Dokumentes steht.
- Unterhalb des Arbeitsbereichs in der **Statusleiste** kann man noch einige Details zu den Programmeinstellungen erkennen.

Grundlegende Einstellungen

Bevor man ein Textdokument formatiert, sollte man sich über grundlegende Einstellungen Gedanken machen. Einige Einstellungen des Programms haben Auswirkung auf das gesamte **Dokument** oder zumindest auf einen ganzen **Dokumentabschnitt**, wie eine Seite oder eine Textspalte.

Die **Ausrichtung des Dokumentes**:
Eine Textseite kann hochkant oder quer beschrieben werden. Mit dem **Seitenlayout Hochformat** oder **Querformat** dreht man die Seite in die gewünschte Richtung.

Die **Seitenränder**:
Voreingestellt werden kann auch die Breite der Seitenränder. Nachträgliche Veränderungen wirken sich auf die Zeilenumbrüche des gesamten Textes aus und zerstören gegebenenfalls vorherige Bemühungen der Seitengestaltung.

Die **Formatierungszeichen**:
Absatzumbrüche, Leerzeichen, Seitenumbrüche, geschützte Leerzeichen, die Verwendung des Tabulators usw. sollten beim Layouten eines Dokuments immer sichtbar eingestellt sein, da man ein Dokument nur bewusst layouten kann, wenn man alle Bereiche überblicken und voneinander abgrenzen kann.

Sogenannte Alinea-Zeichen dienten im Mittelalter dazu, gedankliche Einheiten in Texten voneinander zu trennen. Die heutigen Zeichen für Absatzumbrüche sind ihnen ähnlich.

¶ Um Formatierungszeichen auf dem Bildschirm zu sehen, sollte immer der entsprechende Schalter in der Symbolleiste deines Textverarbeitungsprogramms aktiv sein.

2 Die letzten Griffe im 10-Finger-System

Sonderzeichen

Die üblichen in Texten benötigten Sonderzeichen sind die Satzzeichen **Anführungszeichen** „", **Ausrufezeichen** !, **Klammern** () und **einfache Anführungszeichen** ‚', sowie der **Apostroph** '.
Diese finden sich neben den Buchstaben des Alphabets und den Ziffern auf deinem Tastenfeld als Zweitbelegung einiger Tasten. Diese Zweitbelegung kann man durch die Umschalttaste erreichen.
Der Computerschriftsatz der Tastatur kennt nur eine Art von Anführungszeichen: ". Die deutsche Schrift unterscheidet allerdings öffnende und schließende „Gänsefüßchen" oben und unten. Bei der Eingabe von Texten in den Computer ersetzen „intelligente" Funktionen die nur oben stehenden Computerschrift-Anführungszeichen durch unsere typografische Zeichen. Auch den einfachen Anführungszeichen und dem Apostroph reicht durch diese Funktionen ein gemeinsames Zeichen auf der Tastatur.

6. Gib an, wo in der Programmoberfläche du die gerade eingestellte Sprache erkennen kannst. Versuche diese zu verändern.

7. Stelle deine Sprache probeweise auf Englisch und probiere aus, wie sich deine Anführungszeichen verhalten.

Taste	Tastweg
1	Dein linker kleiner Finger tastet nach oben links zur 1 und wieder zurück zum A.
2	Dein linker kleiner Finger tastet nach oben zur 2 und wieder zurück zum A.
#	Dein rechter kleiner Finger tastet nach rechts zum Sonderzeichen #, und wieder zurück zum Ö.
8	Dein rechter Zeigefinger tastet nach oben zur 8 und wieder zurück zum J.
9	Dein rechter Mittelfinger tastet nach oben zur 9 und wieder zurück zum K.

Tipp: Erinnere dich auch an das Fragezeichen „?" aus Kapitel 1 (▶ Seite 20).

Ergänzende Übungen:
Lektion 15 in Tipp10

Satzübungen

```
Hallo! Hast du schon bemerkt, dass es „Sonderzeichen" gibt,
die's dir (oder die dir's?) leichter machen Texte sinnvoll zu
schreiben? Das Ausrufezeichen „!" z. B. verleiht dem Vorangehen-
den einen besonderen Nachdruck, sagt der Duden. „Ruhe!"         240

Mit Klammern „()" kann man Zusätze (und Nachträge) deutlich vom
übrigen Text abgrenzen. Ausrufe- oder Fragezeichen (die zum
eingeklammerten Text gehören!) stehen vor der schließenden
Klammer. In Oberlauterbach (Wolnzach) ist es sehr schön.        480

„Eine Anführung innerhalb einer Anführung wird durch halbe An-
führungszeichen gekennzeichnet", lässt sich auch nachschlagen.
„Mit wie vielen h schreibt man ‚Rhythmus'?", wollte er wissen.
„Wenn der Text doch nur zu Ende wäre", dachte Johanna.          720
```

Die Ziffern des alphanumerischen Tastenfeldes

Das **alphanumerische Tastenfeld** enthält sowohl Zeichen des Alphabets, als auch numerische Zeichen, also unsere Ziffern.

Taste	Tastweg
3	Dein linker Ringfinger tastet nach oben zur 3 und wieder zurück zum S.
4	Dein linker Mittelfinger tastet nach oben zur 4 und wieder zurück zum D.
5, 6	Dein linker Zeigefinger tastet nach oben zur 5 oder 6 und wieder zurück zum F.
7	Dein rechter Zeigefinger tastet nach oben zur 7 und wieder zurück zum J.
0	Dein rechter Ringfinger tastet nach oben zur 0 und wieder zurück zum L.

Ergänzende Übungen:
Lektion 16 in Tipp10

Satzübungen

Die Tasten der 1 und der 2 kennst du schon, da sie sich die Tasten mit dem ! und dem „ teilen. Ebenso die Tasten 8 und 9 mit den Klammern (). Neu sind die Ziffern 3, 4, 5, 6 und 7, mit denen man 2520 verschiedene Zahlenkombinationen bilden kann! 240

Es gibt viele tolle Zahlen, wie zum Beispiel die Zahl Pi 3,4145926…, die unendlich viele Nachkommastellen besitzt. Bisher sind über eine Billion bekannt. Zu Archimedes' Zeiten (287-212 v. Chr.) gab man einen Wert zwischen 3,1408 und 3,1428 an. 480

Für die Kombination von Zahlen mit Worten wie 83-jährig, 12-fach und 1549,34 EUR gibt es genaue Regeln, welche die Leerzeichensetzung nach der DIN 5008 festlegt. Mehr Beispiele? 20 g Vanillezucker und 280 g Zucker ergeben insgesamt 300 g. 720

Rechtschreibkorrektur

Mit wie vielen h schreibt man „Rytmus"?

8. Auch Grammatikfehler kann das Programm erkennen. Ermittle, mit welcher Farbe diese Fehler unterringelt werden.

Textverarbeitungsprogramme verfügen über die Möglichkeit, die Rechtschreibung zu überprüfen. Dazu ist die Einstellung der passenden Sprache wichtig, die man am einfachsten in der **Statusleiste** vornehmen kann. Unbekannte Worte werden rot unterringelt. Man kann sich für diese Worte durch einen Klick mit der rechten Maustaste Verbesserungsvorschläge anzeigen lassen. Aber Achtung: Ein Programm kennt weder den Kontext noch alle Worte und weiß somit nicht immer die bessere Lösung.

Neben dem schon bekannten „Ignorieren" kann man über das Untermenü **„Rechtschreibung und Grammatik"** auch einstellen, dass ein Wort immer ignoriert wird, oder dem Wörterbuch neu hinzugefügt wird.

Weitere Sonderzeichen

Gängige Sonderzeichen aus dem mathematischen, kaufmännischen, juristischen und informatischen Bereich wie =, >, <, +, *, /, %, &, $, €, #, §, @ sind ebenfalls auf der Tastatur hinterlegt.
Da der Platz einer normalen Tastatur auch bei der Doppelbelegung für diese häufig benötigten Zeichen nicht ausreicht, gibt es für einige Tasten sogar eine Dreifachbelegung. Der hier hinterlegte Schriftsatz lässt sich durch die gehaltene Taste „AltGr" erreichen.

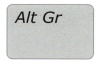

Alternativ Groß: Umschalttaste, die hauptsächlich für Sonderzeichen verwendet wird.

9. Untersuche deine Tastatur: Welche Tasten außer E und Q sind noch dreifach belegt?

Taste	Tastweg
+	Dein rechter kleiner Finger tastet nach oben rechts zum + und wieder zurück zum Ö.
<	Dein linker kleiner Finger tastet nach links zum Zeichen < und wieder zurück zum A.
AltGr	Dein rechter Ringfinger tastet nach unten zum AltGr und wieder zurück zum L.

Ergänzende Übungen:
Lektion 17 in Tipp10

Satzübungen

```
Auch für die Benutzung von Zeichen gibt es genaue Regeln der
DIN 5008: 1549,34 € und kontakt@informatik-biber.de beinhalten
die Sonderzeichen € und @, die man mit der Umschalttaste AltGr
eintippen kann. Versuch's *. :-*
```
240

```
Rechnungen werden mit Leerzeichen auf allen Seiten der Rechen-
operatoren geschrieben: 7 + 5 = 12 ist ein Beispiel, das auf
Seite # 51 wieder auftaucht. Außerdem ist 7 + 5 < 13 aber auch
> als 11. Das Zeichen % bedeutet, dass die Zahl durch 100 ge-
teilt also / wird. <3
```
480

```
Das Paragrafen-Zeichen § für Gesetzestexte wird für einen Para-
graf einfach §, für mehrere Paragrafen doppelt §§ geschrieben.
So handhabt das auch die Anwaltskanzlei Pahlgruber & Söhne,
wenn sie für viele $ einen Fall verkorkst. >:@
```
720

Das geschützte Leerzeichen

Willst du einen Zeilenumbruch bei einem Leerzeichen oder einem Bindestrich vermeiden, kannst du über die Tastenkombination
Strg + Umschalt + Leerzeichen
bzw.
Strg + Umschalt + -
ein Leerzeichen bzw. einen Bindestrich „schützen".

10. Versuche zwei durch ein geschütztes Leerzeichen verbundenen Worte über den Zeilenrand hinauszuschieben. Was passiert?

11. Untersuche obige Satzübung. In welchen Fällen sollte man Leerzeichen schützen?

3 Normen vereinheitlichen auch Dokumente

DIN

Logo des Deutschen Instituts für Normung

Das **D**eutsche **I**nstitut für **N**ormung DIN (e. V.) ist eine Organisation, die bemüht ist, Normen und Standards zu entwickeln, die Abläufe im weltweiten Handel vereinfachen, Qualität und Effizienz sichern und die Gesellschaft und Umwelt schützen sollen. Jeder kann die Erstellung einer DIN-Norm beantragen, die dann von Ausschüssen des DIN auf Notwendigkeit geprüft und gegebenenfalls erarbeitet wird. Hierbei sind alle an dieser Norm interessierten Kreise beteiligt, z. B. Verbraucher, Handel, Hersteller, Forschungsinstitute und Behörden. Spätestens alle fünf Jahre werden die Normen auf Aktualität überprüft.

Normen der DIN 5008

Die Norm **DIN 5008** empfiehlt Schreib- und Gestaltungsregeln für die Textverarbeitung. Sie ist eine grundlegende Norm für Büro- und Verwaltungsarbeit und legt neben der übersichtlichen, zweckmäßigen Gliederung von Schriftstücken (beispielsweise Briefen) auch den korrekten Gebrauch von Satz- und Sonderzeichen sowie Leerzeichen usw. fest.

12. Die DIN 5008 ist keine Pflicht, nur eine Empfehlung.
Überlege dir mit deinem Nachbarn drei Situationen, in denen du sie trotzdem unbedingt einhalten solltest.

	DIN 5008-Empfehlung
Leerzeichen	Nach jedem Wort und jeder Zahl folgt ein Leerzeichen. **Ausnahmen:** Wenn ein Satzzeichen oder ein Punkt für Abkürzungen oder Ordnungszahlen anschließt oder es sich um eine Kommazahl handelt. *7 Tage; Wir kennen z. B. die DIN 5008.; Klasse 7 a;* *Nach der 6. Stunde ist Schluss.*
Satzzeichen . , ; " ! ? ( ) '	Satzzeichen folgen dem Wort ohne Leerzeichen. Nach dem Satzzeichen folgt dann das Leerzeichen. **Ausnahmen:** Anführungszeichen und Klammern umschließen die entsprechenden Textteile direkt. **Apostrophe** stehen als Ersatz für weggelassene Buchstaben ohne Leerzeichen zwischen den Worten. *„Mir reicht's!" sagte sie, bevor sie nach Hause ging.*
Zahlen	Zahlen mit mehr als drei Stellen werden von rechts mit Leerzeichen nach je drei Stellen gegliedert. Bei Kommazahlen wird von rechts und links des Kommas aus gegliedert: *36 708; 1 457,345 67* Direkt vor und nach dem Komma steht kein Leerzeichen. **Ausnahmen:** **Postleitzahlen** werden nicht gegliedert: *85283 Oberlauterbach* **Bankleitzahlen** werden von links in Dreierblöcke gegliedert: *721 516 50.* Die **IBAN** wird von links in Viererblöcke aufgeteilt: *DE12 7215 1650 0009 2537 74* **Telefonnummern** werden funktionsbezogen in Landes-, Orts- und Anschlussnummer gegliedert. Die Durchwahl wird durch einen Bindestrich angeschlossen: *08441 4993-21; +49 8441 4993-21* Nur **Geldbeträge** werden durch einen Punkt nach je drei Ziffern (vor dem Komma) gegliedert: *$ 1.000.000; 1.549,34 €; Auch: 1.549,34 EUR*

Kapitel 3 — Normen vereinheitlichen auch Dokumente

	DIN 5008-Empfehlung
Sonderzeichen = > < + * / % & $ € # § @ …	**Sonderzeichen** (auch in Rechnungen) werden mit Leerzeichen (davor und dahinter) geschrieben. *1,1 % Alkohol; 7 + 5 = 12; § 961 BGB; §§ 961 – 964 BGB; Pahlgruber & Söhne; # 5* **Ausnahmen:** @ in **E-Mail-Adressen** und Schrägstriche werden ohne Leerzeichen geschrieben: *kontakt@informatik-biber.de; Schüler/-innen; 100 km/h*
Mittestriche -	Als **Bindestrich** (Verbindung) zwischen Worten und zur Aneinanderreihung von Worten und Zahlen ohne Leerzeichen: *schwarz-weiß-rote Leidenschaft; 3-teilig; 12-jährig; 7-Tage-Woche, E-Mail-Adresse* Als **Ergänzungsstrich** bei abgeschnittenen Worten mit einem Leerzeichen: *Vor- und Nachname; bergauf und -ab* Als **Aufzählungszeichen** mit nachfolgendem Leerzeichen: *- 200 g Mehl* *- 125 ml Milch* Als **Silbentrennung** ohne Leerzeichen, am besten mit *automatischer Silbentrennung* im Dokument! Als **Gedankenstrich** mit Leerzeichen davor und danach: *Den Text – es war der schwierigste – tippte sie korrekt.* Als **Sonderzeichen** für „gegen", „bis", und in Streckenangaben mit Leerzeichen davor und danach: *Derby: FC Bayern – FC Ingolstadt 04; Unterricht: 07:30 – 12:30 Uhr; München – Ingolstadt – Nürnberg* Als **Vorzeichen** bei Zahlen direkt vor der Zahl: *-45 °C* Auf der herkömmlichen Schreibmaschine gab es nur kurze Mittestriche (-). Mithilfe der Computer-Tastatur kann man auch lange Mittestriche (–) erzeugen (Alt-Taste gedrückt halten und 0150 über den Numerikblock eingeben). Lange Mittestriche benutzt man als Gedankenstriche, bei Streckenangaben und oft auch als Aufzählungszeichen und als Vorzeichen.
Datum/Uhrzeit	**Numerisch** mit 2-stelligem Tag und Monat und 4-stelligem Jahr, ohne Leerzeichen: *06.06.2013* **Alphanumerisch** mit Tag ohne voranstehender Null, ausgeschriebenem Monatsnamen und vierstelligem Jahr, jeweils durch Leerzeichen getrennt: *6. Juni 2013* **Zeitangaben** mit Minuten (und Sekunden), jede Einheit 2-stellig, durch Doppelpunkt getrennt, aber ohne Leerzeichen: *07:30 Uhr; 7 Uhr; 02:02:57 Stunden ist der aktuelle Marathonweltrekord.*
Hoch- bzw. tiefgestellte Zeichen	**Hoch- bzw. tiefgestellte Zeichen** werden ohne Leerzeichen an die zugehörige Basis angefügt. *90° Winkel; 35 m²; H2O; 27 °C*

Tipp: Nutze die **automatischen Silbentrennung** deines Textverarbeitungprogramms.
So wird vermieden, dass man selbst Striche einfügt, die dann nach einem Wechsel der Schriftgröße oder der Schriftart an falscher Stelle mitten in der Zeile erscheinen. Die automatische Silbentrennung sollte man dennoch vor Fertigstellung des Dokumentes überprüfen.
Die Silbentrennung kann man selbstverständlich auch deaktivieren.

13. Übernimm den Text „Crème brûlée" verbessert nach den nach den Regeln der DIN 5008 in dein Programm.

14. Finde mit deinem Nachbarn heraus, wie man die Accents über dem Namen Crème brûlée schreiben kann. Warum ist das Wort „brûlée" rot unterringelt, auch wenn es richtig geschrieben wurde?

15. Ersetze die Leerzeichen an sinnvollen Stellen durch geschützte Leerzeichen. Vergrößere dann die Schriftgröße und „teste" die geschützten Leerzeichen.

16. Speichere deine Datei unter dem Namen CremeBrulee.

Text, der nach DIN 5008 verbessert werden sollte:

```
Crème brûlée ( franz. „ gebrannte Creme " ) ist
eine Süßspeise aus 4 Eigelb, 375ml Sahne 125ml
Milch und 40-50g Zucker ,evtl. 1 Vanilleschote
und braunem Zucker zum Karamellisieren, die
45Min. bei 150°C gekocht wird.
```

4 Zeichen und Absatz

Zwei Arten von Objekten, also Klassen, die man in Textdokumenten unbedingt unterscheiden sollte, sind ZEICHEN und ABSATZ. **Absätze** sind gedankliche Einheiten, die durch Absatzumbrüche (¶) voneinander getrennt werden. Absätze enthalten **Zeichen** (Buchstaben, Ziffern, Sonderzeichen und Leerzeichen).

Lorem Ipsum

17. Übernimm so viel von dem „Lorem ipsum"-Text in dein Textdokument, bis die erste Wiederholung beginnt. Kopiere dann deinen Text und füge ihn noch 2-mal ein. Setze einen scheinbar sinnvollen Absatzumbruch.

18. Markiere ein beliebiges Wort und wechsle die Schriftfarbe, den Schriftschnitt, die Schriftart und den Schriftgrad.

```
Lorem ipsum dolor sit amet, consectetur
adipiscing elit, sed do eiusmod tempor incididunt
ut labore et dolore magna aliqua. Ut enim ad
minim veniam, quis nostrud exercitation ullamco
laboris nisi ut aliquip ex ea commodo consequat.
Duis aute irure dolor in reprehenderit in
voluptate velit esse cillum dolore eu fugiat
nulla pariatur.
Excepteur sint occaecat cupidatat non proident, sunt
in culpa qui officia deserunt mollit anim id est
laborum. Lorem ipsum dolor sit amet, consectetur
adipiscing elit, sed do eiusmod tempor incididunt ut
labore et dolore magna aliqua.
```

CICERO (106 – 43 v. Chr.)

„Lorem ipsum …" ist ein Text, der (in einer Endlosschleife) beim Layouten von Dokumenten häufig verwendet wird, wenn noch nicht klar ist, welcher konkrete Text an die Stelle gehört. Die Verwendung des Textes als Platzhalter soll bereits seit dem 16. Jh. bei Setzern üblich gewesen sein.
Die Sprache scheint Latein zu sein, ist tatsächlich aber unverständlich und ohne jede Bedeutung, damit der Betrachter nicht durch seinen Inhalt vom Layout abgelenkt wird. Der Ursprung des Textes beruht allerdings auf einem lateinischen Text des berühmtesten Redners Roms, MARCUS TULIUS CICERO:
De finibus bonorum et malorum/Das höchste Gut und Übel
„Neque porro quisquam est, qui do<u>lorem ipsum</u>, quia <u>dolor sit</u>, <u>amet</u>, <u>consectetur</u>, <u>adipisci</u> <u>velit</u> […]"

19. Markiere nochmal dein Wort und verändere nun die Textausrichtung. Was stellst du fest?

20. Nenne weitere Formatierungsfunktionen, die sich auf den ganzen Absatz anstatt auf einzelne Buchstaben auswirken.

Die Absatzformatierung

 Mit diesen Symbolen kannst du die Absatzausrichtung verändern, also den ganzen Absatz am linken oder rechten Seitenrand anordnen bzw. zentriert in der Mitte der Seite. Als Blocksatz streckt sich der Text über die ganze Breite, so dass ein einheitliches Bild entsteht.
Absatzformatierungen wie z. B. die Textausrichtung wirken sich auf den ganzen Absatz aus, auch wenn nur einige Zeichen markiert sind und sogar schon dann, wenn sich der Cursor in diesem Textabschnitt befindet.
Logisch: Innerhalb eines Absatzes kann man nicht ein einzelnes Zeichen zentrieren, während man hingegen schon ein einzelnes Zeichen unabhängig von den umgebenden Zeichen einfärben kann.

Der **Cursor** (von *lat*. Läufer) bezeichnet die Eingabemarkierung, die in einem Computerprogramm die aktuelle Bearbeitungsposition anzeigt.

Die Klassen ZEICHEN und ABSATZ

Mit einem Rechtsklick in den Arbeitsbereich deines Dokuments kannst zwischen den Menüpunkten Absatz und Zeichen (oft mit „Schriftart" bezeichnet) wählen.

Ähnlich wie **Objektkarten**, die **Attribute** mit **Attributwerten** auflisten, öffnen sich Menükarten des aktuell markierten Zeichens bzw. des Absatzes, in dem du gerade arbeitest. Hier kannst du die gesetzten Attributwerte deiner Zeichen und Absätze überblicken und über die schon in der Symbolleiste angebotenen Möglichkeiten hinaus deine Objekte formatieren.

> **z1: ZEICHEN**
>
> Schriftfarbe = Schwarz
> Schriftart = Calibri
> Schriftschnitt = Normal
> Schriftgrad = 10,5
> …

Hinter dem **Rechtsklick** stecken viele Formatierungsoptionen, die immer an das Objekt angepasst sind, das du gerade bearbeitest.

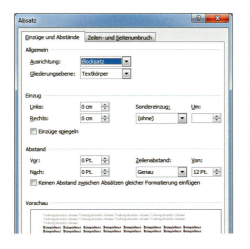
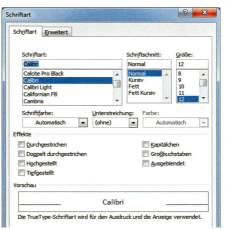

Absätze lassen sich nur im Ganzen rechtsbündig,
zentriert
oder linksbündig schreiben.
Man kann ihren Zeilenabstand einfach
oder größer setzen,…

… während man Zeichen einzeln einfärben, *kursiv*-
und **fett**schreiben, sie einzeln unterstreichen, ihre
Schrift_{größe} festlegen, sie ^{hoch}- oder _{tief}stellen kann.

Natürlich kann man auch auf alle Zeichen eines Absatzes die gleiche Zeichenformatierung anwenden.

Aufzählungen

Eine weitere Formatierung, welche sich auf ganze Absätze auswirkt, ist die **Nummerierung** von Listen bzw. die Abgrenzung durch **Aufzählungszeichen**.
Nummerierungen sollte man dem Programm überlassen, welches beim Ein- bzw. Hinzufügen weiterer Punkte die Nummerierung automatisch anpasst.

1. Die Zutaten bis auf den braunen Zucker gut vermischen (Mixer).
2. Alles in feuerfeste Förmchen füllen und im Wasserbad im Ofen für 45 Minuten bei 150 °C stocken lassen.
3. Vor dem Servieren mit braunem Zucker bestreuen und mit einem Gasbrenner oder unter dem Backofengrill karamellisieren.
4. Etwa 20 - 30 Min. abkühlen lassen und evtl. für 4 Stunden im Kühlschrank durchkühlen lassen.

21. Vergleiche in deinem Programm die beiden Bearbeitungsmenüs für Zeichen und Absatz und probiere sie aus, indem du in deinem „Lorem ipsum"-Text spezielle Effekte nutzt wie doppeltes Unterstreichen, Text in Großbuchstaben umwandeln, Abstände vor und nach dem Absatz vergrößern, …

22. Erzeuge den nebenstehenden Text in deinem Textverarbeitungsprogramm mit den im Text genannten Formatierungsmerkmalen.

23. Ermittle den Unterschied zwischen Zeilen- und Absatzabstand.

24. Ermittle den Unterschied zwischen Textausrichtung (links-, rechtsbündig, zentriert) und Einrücken von Texten.

25. Rufe dein Dokument „CremeBrulee" von Seite 51 auf und ergänze das Rezept durch nebenstehende Schritte. Füge über die Symbolleiste automatisch die Nummerierung der Schritte ein.

26. Was passiert, wenn du statt der Nummerierung die Aufzählungszeichen aktivierst?

27. Markiere den kompletten vierten Absatz und verschiebe ihn durch Festhalten der linken Maustaste vor den Absatz 3. Beobachte deine automatische Nummerierung.

5 Shortcuts verkürzen Wege

Es gibt Tastenkombinationen (**Shortcuts**), die bestimmte Steuerbefehle für Programme beinhalten. Die Kenntnis dieser Befehle spart in vielen Fällen den Umweg über die Maus. Einige Shortcuts sind bei vielen Programmen gleich, einige von Programm zu Programm unterschiedlich belegt. In manchen Programmen kann man Shortcut-Befehle sogar selbst vergeben.

Die meisten Shortcuts in der Textverarbeitung sind als Steuerbefehle mit der Steuerungstaste „Strg" verknüpft.
Allgemein zählt man auch Sondertasten wie die F-Tasten und die Tasten des Cursortastenfeldes zu den Shortcuts.

Bei der Arbeit in der Textverarbeitung gibt es viele nützliche Shortcuts. Die meisten davon sind in den Programmen verschiedener Anbieter gleich belegt:

Shortcut	Auswirkung
Strg + C	kopiert die markierten Objekte
Strg + X	schneidet markierte Objekte aus
Strg + V	fügt die kopierten oder ausgeschnittenen Objekte an der markierten Stelle ein
Umschalt + → Umschalt + ←	markiert den vor bzw. nach dem Cursor stehenden Text
Strg + A	markiert das gesamte Dokument
Strg + Z	macht einen Bearbeitungsschritt rückgängig
Strg + Y	stellt einen rückgängig gemachten Schritt wieder her
Strg + Mausrad	scrollt in den Arbeitsbereich des Programms
Strg + Umschalt + F	formatiert den markierten Text **fett**
Strg + Umschalt + K	formatiert den markierten Text *kursiv*
Strg + Umschalt + U	formatiert den markierten Text <u>unterstrichen</u>
Strg + #	weist markiertem Text das Format $_{Tiefgestellt}$ zu
Strg + 9	vergrößert den Schriftgrad von markiertem Text um 1 pt
Strg + Umschalt + Leerzeichen	erstellt ein geschütztes Leerzeichen
Strg + Umschalt + –	erstellt einen geschützten Bindestrich
Strg + S	speichert das Dokument
Strg + P	ruft das Druckmenü auf
Strg + F2 Esc	Seitenansicht des Dokumentes; zurück in den Bearbeitungsmodus
Strg + F Enter Esc	öffnet ein Suchfenster zur Suche eines Textstücks im Dokument; wählt zwischen den gefundenen Textabschnitten aus; schließt die Textsuche und lässt den gefundenen Text markiert zurück
Pos1 Ende	Sprung an den Zeilenanfang, bzw. das Zeilenende

Strg

Steuerung: Umschalttaste, die hauptsächlich für Programmsteuerungsbefehle reserviert ist

28. Fahre langsam mit dem Mauszeiger über die Symbole in deiner Symbolleiste und finde drei weitere interessante Shortcut-Tastenkombinationen heraus, die du testen kannst.

29. Formatiere deine „CremeBrulee"-Datei ausschließlich über die Tastatur, ohne die Maus zu verwenden, durch Shortcuts. Unterstreiche die Überschrift, hebe alle Zutaten fett hervor und erstelle mit der Kopierfunktion Strg + C über dem Rezept eine Liste der Zutaten. Speichere anschließend das Dokument.
Denke als Hilfe auch an die Textsuche Strg + F und die Esc-Taste.

30. Bewerte mit deinem Nachbarn, welche der Shortcuts man unbedingt auswendig kennen sollte. Diskutiert in der Klasse eure Wahl.

Escape (*engl.* Flucht): Steuerungsbefehl, der beim Verlassen von Steuerungsfunktionen hilft, z. B. bei der Textsuche oder der Seitenansicht

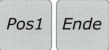

Position1 und **Ende** zum Sprung an den Zeilenanfang bzw. an das Zeilenende

6 Tabellen und Bilder

Ein Textverarbeitungsprogramm verarbeitet neben Text in Form von Zeichen und Absätzen noch weitere Objekte, wie z. B. **Bilder** und **Tabellen**, mit deren Hilfe man Texte strukturieren und das Verständnis unterstützen kann.

Tabellen einfügen

Tabellen sind in Dokumenten vor allem für Übersichten gefragt.
Eine Tabelle besteht immer aus **Zeilen** (horizontal) und **Spalten** (vertikal), die sich zu einzelnen Zellen vereinen. Eine Tabelle lässt sich über die Menü- und die Symbolleiste über den Punkt „**Tabelle einfügen**" erzeugen. Hier kann man die gewünschte Anzahl von Zeilen und Spalten auswählen.
Zwischen den einzelnen Tabellen-Zellen kann man mit der Maus oder mit der **Tabulator-Taste** navigieren.
Möchte man eine ganze Spalte oder Zeile markieren, so kann man dies per Mausklick oberhalb oder links der entsprechenden Spalte bzw. Zeile.

	Montag	Dienstag
Uhr	Mathe	Erdkunde
Uhr	Mathe	BwR
Uhr	IT	…
Uhr …	IT	

Die **Tabulator-Taste** dient u. a. zur Navigation in Tabellen.

31. Bestimme, wie viele Zeilen und Spalten du für deinen aktuellen Stundenplan mit Angabe der Tage und Uhrzeiten brauchst.

32. Entscheide, welche Seiteneinstellung getroffen werden muss, damit dein Stundenplan eine ganze DIN-A4-Seite ausfüllt.

33. Erzeuge mit den Vorüberlegungen aus Aufgabe 30 und 31 eine neues Textdokument und füge eine Tabelle für deinen Stundenplan ein. Trage in die Tabelle deinen aktuellen Stundenplan ein.

Tabelleneigenschaften

Die konkreten Eigenschaften einer Tabelle lassen sich zum Teil mit Maus und Symbolleiste (z. B. Spaltenbreite, Hintergrundfarbe, …) verändern.
Für viele Einstellungen in Tabellen lohnt es sich jedoch, sich mit der rechten Maustaste anzufreunden. Hier sind weitere Formatierungsoptionen hinterlegt und vor allem ist auch das Menüfenster „Tabelleneigenschaften" oder – je nach Programm – „Tabelle" aufzurufen. In diesem Menü lässt sich eine Auswahl zwischen Spalten-, Zeilen- und Zelleneigenschaften treffen und es lassen sich somit z. B. exakte Werte für Spaltenbreiten angeben.

Bei Word gibt es im Menüfenster „Tabelleneigenschaften" einen Unterpunkt „Rahmen und Schattierung", bei Writer findet man im Fenster „Tabellenformat" die Registerkarten „Umrandung" und „Hintergrund". Unter „Umrandung" kann man für eine markierte Zelle festlegen, ob man z. B. nur rechts und unten einen Rand haben möchte und welche Farbe dieser Rand besitzen soll. Der Zellhintergrund lässt sich folgendermaßen formatieren: Zelle(n) markieren → Methode „Hintergrundfarbe festlegen" aufrufen → Attributwert (Farbe) zuweisen.

Symbole zur Anpassung von **Hintergrundfarbe** und **Umrandung** von Tabellenzellen

	Montag	Dienstag	Mitwoch…
08:00 Uhr	Mathe	Erdkunde	
08:45 Uhr	Mathe	BwR	
09:45 Uhr	IT	…	

34. Hinterlege die Tage und Uhrzeiten deines Stundenplanes farbig und passe die Umrandung entsprechend dem Beipiel an.

35. Untersuche deine Symbolleiste und das Menüfenster „Tabelleneigenschaften" auf weitere nützliche Funktionen zur Formatierung deines Stundenplans.

36. Füge in deinen Stundenplan weitere Zeilen für die Pausenzeiten ein.

Noch mehr Zeilen und Spalten

Hat man beim Einfügen der Tabelle nicht ausreichend Zeilen oder Spalten angelegt, so kann man im Nachhinein durch Rechtsklick und das Auswahlmenü weitere hinzufügen. Hier hat man – je nach Programm – weitere Wahlmöglichkeiten bezüglich der Lage (vor oder nach der Mausposition) und der Anzahl der einzufügenden Elemente. Überflüssige Zeilen (Spalten) lassen sich markieren und ebenso per Rechtsklick und Auswahlmenü entfernen.

Kapitel 3 — Einführung in die Textverarbeitung

Bilder einfügen

Das Einfügen von Grafiken in ein Dokument kann auf verschiedene Arten erfolgen:

Bildauswahl	Befehle
Auswahl einer Bilddatei	System- bzw. Menüleiste: Einfügen → Grafik oder Bild, Datei per Mausnavigation im Dateiexplorer auswählen und einfügen
„Drag and Drop" (Ziehen und Ablegen)	Bild am Bildschirm mit der linken Maustaste „festhalten" und an die gewünschte Stelle im Dokument ziehen
„Copy and Paste" (Kopieren und Einsetzen)	per Kopierfunktion (Rechtsklick → Kopieren oder Shortcut Strg + C) Bild kopieren und einfügen (Rechtsklick → Einfügen oder Strg + V)

37. Suche im Internet nach dem Bild eines Hundes und füge dieses in ein neues Dokument ein. Benenne und speichere es unter einem sinnvollen Namen.

Im Kapitel 7 lernst du Suchstrategien kennen, mit denen du Bilder im Internet gezielt finden kannst (▶ S. 127).

Ach du dicker Hund – das Seitenverhältnis

```
„Dieser robuste, kompakte und kleine Hund ist
ein angenehmer Begleithund. Die FCI beschreibt
das Wesen so: ‚Viel Charme, Würde und
Intelligenz. Ausgeglichen, fröhlich und lebhaft.'
Da er zu Übergewicht neigt, ist eine ausgewogene
Ernährung wichtig."
```

https://de.wikipedia.org/wiki/Mops (25. 09. 2015)

Kein Grund schon in der Textverarbeitung aus einem Mops einen „Mops" zu machen. Beim **Skalieren** von Bildern ist es wichtig, das **Seitenverhältnis** zu beachten.

Als **Skalierung** bezeichnet man bei Computergrafiken das Verändern der Bildgröße.

38. Verändere die Größe deines Bildes zunächst ohne die Seitenverhältnisse zu verändern.

39. Verändere nun die Größe deines Bildes auch mit Verzerrung der Seitenverhältnisse. Versuche das Bild nun in seinen Ursprungszustand zurückzusetzen.

Tipp: Erinnere dich an den Shortcut zum Rückgängig machen von Bearbeitungsschritten

Durch einen Mausklick auf das Bild wird dieses zur Bearbeitung aktiviert.

An den Seiten und Ecken erscheinen Zugpunkte, mit deren Hilfe man die Bildgröße verändern kann. Beim Ziehen an den Ecken wird das Seitenverhältnis beibehalten und die Proportionen des Dargestellten ändern sich nicht, was – es sei denn es ist ausdrücklich so gewünscht – auch so sein sollte.

Hat man doch einmal das Seitenverhältnis unabsichtlich verändert, so hilft meist ein Schritt zurück oder das Zurücksetzen des Bildes auf seinen Ursprungszustand.

Bilder zuschneiden

Neben der Skalierung bieten Textverarbeitungsprogramme noch einige weitere grundlegende Funktionen an, ein Grafikobjekt zu bearbeiten. Hierzu gehört die Möglichkeit ein Bild auf einen bestimmten **Bildausschnitt** zuzuschneiden.
Der Bildzuschnitt ist in den Programmen unterschiedlich umgesetzt:
In manchem Programm kann man direkt in der Symbolleiste „Zuschneiden" auswählen und ähnlich wie bei der Skalierung über die erscheinenden Zugpunkte den Bildausschnitt wählen.
In anderen Programmen muss man Grafikobjekte über den Menüpunkt „Bild → Bild formatieren" o. Ä. auf die gewünschte Größe reduzieren. Hier wird eine Menükarte aufgerufen, in der die Attributwerte des Objekts angezeigt und geändert werden können.

40. Finde heraus, wie du mit deinem Textverarbeitungsprogramm ein Bild zuschneiden kannst und wähle einen geeigneten Bildausschnitt aus deinem Bild aus.

41. Vergrößere dein Bild auf ca. eine Viertelseite.

Text und Bild

```
Ein Mops kam in die Küche
und stahl dem Koch ein Ei,
da nahm der Koch den Löffel
und schlug den Mops entzwei.

Da kamen viele Möpse
und gruben ihm ein Grab
und setzten drauf ´nen Grab-
stein,
 darauf geschrieben stand:
```
```
Ein Mops kam in die Küche
und stahl dem Koch ein Ei,
…
```

Tipp: Lass auch beim Bearbeiten von Bildern immer deine Formatierungssymbole eingeblendet!

Grafiken lassen sich auf unterschiedliche Weise in den umgebenden Text einbinden:
- Der Text kann über dem Bild abbrechen und erst darunter fortgesetzt werden.
- Der Text kann das Bild umfließen, bei nicht rechteckigen Bildern sogar entlang von krummen Bildkanten.
- Das Bild kann vor oder hinter den Text gelegt werden und diesen entsprechend überdecken oder von ihm überdeckt werden. Hierbei ist der Textfluss vom Bild unabhängig.

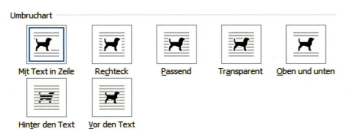

Ähnlich wie bei den Tabellen lassen sich über den Rechtsklick und über das Grafikmenü noch viele weitere spezielle Bildformatierungsoptionen auswählen und Feineinstellungen vornehmen.

```
„Ein Leben ohne Mops ist möglich,
aber sinnlos."                         Loriot
```

42. Übernimm den Text in deine Datei und formatiere das Bild so, dass es vom Text umflossen wird.

43. Gestalte dein Dokument so, dass du eine ansprechende Seite mit Überschrift, Bild, Information über den Mops und passenden Zitaten, Gedichten, … erhältst.

44. Lass deinen Nachbarn deine Datei durchleuchten und dir weitere Tipps zum Layout geben.
Was könntest du noch besser machen?

45. Drucke dein Dokument aus (Kennst du den Shortcut für das Drucken?) und hänge es mit den anderen Dokumenten der Schüler deiner Klasse im Zimmer auf. Vergleicht und beurteilt die Wirkung der unterschiedlichen Layouts.

Screenshots – besondere Fotos

Manchmal steht man vor dem Problem, dass man einen Bildausschnitt in die Datei einfügen möchte der zwar auf dem Bildschirm zu sehen, aber dennoch keine Grafik im eigentlichen Sinn ist.
Wie fügt man zum Beispiel ein Bild der Symbolleiste in ein Dokument ein um dieses zu beschriften?

Die Taste **Druck** oben rechts auf der Tastatur schießt Fotos vom Bildschirm. Sogenannte **Screenshots**.

Tipp: Erinnere dich an die Verschiedenen Möglichkeiten des Einfügens.

46. Füge einen Screenshot deines Textverarbeitungsfensters in ein neues Dokument ein und schneide ihn so zu, dass nur noch die Symbolleiste sichtbar ist.

Für solche Probleme gibt es die Möglichkeit, ein „Foto" vom eigenen Bildschirm zu machen. Allerdings braucht man dazu keinen Fotoapparat, eine Taste erledigt die Aufgabe.
Wenn man die Taste „Druck" oder „Print" drückt, scheint zunächst nichts zu passieren. Der Computer legt das Bild in die **Zwischenablage**, einen internen Speicherbereich, von dem der Anwender nichts bemerkt. Erst wenn man das Bild an der Stelle im Dokument einfügt, an der man es verwenden möchte, wird es aus dieser Zwischenablage geholt und dort sichtbar. Nun kann man es wie jede andere Grafik zuschneiden und vergrößern bzw. verkleinern.

Mit dem Shortcut Alt + Druck wird nicht der gesamte Bildschirm, sondern nur das gerade aktive Fenster „fotografiert". Das hat den Vorteil, dass man die Grafik nicht zuschneiden muss, wenn man nur eben dieses Fenster abbilden will.

Beschriftung mit Hilfe von Formen

Textverarbeitungsprogramme im Allgemeinen kennen eine Vielzahl von Formen, mit denen man gut Beschriftungen vornehmen kann. Hierzu wählt man entweder einen Pfeil und ein Textfeld oder gleich eine Legende aus, die beides verbindet.

47. Erkunde, wo sich in deinem Programm die Formen verstecken.

48. Probiere verschiedene Formen in deiner Datei aus.

49. Füge deiner Grafik aus Aufgabe 45 Beschriftungen hinzu.

50. Formatiere deine Beschriftungsformen, durch Veränderung der Rahmenstärken, der Rahmen- und Füllfarben, usw.

Ein Textfeld ist ein frei bewegliches Feld, in das man Text eintragen kann, das man „zuschneiden", an bestimmten Stellen im umgebenen Text verankern, vor oder hinter den Text des Dokumentes legen, mit und ohne Rahmen und mit oder ohne Hintergrundfarbe verwenden kann, …

Auch ein Textfeld ist eine Form.

Formen formatieren

Tipp: Einmal formatierte Formen lassen sich kopieren und somit vervielfältigen. Du musst also nicht jede Form wieder nach deinen Wünschen anpassen.

Formen sind wie Zeichen, Absätze, Bilder und Tabellen ebenfalls Objekte mit speziellen Attributen.
Selbstverständlich kann man die Attributwerte verändern. Hierzu dient neben den Symbolen wie gewohnt das Bearbeitungsmenü, das man über den Rechtsklick erreichen kann.

7 Längere Texte übersichtlich gestalten

Gliederung in Absätze

Ein längerer Text ist selten übersichtlich und gut zu lesen.

```
Wie funktioniert eine Suchmaschine?¶
Die Durchführung einer Suche im WWW ist
technisch komplizierter, als sie sich dem
Nutzer auf den ersten Blick darstellt. Im
Grunde laufen drei Vorgänge ab, um eine
Suchanfrage beantworten zu können:¶
Erfassung¶
Suchmaschinen erfassen laufend neue und
veränderte Informationen im World Wide Web.
Dies geschieht durch sogenannte Crawler (auch
Spider oder Suchroboter genannt). Ein Crawler
ist ein System aus Soft- und Hardware, das
systematisch und kontinuierlich das Internet
durchsucht, die auf den Internetseiten
vorhandenen Informationen einsammelt und diese
dann auf Servern abspeichert.¶
Informationsaufbereitung und Indizierung¶
Diese Sammlung von Daten wird nun so
aufbereitet, dass effizient ein Index erstellt
werden kann. Der Index ist der Kern jeder
Websuchmaschine. Er ist vergleichbar mit dem
Stichwortregister eines Buches. Der
Suchmaschinen-Index enthält einerseits Index-
Begriffe, andererseits die Informationen
darüber, auf welchen Internetseiten die
Begriffe vorkommen. Der Suchindex ist also ein
virtuelles Verzeichnis, das Milliarden von
Begriffen und Verweise auf Webseiten umfasst.¶
Informationsbereitstellung¶
Für jede Suchanfrage wird somit nicht mehr das
gesamte Internet durchsucht, sondern nur noch
dieser Index, da dieser besonders schnell und
effizient durchsucht werden kann. Abschließend
werden die für die Suchanfrage relevantesten
Ergebnisse in einer Liste dargestellt.¶
```

http://www.klicksafe.de/suchmaschinen (29.09.2015)

Neben den Absatzumbrüchen, die an Stellen stehen, die gedankliche Einheiten voneinander trennen, kannst du den Text optisch z. B. durch größere Zeilenabstände auflockern oder den Abstand vor oder nach einem Absatz vergrößern.
Du kannst auch Überschriften optisch hervorheben und Nummerierungen oder Aufzählungen einfügen. Auch die Formatierungsoptionen für Zeichen kennst du bereits.
Damit du schon einmal festgelegte Einstellungen wie die besondere Formatierung einer Überschrift nicht bei anderen Textbestandteilen neu vornehmen musst, gibt es das Werkzeug „Format übertragen". Hierzu navigierst du mit der Maus auf den Absatz oder das Zeichen, dessen Format du an anderer Stelle verwenden möchtest. Dann wählst mit der Maus den „Pinsel" aus. Dein Mauszeiger verändert sich und hat sich das Format „gemerkt". Sobald du nun mit der Maus einen anderen Textabschnitt auswählst, wird dieser entsprechend formatiert.

51. Überlege wie deine Lieblingszeitschrift ohne gestaltendes Layout aussähe.

52. Nenne Möglichkeiten, die dir helfen würden, den Text übersichtlich und strukturiert zu gestalten.

53. Schreibe dich an den ersten vier Absätzen „warm" und stoppe dann die Zeit: Die letzten vier Absätze solltest du in 10 Minuten abtippen können. Übung macht den Meister.

54. Überprüfe deinen Text anhand der roten Markierungen nach falsch geschriebenen Wörtern.
Erkläre, warum Wörter wie „Crawler" oder „Spider" als falsch geschrieben erkannt werden könnten.

55. Speichere deine Datei unter folgendem Namen: Suchmaschine_Rohtext

Klicksafe ist eine Initiative, die bemüht ist, jugendlichen Internetnutzern die kompetente und kritische Nutzung des Internets und der neuen Medien zu vermitteln.

Beim Übertragen des Formates werden die Attributwerte des einen Objekts in die Zwischenablage kopiert und anschließend einem anderen Objekt zugewiesen.

56. Finde den Shortcut für das Tool „Format übertragen" heraus.

57. Formatiere den Text nach folgenden Kriterien. Nutze hierzu auch das Tool „Format übertragen".
- Überschriften fett, unterstrichen und farbig
- Absatzausrichtung Blocksatz
- Zeilenabstand 1,15
- Schriftart: Times New Roman
- Schriftgrad der Überschriften: 12
- Schriftgrad sonst: 11
- automatische Nummerierung
- Abstand nach den Absätzen 2, 4, 6, 8: 12 Pt
- Einzüge derselben Absätze: links 0,6 cm
- automatische Silbentrennung

58. Speichere die Datei unter folgendem Namen: Suchmaschine_Absatzlayout

59. Überlege dir, warum in Zeitungsartikeln die Texte oft in schmale Spalten gegliedert werden.

60. Finde heraus, wo du in deinem Programm Text in Spalten gliedern kannst.

61. Öffne deine bisher unveränderte Datei Suchmaschine_Rohtext, stelle das Seitenlayout auf Querformat und gliedere den Text in drei Spalten.

62. Formatiere deine Spalten mit geringem Spaltenabstand, der Schriftart Arabic Typesetting und geeigneter Schriftgröße so, dass der Eindruck eines Zeitungsartikels entsteht. Setze deine Überschriften fett und lasse die Silben automatisch trennen.

63. Speichere die Datei unter folgendem Namen: Suchmaschine_Spaltenlayout

64. Fallen dir weitere Dokumente mit speziellen Formatierungsmerkmalen ein?

<u>Wie funktioniert eine Suchmaschine?</u>
Die Durchführung einer Suche im WWW ist technisch komplizierter, als sie sich dem Nutzer auf den ersten Blick darstellt. Im Grunde laufen drei Vorgänge ab, um eine Suchanfrage beantworten zu können:

1. <u>Erfassung</u>
Suchmaschinen erfassen laufend neue und veränderte Informationen im World Wide Web. Dies geschieht durch sogenannte Crawler (auch Spider oder Suchroboter genannt). Ein Crawler ist ein System aus Soft- und Hardware, das systematisch und kontinuierlich das Internet durchsucht, die auf den Internetseiten vorhandenen Informationen einsammelt und diese dann auf Servern abspeichert.

2. <u>Informationsaufbereitung und Indizierung</u>
Diese Sammlung von Daten wird nun so aufbereitet…

Spaltenlayout

Neben den horizontalen Gliederungen mit Hilfe von Absatzabständen, Aufzählungen usw. können Texte auch vertikal in Spalten gesetzt werden. Dieses Layout kennst du z. B. aus Zeitungen.

Wie funktioniert eine Suchmaschine? Die Durchführung einer Suche im WWW ist technisch komplizierter, als sie sich dem Nutzer auf den ersten Blick darstellt. Im Grunde laufen drei Vorgänge ab, um eine Suchanfrage beantworten zu können:
Erfassung Suchmaschinen erfassen laufend neue und veränderte Informationen im World Wide Web. Dies geschieht durch sogenannte Crawler (auch Spider oder Suchroboter genannt). Ein Crawler ist ein System aus Soft- und Hardware, das systematisch und kontinuierlich das Internet durchsucht, die auf den Internetseiten vorhandenen Informationen einsammelt und diese dann auf Servern abspeichert **Informationsaufbereitung und Indizierung** Diese Sammlung von Daten wird nun so aufbereitet…

Beim Einfügen von Spalten tauchen neue Formatierungssymbole in Form von gepunkteten Linien auf, die anzeigen wo ein neuer Abschnitt beginnt bzw. endet. Mit **Spaltenumbrüchen** kannst du jetzt noch zusätzlich erzwingen, dass der dem Umbruch folgende Text in die nächste Spalte verschoben wird.

Fazit: Wirkung des Layouts

Es gibt vielfältige Möglichkeiten ein Textdokument zu gestalten.
Durch Verwendung verschiedener Seitenlayouts, Abschnitte und Absätze lässt sich die Seite grundlegend gliedern.
Mit Farben, Schriftarten, Schriftschnitten lassen sich Textteile hervorheben und zusätzlich unterstützen weitere Objekte wie Bilder, Diagramme und Tabellen den Inhalt der Seite.

Vom späteren Verwendungszweck hängt ab, ob ein Dokument zu einer gestalteten DIN-A4-Seite, einem Zeitungsartikel, einem Flyer, einem mehrseitiges Dokument wie einer Gebrauchsanleitung wird. Über diesen Zweck sollte man sich also schon vor dem Beginn des Formatierens klar werden und das grundlegende Layout entsprechend durchdenken.

Grundwissen

- Sowie ein Baum Äste hat, die wiederum Blätter tragen, enthält ein Textdokument meist viele und vielfältige **Objekte**, z. B. mehrere Absätze, die wiederum mehrere Zeichen enthalten.

- Jedes Objekt (*z. B. z1*) hat verschiedene Eigenschaften bzw. **Attribute** (*wie z. B. die Schriftfarbe*).
  Die **Attributwerte** der Objekte lassen sich durch **Methodenaufrufe** verändern. Die Methoden in Textverarbeitungsprogrammen kann man meist per Mausklick aber auch über **Shortcuts** aufrufen und mit neuen Attributwerten belegen, (*so lässt sich z. B. die Schriftfarbe von z1 von Schwarz auf Rot ändern*).

Beispiel:

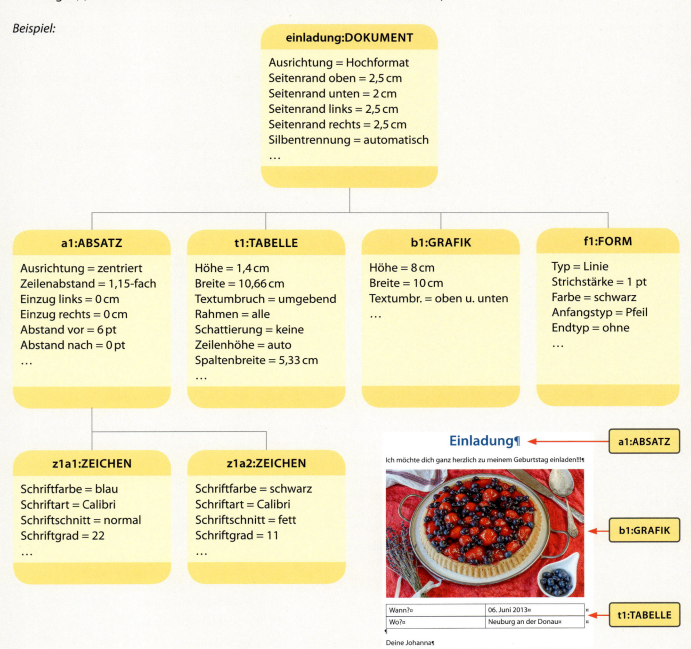

- Neben den Symbolen der Symbolleiste lassen sich mit Hilfe der rechten Maustaste Menüfenster ähnlich **Objektkarten** öffnen, in denen man weitreichende Formatierungsmöglichkeiten hat.

Logo von Tipp10

Tipp: Bedenke auch die Unterschiede zwischen deutschen und fremdsprachigen Texten bei deiner Musikwahl.

Zeig was du kannst

1. Die Tastenfolgen sind für uns beim Tippen fremdsprachiger Texte ungewohnter als bei deutschen Texten. Ein gutes Schreibtraining für das 10-Finger-System ist es also, einen Text in einer fremden Sprache zu tippen. Suche dir unter den „Freien Lektionen" in Tipp 10 einen englischsprachigen Text aus und tippe diesen. Analysiere danach genau, mit welchen Tasten du noch Probleme hast und wiederhole die Übung.

2. Lass deine Finger zu aktueller Musik „tanzen". Spiele einen Song so lange ab, bis du es schaffst den ganzen Text als „Diktat" mitzutippen. Klar, je ruhiger die Musik umso leichter die Übung.

3. Wähle die korrekten Textfragmente nach den Regeln der DIN 5008. Ermittle, ob auch mehrere Lösungen zulässig sind.

    a) Schuljahr **2017 / 18 // 2017/18**

    b) Der Zug auf der Strecke **Rohrbach-München // Rohrbach - München** fährt im Schnitt **80 km/h // 80km/h // 80 km / h**.

    c) **€ 123.456.78,90 // € 12.345.678,90 // € 1.234.567.8,90**

    d) **06.Juni 2013 // 06. Juni 2013 // 6. Juni 2013**

    e) **06.06.2013 // 6.6.2013**

    f) Der deutsche Kälterekord wurde am **12.Februar 1929 // 12. Februar 1929** in **85283 // 85 283** Wolnzach gemessen und betrug **- 37,8° C // -37,8°C // –37,8 °C // - 37,8 °C**

4. Auf vielen Webseiten findest du Beispiele sowohl zu den bereits gelernten sowie auch zu weiteren Regeln der DIN 5008. Dein Lehrer nennt dir die Adresse einer solchen Webseite.
   Finde drei noch nicht bekannte interessante Schreibregeln und erkläre sie deinem Nachbarn.

5. Manchmal muss man sich zu helfen wissen. Du benötigst kariertes Papier.
    a) Formatiere ein Textdokument so, dass ein ganzes DIN A4-Blatt ohne Seitenrand mit Karokästchen à 0,5 x 0,5 cm entsteht.
    b) Dein Karoraster soll nicht hart schwarz, sondern leicht grau sein. Stelle deine Rahmenlinien entsprechend ein.

6. Erstelle ein Dokument mit einer Tabelle gleich derer von Seite 54 mit neu gefundenen Shortcuts.

7. Ordne den folgenden Shortcuts ihre jeweiligen Funktionen zu.

		a)	den dahinterstehenden Text markieren
1.	Strg + V	b)	ein Suchfenster öffnen
2.	Strg + Umschalt + F	c)	alles markieren
3.	Strg + A	d)	an das Ende einer Zeile springen
4.	Strg + Z	e)	Text fett formatieren
5.	Ende	f)	einen Schritt zurück gehen
6.	Umschalt + →	g)	einen Schritt vorwärts gehen
		h)	einfügen

8. In Kapitel 7 erfährst du Details zum Thema Urheberrecht. Auf einer entsprechenden Webseite kannst du dich auch vorher schon schlau machen.

a) Übernimm den folgenden Text in dein Textverarbeitungsprogramm. Stoppe die Zeit, die du für den kursiv geschriebenen Textabschnitt brauchst. Diesen solltest du möglichst bald in 10 Minuten schaffen.

> http://www.klicksafe.de/themen/rechtsfragen-im-netz/urheberrecht (29.09.2015)
>
> Was muss ich beachten, wenn ich Urheber von Inhalten bin?
> *Auch selbst erstellte Inhalte können Rechte verletzen und zwar auch dann, wenn sie urheberrechtlich geschützt sind.*
> *Ein klassisches Beispiel sind Graffitis: Wer ein fremdes Haus besprüht, ohne die Erlaubnis des Eigentümers zu haben, verletzt dessen Eigentumsrechte und kann auf Schadenersatz verklagt werden. Ganz egal wie kreativ oder künstlerisch wertvoll das Graffiti an sich sein mag. Ähnlich ist es mit digitalen Inhalten. Wer ein Partyvideo dreht und schneidet, mag eine kreative Leistung erbringen, die nach dem Urheberrechtsgesetz geschützt ist.*
> *Dieses Video ohne Zustimmung der gefilmten Personen bei YouTube online zu stellen ist dennoch verboten. Denn alle Menschen haben ein „Recht am eigenen Bild", was bedeutet, dass ihre Bildnisse nur veröffentlicht werden dürfen, wenn sie damit einverstanden sind.* Das gilt natürlich besonders für Aufnahmen aus der Privat- oder Intimsphäre und umso mehr, wenn sie heimlich gemacht wurden.
> …

b) Formatiere den Artikel nach folgenden Kriterien:
- Schriftart: Calibri
- Zeilenabstand 1,15
- Schriftgrad: 11
- Schriftgrad der Überschrift: 12
- Überschrift fett, unterstrichen und farbig in „klicksafe-Türkis"
- Ergänze den Artikel durch Kopie von der Klicksafe-Webseite (*Themen* → *Urheberrecht* → *Was muss ich beachten,…*) und formatiere Text und Überschriften mithilfe des „Pinsel"-Tools **Format übertragen** analog zum ersten Textabschnitt.
- Setze den Abstand vor auf 12 pt und nach den Überschriften auf 6 pt und setze deren Einzüge auf links 1 cm.
- Setze den Schriftschnitt auf Blocksatz und lasse die Silben automatisch trennen. Schütze den Bindestrich im Wort E-Mail vor möglicher Silbentrennung.

c) Ergänze deinen Text durch das klicksafe-Logo über dem Text. Füge auch ein urheberrechtlich zur Veröffentlichung freigegebenes Bild eines führenden Politikers aus dem Internet am Ende des ersten großen Textabschnitts ein. Dieses soll vom Text umflossen werden und rechts mit dem Text ausgerichtet sein.

d) Skaliere deine Bilder soweit, dass dein Dokument noch auf eine DIN A4-Seite passt und gib am Ende der Seite die Bildquellen mit Datum an.

9. In vielen Zeitungen und Zeitschriften gibt es eine Rubrik mit Artikeln aus Wissenschaft und Technik.
Finde einen interessanten aktuellen, in Spalten gegliederten Zeitungsartikel mit Bild aus diesem Themenbereich und bilde ihn in deinem Textverarbeitungsprogramm nach. Finde ein ähnliches Bild im Internet und füge es in deinen Artikel (mit Quellenangabe) ein.

10. Ein Werbeflyer ist oft ein zweimal wie eine Ziehharmonika gefaltetes DIN-A4-Papier.
    a) Besorge dir einen derart gefalteten Flyer (in einem Reisebüro, einer Pizzeria, ...) und untersuche ihn auf seine Formatierungsabschnitte. In wie viele Spalten werden die Seiten des Papiers jeweils gegliedert? Sind Vorder- und Rückseite des Flyers inhaltlich anders gestaltet als die inneren Seiten?
    b) Nimm ein DIN-A4-Papier und falte es entsprechend. Markiere die Vorder- und Rückseite deines „Flyers" und falte ihn wieder auf. In welchen Spalten sind deine vorderste und hinterste Seite jetzt zu finden?
    c) Füge in einem Textverarbeitungsprogramm einen Seitenumbruch so ein, dass du zwei Dokumentseiten erhältst, die du unabhängig voneinander formatieren kannst. Nutze dazu die Hilfe-Funktion deines Textverarbeitungsprogramms.
    d) Teile jede der zwei Seiten in drei Spalten ein. Nun kannst du mit Hilfe von Spaltenumbrüchen erreichen, dass du auch jede Spalte unabhängig von den anderen gestalten kannst. Markiere nach dem Muster deines gefalteten Papiers die Vorder- und Rückseite jetzt auch in deinem Dokument.
    e) Jedes Jahr im November findet der „Biber", ein bundesweiter Schülerwettbewerb mit Inhalten aus der Informatik statt. Gestalte mit Hilfe der Informationen der Webseite Informatik-Biber die Vorderseite eines Werbeflyers für den diesjährigen Informatik-Biber, mit Bild, Datum und Logos der Träger, mit dem du bei deinen Mitschülern Interesse am Wettbewerb wecken kannst. Überlege dir eine zum Informatik-Biber passende Farbgebung, die du im gesamten Flyer beibehalten kannst.
    f) Auf der Rückseite deines Werbeflyers sollen (mit passenden Überschriften) in kurzen Sätzen folgende Informationen zusammengefasst sein:
    Für wen ist der Biber, wie kann man teilnehmen, wann findet er statt, von wem wird er getragen, wie viele Schüler haben im letzten Jahr teilgenommen und wo kann man sich weiter darüber informieren?
    g) Nun sollst du die anderen Seiten des Flyers mit Inhalt füllen. Gestalte die zwei vorderen inneren Spalten mit je einer Beispielaufgabe aus dem Archiv des letzten Jahres, passend für deine Altersgruppe.
    Du kannst hier gut mit Screenshots arbeiten. Auf den anderen beiden bisher leeren Seiten sollen die Lösungen zu den beiden Aufgaben stehen.
    h) Drucke deinen Flyer auf Vorder-und Rückseite eines Blattes aus und falte ihn. Beurteile dein Ergebnis: Liegen die Vorder- und Rückseite richtig, passt die Farbgebung und Schriftart gut zur Gestaltung der Webseite, ist der Inhalt gut leserlich und übersichtlich?
    Nimm gegebenenfalls in deinem Dokument Verbesserungen vor.

Werbeflyer

Informatik-Biber und Träger

Kapitel 4

Informationsaustausch

1. Information und Kommunikation
2. Codierung
3. Digitale Kommunikation in sozialen Netzwerken
4. Gefahren bei digitaler Kommunikation

Informationen umgeben uns jeden Tag: Auf Schildern, in Anleitungen und Büchern, auf Preisetiketten im Geschäft und vieles mehr. Aber nicht nur Menschen benutzen Informationen, auch Tiere informieren sich gegenseitig: Farben, die davor warnen, etwas zu fressen, Laute und Geräusche, um auf Gefahren oder Futterstellen hinzuweisen. Bestimmt hast du schon einmal einen Hund oder eine Katze mit gesträubtem Fell gesehen. Das Tier macht sich damit größer und zeigt, wie gefährlich es wäre, es anzugreifen.

In diesem Kapitel beschäftigst du dich damit, was Informationen sind und wie der Computer Informationen aufnimmt, verarbeitet und speichert. Ein ganz wesentlicher Bestandteil des Informationsaustauschs ist es auch, zu erkennen, welche Informationen man anderen Personen zugänglich machen möchte und welche lieber nicht und wie man diese schützt.

1 Information und Kommunikation

Information

Kennst du diese Darstellung von Informationen?

1. Beschreibe, welche Informationen auf den Schildern dargestellt sind.

2. Nenne weitere Schilder, die du kennst. Beschreibe Aussehen und Aussage.

3. Zeichne ein eigenes Verbotsschild. Zeige es deinem Nachbarn. Löst dein Schild die richtige Reaktion aus? Diskutiert darüber.

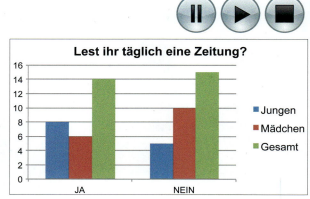

Was ist eine Information? Das Wort kommt von dem lateinischen Wort „informare" und bedeutet soviel wie „darstellen, sich etwas vorstellen".

> Eine **Information** wird mithilfe von Zeichen und Signalen dargestellt und übermittelt. Eine Folge von Zeichen oder Signalen nennt man **Nachricht**. Eine Nachricht hat keine Bedeutung für den Empfänger, erst durch ihre Verarbeitung und Bewertung erhält sie einen Sinn und wird zur Information.

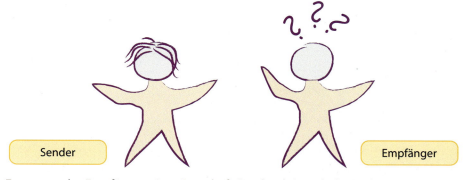

Erst wenn der Empfänger einer Botschaft (Nachricht) auch die Bedeutung verstanden hat, hat er eine Information erhalten. Dabei kann die Bedeutung stark vom Empfänger abhängig sein und muss unter Umständen erst erklärt werden.

Nachrichten können in Ländern verschieden gedeutet werden, Beispiel JA und NEIN:
In Deutschland nickt man mit dem Kopf um JA zu signalisieren, in Indien schüttelt man ihn. Missverständnisse sind also leicht möglich.

Kommunikation

Wie bekommt dein Freund eine Information, die du ihm vermitteln möchtest?

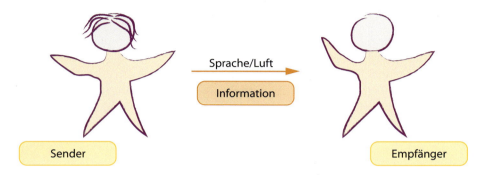

Im einfachsten Fall sagst du sie ihm einfach. Wenn ihr beide die gleiche Sprache sprecht, tritt dabei kein Problem auf.

> Die Übertragung von Informationen zwischen einem Sender und einem Empfänger nennt man **Kommunikation**.

4. Findet gemeinsam verschiedene Arten zu kommunizieren.

Leider geht die Kommunikation nicht immer ohne Fehler vonstatten. Stell dir vor, du stehst mit einem Freund auf einem Aussichtsturm. Du erklärst ihm, dass man dort drüben das Stadion sehen kann, in dem deine Lieblingsmannschaft trainiert. Da es in großer Höhe meist sehr windig und damit sehr laut ist, kann es sein, dass deine Information deinen Freund nur teilweise oder gar nicht erreicht.

5. Nenne Möglichkeiten, wie eine Kommunikation gestört werden kann.

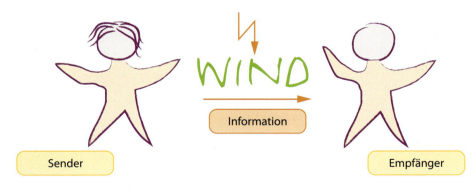

Darum ist es in einer Kommunikation wichtig, eine Rückmeldung (= Feedback) zu geben. Dies kann ein einfaches Nicken sein, um zu signalisieren, dass man verstanden hat oder ein „Es tut mir leid, WAS hast du gesagt?".

Rückmeldungen verbessern die Kommunikation, da man sich damit sicher sein kann, dass der Empfänger die Information bekommen und verstanden hat.

Für die Kommunikation zwischen einem Sender und Empfänger benötigen beide einen **Informationskanal** und eine gemeinsame Sprache. Um eine Nachricht auszutauschen, muss diese vom Sender so codiert werden, dass der Empfänger sie auch verstehen (das heißt decodieren) kann. Dies gilt sowohl zwischen Menschen, als auch zwischen Mensch und Maschine.

Bei der **Codierung** wird jedem Zeichen eines Zeichenvorrats eindeutig ein Zeichen oder eine Zeichenfolge aus einem möglicherweise anderen Zeichenvorrat zugewiesen.
Die **Decodierung** macht diesen Vorgang wieder rückgängig.

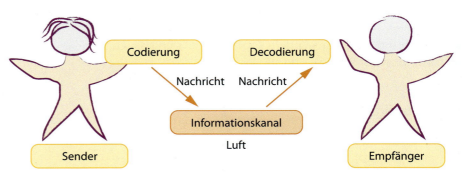

Bei der Codierung wandelt der Sender seine Information um. Die Gedanken werden ausgesprochen und damit in Schallwellen umgewandelt.

Die Schallwellen werden durch die Luft (Informationskanal) zum Empfänger übertragen.

Der Empfänger decodiert die Schallwellen mithilfe des Gehörs und des Gehirns und kann die Information dann aufnehmen.

Dieser Vorgang funktioniert natürlich auch bei anderen Arten der Kommunikation, beispielsweise beim Briefschreiben:

Codierung	Informationskanal	Decodierung
Der Sender schreibt seine Gedanken mithilfe von Buchstaben auf ein Blatt Papier	Der Brief wird von der Post zugestellt	Der Empfänger liest den Brief und erhält damit die Informationen

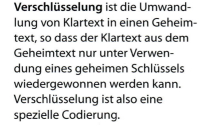

6. Finde weitere Beispiele für Codierung, Informationskanal und Decodierung.

2 Codierung

Verschiedene Codierungen

Paul möchte Informationen mit seinen Freunden austauschen. Damit nicht jeder diese lesen kann, codiert (verschlüsselt) er diese zusätzlich. Er schreibt sie also nicht nur auf, sondern verändert sie mithilfe einer Verschlüsselungsvorschrift.

Du hast schon erfahren, dass man nur dann kommunizieren kann, wenn der Empfänger in der Lage ist, die Nachricht zu decodieren, also jedem seiner Freunde diese Verschlüsselungsvorschrift bekannt ist.

Verschlüsselung ist die Umwandlung von Klartext in einen Geheimtext, so dass der Klartext aus dem Geheimtext nur unter Verwendung eines geheimen Schlüssels wiedergewonnen werden kann. Verschlüsselung ist also eine spezielle Codierung.

Paul benutzt einen Ersetzungscode bei dem jeder Buchstabe seiner Nachricht durch ein anderes Zeichen ersetzt wird:

Ausgangsbuchstabe	A	B	C	D	...	X	Y	Z
verschlüsselter Buchstabe	1	2	3	4	...	24	25	26

7. Übertrage die Verschlüsselungstabelle auf ein Blatt und vervollständige sie.

8. Codiere einen kurzen Satz.

9. Lass den codierten Satz von deinem Nachbarn entschlüsseln. Diskutiert über mögliche Fehlerquellen und Schwierigkeiten beim Ver- und Entschlüsseln.

Um HALLO zu verschlüsseln, ersetzt er jeden Buchstaben durch die entsprechende Zahl:

H A L L O
8 1 12 12 15

Diesen Vorgang nennt man Codierung (▶ oben). Seinen Freunden hat er die Verschlüsselungsvorschrift in der Schule erklärt, jeder weiß also, welcher Buchstabe durch welche Zahl ersetzt wurde. Damit können seine Freunde den Code einfach wieder in den normalen Text zurückverwandeln. Sie müssen nur die Codierungstabelle in die andere Richtung benutzen, sie decodieren den Text.

Statt Zahlen kann man beliebige Symbole verwenden. Diese Ersetzungscodes sind weit verbreitet und werden nicht nur benutzt, um eine Information geheim zu halten, sondern auch, um bestimmte Personengruppen überhaupt an einem Informationsaustausch teilnehmen zu lassen:

Name	Aufbau	Beispiel: IT
Morsecode	Drei „Buchstaben": kurzes Signal, langes Signal und Pause.	.. -
Braillecode	Punktmuster, die in das Papier geprägt werden. Mit diesem Code können auch blinde Menschen lesen.	○● ○● ●○ ●● ○○ ●○
Cäsarcode	Verschiebt jeden Buchstaben um einen bestimmten Wert.	Schlüssel: A auf C K V
ASCII-Code	Ersetzt jeden Buchstaben durch eine Kombination aus (insgesamt 8) Nullen und Einsen.	01001001 01010100

10. Erstelle einen Flyer über den Morsecode, Gebärdensprache oder den Braillecode. Wie man einen Flyer am Computer erstellen kann, hast du bereits in Kapitel 3 gelernt.

11. Recherchiere im Internet, nach weiteren Codierungsarten.

12. Erkläre deinen Mitschülern die von dir gefundenen Codierungen.

Analog und digital

Um mit einem Computer oder einem anderen Gerät zu kommunizieren, muss man verstehen, wie dieses Gerät Informationen liest, verarbeitet und speichert. Zusätzlich muss man wissen, wie unsere Sprache in der Welt der Maschinen dargestellt werden.

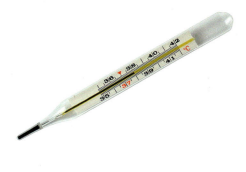

Die Anzeige eines analogen Thermometers verändert sich in unmerklich kleinen Schritten.
Theoretisch ist es möglich, beliebig viele kleine Änderungen zu registrieren.
Die **analoge Darstellung** erfolgt lückenlos und liefert theoretisch unendlich viele Werte.
In der Natur werden fast alle Vorgänge analog beschrieben.

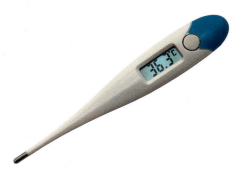

Das digitale Thermometer arbeitet mit ganz konkreten Werten.
In der **digitalen Darstellung** werden die Daten mit einem begrenzten Zeichenvorrat wiedergegeben.
Das bedeutet, die Darstellung ist vereinfacht, da nur begrenzt viele Werte dargestellt werden.

Beispiele von analogen und digitalen Medien:

Analog	Digital
gedrucktes Buch	E-Book
ausgedruckter Text	Textverarbeitungsdokument
Musik-Kassette	MP3-Datei
herkömmliches Brettspiel	Computerspiel

13. Findet gemeinsam weitere Beispiele von Informationen, die analog und digital abgespeichert sein können.

Der Mensch kann jede Veränderung von Werten ohne Informationsverlust wahrnehmen. Ihm ist es möglich, analoge und digitale Signale lückenlos zu verarbeiten.

Ein Beispiel ist das Daumenkino: Obwohl nur wenige Bilder pro Sekunde gezeigt werden, sieht man eine Bewegung.

Ein Computer funktioniert hingegen anders. Sämtliche Informationen, die mit einem Rechner verarbeitet werden sollen, müssen **digitalisiert** werden. Aus den analogen Signalen (Buchstaben, Ziffern, Farbpunkte von Bildern oder auch akustische Signale) werden Daten beziehungsweise Zeichen gemacht.

Digitalisierung eines Bildes:
Beim Scannen (*engl.* für abtasten) fährt ein Sensor in Reihen über ein Objekt (z. B. Bild) und speichert für jede Position den gemessenen Wert. Diese Daten können dann am Computer dargestellt werden.

Digitalisierung eines akustischen Signals:
Nimmt man einen Ton auf, so entsteht eine Kurve, die z. B. die Tonhöhe oder die Lautstärke darstellt (graue Linie). Diese Kurve wird beim Digitalisieren in bestimmten Zeitintervallen abgetastet (Abtastfrequenz) und der Wert auf einen für den Computer sinnvollen Wert gerundet (codiert) und gespeichert (rote Punkte).

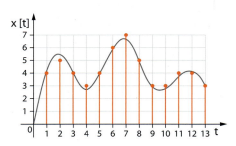

Bit und Byte

Die kleinste Informationseinheit bei digitalen Signalen ist ein **Bit** (binary digit). Dieses Bit kann genau zwei Zustände annehmen: *„Strom an"* oder *„Strom aus"*. Die Zustände eines Bits werden oft mit den Ziffern *1* und *0* dargestellt.

1 Bit kann also nur eine Information speichern. 8 Bit werden zu einem **Byte** zusammengefasst.
In einem Byte lassen sich schon mehr Informationen unterbringen. Wie viele? Finden wir es heraus!

Anzahl der Bit	Kombinationsmöglichkeiten der Zustände	Anzahl der Kombinationen
1	0, 1	$2 = 2^1$
2	00, 01, 10, 11	$4 = 2 \cdot 2 = 2^2$
3	000, 001, 010, 011, 100, 101, 110, 111	$8 = 2 \cdot 2 \cdot 2 = 2^3$
4	0000, 0001, 0010, 0011, 0100, 0101, 0110, 0111, 1000, 1001, 1010, 1011, 1100, 1101, 1110, 1111	$16 = 2 \cdot 2 \cdot 2 \cdot 2 = 2^4$
…	…	…

Wie du siehst, wächst die Anzahl der Kombinationen sehr schnell. Mit 8 Bit kann man bereits $2^8 = 256$ Informationen darstellen. Das reicht aus für alle Buchstaben des Alphabets, für Ziffern, Satz- und Sonderzeichen. Man verwendet daher Byte oft synonym für „Zeichen".

Historisch wurden die Abkürzungen bei Speichereinheiten oft mit 1024 Einheiten statt 1000 umgerechnet, dies wurde aber mit einer neuen Norm ungültig. Trotzdem gibt es immer noch Hersteller, die die alten Umrechnungen verwenden.

Folge von 8 Bit = 1 Byte
1000 Byte = 1 Kilobyte (kB) = 1000 Zeichen
1000 kB   = 1 Megabyte (MB) = 1 Million Zeichen
1000 MB   = 1 Gigabyte (GB) = 1 Milliarde Zeichen

Digitalisierung

Eine Datei ist eine Folge von Nullen und Einsen. Dabei erkennt der Rechner anhand von bestimmten Teilfolgen, ob die Datei ein Bild-, eine Audio- oder zum Beispiel eine Textdatei ist.

Um analoge Informationen in digitale umzuwandeln, gibt es zahlreiche Hilfsmittel. Ein Foto kann man einscannen, einen Text abschreiben, ein Spiel kann programmiert werden.

Vorteile von digitalen Medien:
- Digitale Daten erlauben die Nutzung, Bearbeitung, Verteilung, Erschließung und Wiedergabe in elektronischen Datenverarbeitungssystemen.
- Digitale Daten können maschinell und damit schneller verarbeitet werden.
- Sie können maschinell durchsucht werden.
- Große Datenmengen lassen sich auf immer kleineren Datenspeichern sichern.
- Digitale Daten verfügen über Kontrollmechanismen, die erkennen, wenn einzelnen Informationen z. B. bei der Übertragung verfälscht wurden. Diese Verfälschungen können dann automatisch korrigiert werden.

14. Finde weitere Möglichkeiten um analoge Informationen zu digitalisieren.

15. Kann man digitale Daten auch „analogisieren"?

Tipp: Beachte bei einer Veröffentlichung von Bildern immer das Urheberrecht und das Recht am eigenen Bild. Mehr Informationen dazu erhältst du in Kapitel 7.

Stellenwertsysteme

Du hast gelernt, dass der Computer nur zwei Zustände – Strom an und Strom aus – kennt. Damit basiert sein System auf nur zwei Ziffern, der 0 und der 1. Dagegen rechnen und arbeiten Menschen im Alltag mit dem **Dezimalsystem**. Dieser Name kommt vom lateinischen Begriff „decimalis", das bedeutet zehn. Man nennt es deshalb auch Zehnersystem. Das Dezimalsystem nutzt 10 verschiedenen Ziffern: 0, 1, 2, 3, 4, 5, 6, 7, 8, 9.

Dass im Dezimalsystem 205 und 250 nicht den gleichen Wert haben, liegt daran, dass es ein **Stellenwertsystem** ist. Jede Stelle einer Zahl hat einen unterschiedlichen Wert:

```
2      5      0
H      Z      E      bedeutet: 2 · 100 + 5 · 10 + 0 · 1
10²    10¹    10⁰
```

```
2      0      5
H      Z      E      bedeutet: 2 · 100 + 0 · 10 + 5 · 1
10²    10¹    10⁰
```

Aus dem Mathematikunterricht kennst du schon die Abkürzungen für Einer (E), Zehner (Z) und Hunderter (H).

> Die Stufenzahlen des Dezimalsystems sind die Zehnerpotenzen, beginnend ganz rechts bei 10^0.

Elektronische Geräte benutzen das **Dualsystem**. Es basiert auf nur zwei Werten, der Eins (Strom an) und der Null (Strom aus). Es ist, genau wie das Dezimalsystem, ein Stellenwertsystem und funktioniert daher auch nach dem gleichen Prinzip.

Die Stufenzahlen dieses Systems bauen auf den zwei Ziffern des Systems auf:

```
...    2⁴     2³     2²     2¹     2⁰
...    16     8      4      2      1
```

> Die Stufenzahlen des Dualsystems sind die Zweierpotenzen, beginnend ganz rechts bei 2^0 (= 1).

Zahlensysteme, die genau zwei Zeichen besitzen, nennt man auch binär. Das Dualsystem wird daher oft auch Binärsystem oder Zweiersystem genannt.

Spielereien mit Dualzahlen gibt es viele, darunter auch Uhren:
Die richtigen „Profiuhren" haben dann anstatt der beleuchteten Ziffern nur noch LEDs.

16. Wandle die Zahlen jeweils in das andere Zahlsystem um:
a) 23
b) 100_2
c) 125
d) 10010001_2

17. Überlege dir mit deinem Banknachbarn wie die Addition mit Dualzahlen funktioniert.

Meist erkennt man ganz leicht, ob eine Zahl dezimal oder dual dargestellt ist: 31 kann keine Dualzahl sein, da das Dualsystem nur die Ziffern 1 und 0 besitzt. Bei 100 ist das nicht offensichtlich, deswegen werden Dualzahlen durch eine tiefgestellte 2 gekennzeichnet: 100_2 ist nicht „Hundert" sondern „eins null null".

Umwandlung der Dualzahl 10110_2 in eine Dezimalzahl:

Schreibe die Dualzahl ordentlich nebeneinander auf, lasse dabei Platz zwischen den einzelnen Ziffern:	1	0	1	1	0
Schreibe die zugehörigen Stellenwerte auf (beginne ganz rechts mit der kleinsten Stufenzahl):	2^4	2^3	2^2	2^1	2^0
Schreibe die Stellenwerte als Dezimalzahl:	16	8	4	2	1
Addiere alle Werte, bei denen die Dualzahl 1 ist:	16+		4+	2	
	16 + 4 + 2 = 22				

Ergebnis: 10110_2 ist als Dezimalzahl 22.

Umgekehrt kann man auch Dezimalzahlen in Dualzahlen umwandeln.

Umwandlung der Dezimalzahl 25 in eine Dualzahl:

Schreibe die dualen Stellenwerte auf (beginne ganz rechts mit der kleinsten Ziffer):	2^4	2^3	2^2	2^1	2^0
Zerlege die 25 in Zweierstufenzahlen und schreibe sie unter die entsprechenden Potenzen:	16+	8+			1
Schreibe eine 1 bei den Stellenwerten, die du benutzt hast und eine 0 bei nicht benutzten:	1	1	0	0	1

Ergebnis: 25 ist als Dualzahl 11001_2
Beim Rechnen mit Dualzahlen ist 1+1 nicht 2 sondern 10_2.

Beim „Kleinen Einspluseins" ist nicht viel zu merken:
0 + 0 = 0   0 + 1 = 1   1 + 0 = 1   1 + 1 = 10

Addition von Dezimalzahlen und Dualzahlen:

Addition von Dezimalzahlen:
Beim Überschreiten der 9 kommt es zu einem Überlauf, „eins gemerkt" wird unter die nächste Stelle notiert.

```
    3 5 6
  + 8 8 2
    1 1
  -------
  1 2 3 8
```

Addition von Dualzahlen:
Bereits beim Überschreiten der 1 kommt es zu einem Überlauf, auch hier wird „eins gemerkt" unter die nächste Stelle notiert.

```
    1 1 1
  + 1 1 0
    1 1
  -------
  1 1 0 1
```

Der ASCII-Code

Wie du bereits weißt, benötigt man für die Kommunikation zwischen einem Sender und Empfänger einen Informationskanal und eine gemeinsame Sprache. Um eine Nachricht auszutauschen, muss diese vom Sender so codiert werden, dass der Empfänger sie auch verstehen (das heißt decodieren) kann.

Um mit einer Maschine zu kommunizieren, muss deine Sprache in die Sprache des Computers, der nur Nullen und Einsen kennt, übersetzt werden. Dies geschieht zum Beispiel mithilfe des (erweiterten) **ASCII-Codes**. ASCII steht für **American Standard Code for Information Interchange**, auf Deutsch „amerikanischer Standard-Code für Informationsaustausch".
Jedes der 256 definierten Zeichen wird dabei in eine Folge von Nullen und Einsen übersetzt, bzw. umgekehrt. Es sind genau 256 Zeichen, weil jede Folge von Nullen

und Einsen genau 1 Byte = 8 Bits groß ist. Jedes Bit hat zwei mögliche Belegungen, das heißt mit 8 Bit kann man genau $2^8 = 256$ verschiedene Folgen darstellen.

Die erste Version des ASCII-Codes (mit 128 Zeichen) entstand bereits 1963.
Hier ist ein Auszug des erweiterten ASCII-Codes (mit 256 Zeichen):

Zeichen	Dezimal	Binär
A	65	01000001
B	66	01000010
C	67	01000011
D	68	01000100
E	69	01000101
F	70	01000110
G	71	01000111
H	72	01001000
I	73	01001001
J	74	01001010
K	75	01001011
L	76	01001100
M	77	01001101
N	78	01001110
O	79	01001111
P	80	01010000
Q	81	01010001
R	82	01010010
S	83	01010011
T	84	01010100
U	85	01010101
V	86	01010110
W	87	01010111
X	88	01011000
Y	89	01011001
Z	90	01011010

Zeichen	Dezimal	Binär
a	97	01100001
b	98	01100010
c	99	01100011
Ä	142	11000100
Ö	153	11010110
Ü	154	11011100
0	48	00110000
1	49	00110001
2	50	00110010
3	51	00110011
4	52	00110100
5	53	00110101
6	54	00110110
7	55	00110111
8	56	00111000
9	57	00111001
.	46	00101110
!	33	00100001

ASCII-Art (*englisch* für ASCII-Kunst) ist eine Kunstrichtung, die mit Buchstaben, Ziffern und Sonderzeichen einer festen Zeichenbreite kleine Piktogramme oder ganze Bilder darstellt, z. B. eine Eule:

˙__˙
{o,o}
/)__)
-"-"-

Außer den Buchstaben und Ziffern sind im ASCII-Code auch noch die Sonderzeichen und 33 sogenannte nicht druckbare Zeichen enthalten.
Nicht druckbare Zeichen sind Zeichen, die man in einem Textverarbeitungsprogramm sehen kann, wenn man die Steuerzeichen anschaltet, die jedoch beim Ausdruck auf Papier nicht zu sehen sind. Diese Zeichen helfen dir z. B. beim Formatieren von Text:

Beispiel○für · Farben ¶
→   Blau ¶
→   Gelb ¶

Die Steuerzeichen schaltet man mit dem Schalter ¶ ein und aus.

Im erweiterten ASCII-Code gibt es für die Zeichen 128 bis 255 unterschiedliche Ländertabellen, so dass zum Beispiel die deutschen Umlaute oder französische Accents dargestellt werden können.

Eine Erweiterung des ASCII-Codes ist der **Unicode**. In ihm sollen langfristig alle verfügbaren Zeichen realisiert werden, so dass alle Sprachen auf die gleichen Zeichensätze zurückgreifen können.
Wie du vielleicht schon bemerkt hast, ist es nicht einfach, auf einer amerikanischen Tastatur einen Umlaut zu erzeugen. Gibt man aber 00C4 z. B. in einem Textverarbeitungsprogramm ein, markiert diese „Zahl" und drückt ALT+C, so wandelt das Programm die Zahl in ein „Ä" um.

18. Finde heraus, welche Zeichen statt unserer Umlaute auf einer amerikanischen oder französischen Tastatur zu finden sind.

19. Finde die Zeichen, die sich hinter folgenden Unicodes verstecken.
09A4
2603
260E

3 Digitale Kommunikation in sozialen Netzwerken

Lange sicherte der Brief als analoges Kommunikationsmedium die Verbindung zwischen Verwandten, Brieffreunden und Geschäftspartnern. Die digitale Kommunikation, also der Austausch von Informationen über digitale Medien, verdrängt jedoch die analoge Kommunikation mehr und mehr.

Durch die neuen Medien ergeben sich ganz andere Probleme als früher: Wollte man einen Brief lesen, der an jemand anderen adressiert war, so musste man ihn abfangen, öffnen, kopieren und danach wieder verschließen und einwerfen. Bei einer E-Mail ist das viel einfacher. Sobald man das Passwort eines Benutzers kennt, kann man sich einfach bei seinem Postfach einloggen und alle seine empfangenen und gesendeten E-Mails lesen.

Zwar sind die meisten Dienste mit einem Passwort geschützt, jedoch heißt das nicht, dass diese auch sicher sind. Zu sicheren Passwörtern wirst du in Kapitel 8 noch mehr erfahren.

20. Beschreibe deinem Banknachbarn den Grund, aus dem du das letzte Mal einen Brief oder eine Postkarte verschickt hast.

Soziale Netzwerke

Soziale Netzwerke entstanden mit dem Siegeszug des Internets Mitte der 1990er-Jahre.

Bestimmt kennst du einige soziale Netzwerke, entweder, weil du selbst dort Mitglied bist oder weil du Freunde oder Bekannte hast die sie benutzen: Facebook, Twitter, Instagram, SchülerVZ, youtube, Pinterest und viele andere. Manche Menschen haben auch Zugänge zu mehreren Netzwerken.

> Ein **soziales Netzwerk** ist ein Online-Dienst, über den eine abgegrenzte Menge von Benutzern miteinander kommunizieren kann.

Soziale Netzwerke verbinden Personen. Dabei gibt es sie nicht erst seit Facebook und Co., bereits früher nannte man einen Freundes-, Bekannten- oder Kollegenkreis ein soziales Netzwerk. Daran sieht man bereits: Die Verbindungen in einem sozialen Netzwerk müssen nicht unbedingt Freundschaften sein, sie können auch arbeits- oder interessenbezogen sein. Entsprechend vielfältig sind daher auch die Themen über die man sich austauscht: Hobbies, gemeinsame Interessen, Jobangebote und vieles mehr.

Soziale Netzwerke erfreuen sich auch deshalb steigender Beliebtheit, weil es auch für Anfänger der neuen Medien leicht ist, sich mit der Freundin die gerade ein Austauschjahr in Neuseeland macht, dem Verein der gerade sein Jubiläum plant oder dem gesamten Freundeskreis auszutauschen.

Nach einer Studie des Medienpädagogischen Forschungsverband Südwest, der bei Kindern und Jugendlichen regelmäßig Umfragen zum Medienverhalten durchführt, nutzten 2014 bereits 73 % der Jugendlichen im Alter von 12 bis 19 Jahren soziale Netzwerke. Auch bei der jüngeren Altersgruppe von 6 bis 13 Jahren gab bereits fast die Hälfte an, soziale Netzwerke zu nutzen.

Ein soziales Netzwerk stellt eine ganze Menge an Funktionen zur Verfügung:
- ein persönliches Profil, bei dem man Informationen über die eigene Person und die Sichtbarkeit dieser für andere einstellen kann
- eine Kontakt- bzw. Freundesliste, in der alle Personen auftauchen, mit denen man in Verbindung steht
- Nachrichtenversand an Mitglieder des sozialen Netzwerks
- Statusmeldungen, die von anderen kommentiert oder gelikt werden können
- Spiele
- Suchfunktion

21. Nenne weitere, nicht im Text genannte soziale Netzwerke. Beschreibe auch, ob und wie du diese nutzt.

22. Stell dir vor, du sollst ein soziales Netzwerk entwerfen. Erläutere, welche Funktionen du sinnvoll findest und welche du zusätzlich aufnehmen würdest.

So funktionieren soziale Netzwerke: Mithilfe eines Profils gibt man persönliche Informationen an. Dazu gehören Geburtstag, Familienbeziehungen und -stand, Hobbies, Interessen jeglicher Art und vieles mehr. Vervollständigt wird das Profil durch Fotos mit denen man sein Leben dokumentieren kann, sogenannten Lebensereignissen und der Zugehörigkeit zu Gruppen.

Kommunikation findet entweder privat über Nachrichten statt oder, je nach Einstellung, mehr oder weniger öffentlich an Pinnwänden und über Chats.

Über soziale Netzwerke kann man alte Freundschaften wieder aufleben lassen oder neue Freunde finden. Die Freundesvorschläge die man vom Netzwerk bekommt, basieren auf den Freundeslisten bereits hinzugefügter Freunde. Dass man Freunde von Freunden finden und dann selbst als Freunde hinzufügen kann, ist ein wichtiger Bestandteil von sozialen Netzwerken. Dies ist besonders interessant wenn man eine Studie betrachtet, die im Mai 2008 basierend auf den anonymen Daten von 240 Millionen Benutzern sozialer Netzwerke erstellt wurde. Darin kommen die Forscher zu dem Ergebnis, dass im Durchschnitt jeder Mensch über sechs bis sieben Ecken mit jedem anderen Menschen auf der Welt bekannt ist.

Findet man einen neuen, potentiellen Freund, so kann man ihm eine Freundschaftseinladung schicken. Nimmt er diese an, so hat man ihn „geaddet" (vom *Englischen* to add, etwas hinzufügen) und ist nun in diesem Netzwerk befreundet. (vgl. auch www.klicksafe.de/themen/kommunizieren/soziale-netzwerke/)

Freundebücher sind die analoge Variante eines Profils

23. Recherchiert, wie viele aktive Mitglieder die euch bekanntesten sozialen Netzwerke aktuell haben.

24. Erstelle mit den Informationen über soziale Netzwerke ein Mindmap.

E-Mail

E-Mail ist die Abkürzung für elektronische Post. Sie ist eine schnelle, kostengünstige und unkomplizierte Art um den Brief zu ersetzen. Genau wie beim klassischen Briefe braucht man eine eindeutige Adresse. Diese kann man sich, meist kostenlos, bei verschiedenen Betreibern (z. B. Gmail.com, web.de) anlegen. Eine Adresse hat immer die folgende Form: Name@Betreiber

Beim Namen ist man relativ frei. Vorschläge des Betreibers sind meist Kombinationen aus den angegebenem Vor- und Nachnamen und dem Geburtsdatum. Man kann jedoch auch eigene Wünsche eingeben, wie zum Beispiel Quietscheentchen2000. Dabei sollte man jedoch bedenken, wofür man die Adresse benutzen möchte. Auch sollte man daran denken, dass eine Adresse, die aus Vor- und Nachnamen besteht, leichter einer Person zugeordnet werden kann.

@: Das **at-Zeichen** gibt es schon sehr lange, seine Herkunft ist unklar. Bereits seit 1880 taucht es auf englischen Schreibmaschinen auf. Im Deutschen wird das Zeichen auch **Klammeraffe** genannt.

Vorteile der E-Mail:
- Die gleiche Email kann ohne Mehraufwand an mehrere Empfänger geschickt werden.
- Anhänge ermöglichen das Mitschicken von beliebigen digitalen Informationen (Achtung: meist gibt es eine Größenbeschränkung).
- E-Mails erreichen den Empfänger viel schneller als die normale Post, im besten Fall in nur einigen Sekunden.

Trotzdem hat die Post weiter ihren Nutzen und ihre Vorteile. Nicht alles kann man digitalisieren und damit per E-Mail verschicken. Denk nur einmal an die Stricksocken von Oma oder wichtige Urkunden.

Wenn du ein E-Mail-Konto hast, kennst du bestimmt auch einige Probleme, die mit einer E-Mail einhergehen können. Wird dein Passwort geknackt, so kann derjenige deine E-Mails lesen und, meist schlimmer, in deinem Adressbuch alle Adressen deiner Freunde auslesen und in deinem Namen E-Mails schreiben.

Doch man muss noch nicht mal das Passwort eines Benutzers kennen, um ihm zu schaden, wie wir im folgenden Abschnitt sehen werden.

25. Erläutere, wofür du deine E-Mail-Adresse verwendest. Begründe auch, ob du dort eine Adresse mit deinem Namen oder eine Adresse benutzt, die mit deinem Namen nichts zu tun hat.

Snail-Mail war früher eine Bezeichnung für Briefe, die länger als die durchschnittliche Zeit zur Zustellung brauchten, heute ist das ein Begriff für die traditionelle Post im Allgemeinen, da E-Mails viel schneller sind.

4 Gefahren bei digitaler Kommunikation

Gefahren bei der digitalen Kommunikation lassen sich in zwei Kategorien einteilen:
- technische Gefahren für den Rechner und die darauf gespeicherten Daten (zu diesen Gefahren wirst du in Kapitel 8 mehr lernen)
- Gefahren für die Menschen, die sich an der digitalen Kommunikation beteiligen (diese Gefahren werden im Folgenden behandelt)

Spam

Spam kommt von Spiced Ham, einer Sorte Frühstücksfleisch aus den USA.

Unter Spam versteht man unerwünschte bzw. rechtswidrig versandte Werbe-E-Mails, die zunehmend die Internet-Briefkästen (Mailbox) verstopfen. Spam-Mails kosten den Mailbox-Besitzer Computerkapazität und Zeit. Auch Werbeeinträge in Newsgroups, die nicht das Thema der Newsgroups aufgreifen, und Kettenbriefe werden als Spam bezeichnet. Spam-Mails werden meist vollautomatisch über spezielle Programme versandt.

Man kann sich vor Spam-Mails leider nicht vollständig schützen. Deshalb sollte man darauf achten, seine E-Mail-Adresse nur auf vertrauenswürdigen Seiten zu hinterlassen. Wenn man Spam-Mails bekommt, kann man einen Filter einrichten, der nach bestimmten Kriterien E-Mails aussortiert (▶ auch Seite 154).

26. Finde heraus, warum gerade dieser Name gewählt wurde um nicht erwünschte E-Mails zu bezeichnen.

Phishing

Mithilfe von gefälschten E-Mails, Websites oder Nachrichten wird versucht, an Passwörter und Benutzerdaten zu gelangen. Der Begriff kommt vom *Englischen* „to fish", im Deutschen „fischen, angeln".

Der Benutzer gelangt auf eine Website die der echten Website sehr ähnlich sieht. Gibt man jetzt sein Passwort und die Benutzerdaten ein, werden diese Informationen gespeichert und benutzt um Geld abzuheben, Sachen einzukaufen oder dem Benutzer anderweitig zu schaden. Auch Kreditkartennummern werden oft auf diese Weise gestohlen.

27. Suche im Internet Beispiele von Phishing-E-Mails oder Websites.

Schadsoftware

Tipp: Vergleiche hierzu auch die Ausführungen auf den Seiten 152 bis 155.

Schadsoftware (Malware) sind Programme, die entweder dem Computer direkt oder dem Benutzer Schaden zufügen. Dabei gibt es viele unterschiedliche Typen, die auf unterschiedliche Weise schaden: Dateien löschen oder beschädigen, Kontodaten ausspionieren, Spam verteilen oder dem Nutzer die Kontrolle über den eigenen Computer entziehen. Allen Schadprogrammen gemeinsam ist, dass sie Dinge tun, die der Nutzer nicht will. Dazu nutzen sie Schwachstellen des Betriebssystems oder von Anwendungsprogrammen aus. Zur Schadsoftware gehören insbesondere **Viren**, **Trojaner**, **Spyware** und **Scareware**.

Schadsoftware läuft im Hintergrund und wird oft erst dann bemerkt, wenn der Schaden bereits angerichtet ist.

Darum gilt: **Antivirenprogramm (Security-Programm)** installieren und regelmäßig aktualisieren. Bekannte Antivirenprogramme sind Kaspersky, Norton Security, Anti-Vir und Avira.

28. Hast du auf deinem Rechner daheim ein Anti-Viren-Programm installiert? Schaue am besten gleich heute Nachmittag nach und überprüfe, ob es noch aktuell ist.

Auch beim Herunterladen von Dateien aus dem Internet sollte man darauf achten, von welcher Seite man die Daten herunterlädt. Programme sollte man immer nur direkt von der Herstellerseite herunterladen, da hier die Gefahr am geringsten ist, dass sich jemand am Programm zu schaffen gemacht hat.

Ein **Computervirus** kopiert sich selbst in zur Verfügung stehende, ungeschützte Programme und nimmt dann vom Benutzer nicht kontrollierbare Änderungen an Programmen und am Betriebssystem vor.

Grippe-Virus

Das Trojanische Pferd, mit dem die Griechen Troja einnahmen, ist der Namensgeber für den **Trojaner**. Er versteckt sich in einem (scheinbar) nützlichen Programm. Sobald dieses installiert wird, nimmt auch das versteckte Schadprogramm seine Arbeit auf und sendet zum Beispiel alle Tastenanschläge an seinen Ersteller.

Mit **Spyware** wird das Nutzerverhalten des Computerbesitzers ausspioniert, um diese Informationen dann entweder zu verkaufen oder um gezielt Werbung zu platzieren.

Der Name der **Scareware** wird abgeleitet vom *Englischen* „to scare", „erschrecken". Dieses Programm behauptet, dass ein Virus oder ähnliches entdeckt wurde, meist gefolgt von der Aufforderung, Geld an ein bestimmtes Konto zu überweisen, damit das Programm gelöscht wird.

Aber nicht nur der Rechner ist gefährdet wenn man im Internet surft. Viele Gefahren betreffen auch dich und deine Daten ganz direkt.

Datenschutz und Privatsphäre

Der Datenschutz wird in Deutschland durch das **Bundesdatenschutzgesetz (BDSG)** geregelt:

> BDSG § 1: Zweck dieses Gesetzes ist es, den Einzelnen davor zu schützen, dass er durch den Umgang mit seinen personenbezogenen Daten in seinem Persönlichkeitsrecht beeinträchtigt wird.

Ein wesentlicher Grundsatz dieses Datenschutzgesetzes ist, dass die Erhebung, Verarbeitung und Nutzung von personenbezogenen Daten grundsätzlich verboten ist, solange das Gesetz hier keine Ausnahme macht oder die betroffene Person ausdrücklich ihre Erlaubnis gegeben hat. Diese Einwilligung basiert auf Paragraph 4a BDSG.
Jeder Bürger hat außerdem das Recht, Auskunft zu erhalten, welche Daten von ihm gespeichert wurden und wieso und von wem sie gespeichert wurden. Bei falschen Daten kann er eine Richtigstellung verlangen oder die Daten sperren lassen, wenn es nicht feststellbar ist, ob sie richtig sind. Des Weiteren hat man ein Recht auf Schadensersatz, wenn durch unzulässige oder falsche Daten ein Schaden entstanden ist.

Die **Privatsphäre** gilt als Menschenrecht und ist in allen modernen Demokratien verankert.
In Deutschland ist der Schutz der Privatsphäre aus dem allgemeinen Persönlichkeitsrecht abgeleitet. Sie ist der nicht-öffentliche Raum, in dem sich jeder Mensch frei von äußeren Einflüssen entfalten kann, ohne Angst haben zu müssen, beobachtet oder abgehört zu werden.

Soziale Netzwerke sammeln eine riesige Menge von persönlichen Daten und, im Vergleich zur Überwachung, werden diese Informationen freiwillig angegeben.

Wenn man sich bei einem sozialen Netzwerk anmeldet, legt man ein sogenanntes Profil an, man setzt seine Identität in eine virtuelle Identität um. Dazu benötigt man eine gewisse Anzahl von Informationen: zum Beispiel Name, Geburtsdatum und E-Mail-Adresse. In seinem Profil kann man aber auch Hobbies, Adressen, besuchte Schulen, Interessen und vieles mehr angeben. Diese Daten können durch Sicherheitslücken gestohlen werden.
Aber nicht immer ist das soziale Netzwerk der Schuldige, wenn Daten in den Besitz von nicht berechtigten Personen gelangen.

29. Schreibe einen Steckbrief über dich. Ist es in Ordnung, wenn dieser Steckbrief im Klassenzimmer, in der Aula oder auf der Plakatwand am Bahnhof ausgehängt wird?

30. Nenne Informationen über dich, die du im Internet nicht finden willst und begründe das jeweils.

31. Schlagt den Artikel 4a BDSG im Internet nach und arbeitet wichtige Punkte heraus.

32. Fitnessarmbänder sind eine tolle Sache: auf einen Blick sieht man, ob man heute schon genug Sport getrieben hat oder noch ein paar Treppen steigen sollte. Diskutiere mögliche Vor- und Nachteile bei der Verwendung von Fitnessarmbändern.

33. Wenn du in einem sozialen Netzwerk aktiv bist – finde heraus wie man die Persönlichkeitseinstellungen ändern kann.

Viele Benutzer wissen nicht, dass man bei seinem Profil einstellen kann, wer welche Informationen sehen können soll. So gibt man zusätzlich viele Daten preis, die nur ein bestimmter Personenkreis sehen sollte. Immer wieder gibt es deswegen Feiern, die nur durch den Einsatz der Polizei unter Kontrolle gebracht werden können:

> *Tegernseer Stimme vom 21.04.2013, von Nicole Posztos:*
> *Vandalismus in Waakirchner Einfamilienhaus*
> *50.000 € Schaden: Facebook-Party eskaliert*

> *Rp online vom 11.05.2015:*
> *Ungebetene Gäste in Remscheid*
> *„Facebook-Party" eskaliert – Schlägerei und Alkohol-Exzess*

Digitale Kommunikation kann man von überall benutzen. Und um anderen zu zeigen, wo man gerade mit wem ist, kann man Freunde mit Ereignissen verknüpfen und auch angeben, wo man sich gerade befindet. Oder: Wenn du zum Beispiel ein Foto von deinem Handy auf dein Internetprofil lädst, können die GPS-Daten mitübertragen werden. Kriminelle sind also nicht mehr darauf angewiesen, durch Beobachtung herauszufinden wer gerade im Urlaub ist, sie können das bequem online erledigen.

GPS ist die Abkürzung für **G**lobales **P**ositionsbestimmungs**s**ystem.

Soziale Netzwerke sind nicht kostenlos. Die Betreiber wollen schließlich Geld verdienen. Deshalb benutzen soziale Netzwerke selbst die privaten Daten ihrer Benutzer um personalisierte Werbung anzuzeigen. Klickt man diese Anzeigen an und kauft anschließend etwas, so bekommt Facebook einen bestimmten Betrag.

Cybermobbing

Mobbing bedeutet: andere Menschen ständig und vorsätzlich zu schikanieren, zu quälen und seelisch zu verletzen.

Obwohl **Mobbing** an sich schon schlimm genug für die Betroffenen ist, so ist **Cybermobbing**, also das Mobben durch digitale Medien, noch eine Verschärfung. Ist Mobben meistens auf einen kleinen Kreis begrenzt (z. B. die Klasse oder der Arbeitsplatz) so macht die digitale Kommunikation es möglich, verletzende und hetzende Kommentare in einem viel größeren Kreis zu verbreiten. In WhatsApp kann man Nachrichten in Gruppen verschicken, auf sozialen Netzwerken kann man auf eine Pinnwand schreiben, die jedem zugänglich ist.

Auch ist es sehr schwer, bereits bestehende Inhalte im Internet zu löschen. Dazu muss zuerst eine Anfrage an den Anbieter gesendet werden, der diese dann prüft. Das dauert mitunter sehr lange und kann auch rechtlich schwierig sein. Erschwerend kommt hinzu, dass nicht jeder Anbieter seine Daten in Deutschland speichert und andere Länder auch andere Richtlinien und Gesetze haben.

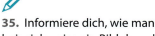

34. Oft hört man: „Das Internet vergisst nichts." Diskutiert diese Aussage.

Die digitale Kommunikation verstärkt Mobben auch auf andere Weise: es <u>ist anonymer als früher</u>, man hat ja nichts Böses gesagt, nur etwas weitergeschickt. Außerdem kann der Gemobbte, anders als früher, jederzeit durch Äußerungen, Texte, Bilder usw. getroffen werden – es gibt für das Opfer keine Pausen mehr.

Betroffene denken oft, das würde „schon wieder vorbeigehen", leider ist das nur in sehr wenigen Fällen so. Hilfe holen, nicht wegschauen, ist die bessere Methode. <u>Vertrau dich deinen Eltern, Lehrern oder Freunden an. Fordere Hilfe ein, niemand darf grundlos und systematisch kaputt gemacht werden.</u>

Du kannst bösartige Kommentare oder Bilder auf sozialen Netzwerken melden. Auch wenn es dir schwerfällt: Bevor du einen Mobbing-Fall löschst, mache einen Screenshot davon. So hast du etwas gegen die Täter in der Hand. Die Verbindungslehrer an deiner Schule können dir helfen, einen Lösungsweg zu suchen. Du kannst auch gemeinsam mit deinen Eltern eine Anzeige bei der Polizei erstatten.

35. Informiere dich, wie man beispielsweise ein Bild dauerhaft löschen lassen kann.

Sexting

Sexting ist eine Mischung aus „Sex" und „Texting", also dem Verschicken von Textnachrichten. Dabei werden entblößende Bilder von sich selbst an Freunde oder Partner verschickt. Was sich dabei vielleicht nach einem Spaß anhört, wird schnell zu einer Quelle für Cybermobbing, wenn das Bild von anderen bearbeitet oder einfach nur weitergeleitet wird.

Der Fall Amanda Todd aus Kanada, erlangte traurige Berühmtheit: 2009 präsentierte sie ihren nackten Oberkörper einem Fremden vor einer Webcam. Der Mann veröffentlichte den Film im Netz, und so gelangte er auch an Amandas Schule. Amanda wurde daraufhin furchtbar gemobbt. 2012 nahm sie sich das Leben.

Grundsätzlich ist Sexting erlaubt, kriminell wird es erst, wenn der Betroffene nicht einverstanden ist. Bei Jugendlichen und Kindern gelten spezielle Gesetze, in Deutschland ist Sexting unter 18 Jahren verboten, die rechtliche Grundlage bietet das Strafgesetzbuch, § 184 b, c. Sexting bei Minderjährigen kann unter die Verbreitung von Kinderpornographie fallen.

Internetsucht

Internetsucht wird auch als **Internetabhängigkeit** bezeichnet und meint das übermäßige, gesundheitsgefährdende Nutzen von Online-Angeboten, darunter Spiele und Kommunikation.
Problematisch ist daran vor allem das Abgleiten in die virtuelle Welt. Soziale Kontakte, Körperhygiene und die persönliche Versorgung werden vernachlässigt.

Im Zuge der Mediennutzung wurden als nicht internetabhängig eingestufte Personen gefragt, worauf sie zugunsten des Internets verzichten würden.
Dabei gaben 89 % der Befragten an, dass sie lieber für ein Jahr auf Fast Food verzichten würden, 10 % der Befragten gaben sogar an, dass sie lieber ein Jahr nicht duschen würden, als das Internet für den gleichen Zeitraum aufzugeben. Weitere Nennungen in dieser Studie waren GPS mit 77 %, Schokolade mit 70 % und Sport mit 45 %.

36. Diskutiert über Gründe, warum das Internet süchtig machen kann.

37. Erstellt eine kleine Umfrage in eurer Klasse/Schule, worauf eure Mitschüler lieber verzichten würden als auf das Internet.

Die Abgrenzung zu normalem Verhalten ist schwierig, weil viele Bereiche, die von einer Internetabhängigkeit ausgenommen scheinen (z. B. online vorgenommene Verabredungen, gemeinschaftliches Anfertigen einer Hausaufgabe über Online-Tools) einem steten Wandel unterliegen. So gibt es Menschen die mit einer Internetnutzung von 20 Stunden pro Woche bereits als Internetsüchtig gelten, während das für einen mit 40 Stunden pro Woche nicht zwangsläufig gilt. Wichtig ist also immer, wofür man das Internet nutzt. Dabei sollte man bedenken, dass auch Smartphones mit ihrem ständigen Internetzugang ein hohes Suchtpotenzial haben.

> „Irgendwann habe ich den Draht zum echten Leben verloren. Ich wollte nur noch WOW zocken, am besten Tag und Nacht. Als ich immer häufiger weiter gezockt habe, anstatt zur Arbeit zu gehen, hat mir mein Chef kurz vor Ende meiner Ausbildung die rote Karte gezeigt. Trotzdem kann ich einfach nicht aufhören."
> TIMO, 20 JAHRE, AZUBI
> Quelle: http://www.internetsucht-hilfe.de/

Und du selbst? Bist du vom Internet abhängig?

Selbstversuch 1: Schreibe über mehrere Wochen ein Internettagebuch. Trage ein, wie viele Stunden du am PC oder am Smartphone im Internet gesurft oder Nachrichten verschickt hast.

Selbstversuch 2: Versuche, eine Woche auf deinen PC/auf dein Smartphone zu verzichten. Schreibe dabei auf, wie oft du nach deinem Smartphone greifen oder dich an den PC setzten wolltest. („digitales Fasten")

Hast du es geschafft? Super!
Was hast du am meisten vermisst? Wie hat sich dein Leben in dieser Woche geändert?

Auf was würdest du lieber verzichten als das Internet?

Stelle dir auch diese Fragen über das eigene Verhalten im Internet:
1. Wie viel Zeit verbringe ich täglich am Computer?
2. Gibt es Dinge, die ich früher gern gemacht habe und die ich seit einiger Zeit vollkommen vernachlässige?
3. Empfinde ich überhaupt noch Interesse für etwas anderes als meine Internetaktivitäten?
4. Wie würde es mir gehen, wenn der Internetzugang plötzlich blockiert wäre?

Hilfe für Betroffene und deren Angehörige gibt es bei vielen Suchtberatungsstellen oder auf speziellen Seiten im Internet.

Identitätsdiebstahl

Alle Informationen die über eine Person im Internet verfügbar sind, bilden zusammen die virtuelle Identität.
Diese virtuelle Identität ist im schlimmsten Fall nur durch ein Passwort geschützt. Erfährt oder stiehlt ein Krimineller diese Passwörter (zum Beispiel durch Phishing oder Sicherheitslücken) so kann er die komplette Identität der Person übernehmen. Anschließend versuchen die Diebe meistens an das Geld der Person zu kommen: entweder direkt, wenn sie Zugriff auf das Konto haben oder indirekt, indem sie auf Kosten desjenigen einkaufen und dabei das Konto überziehen. Aber auch durch das Kommentieren von Nachrichten im Namen dieser Person kann Schaden zugefügt werden.

38. Diskutiert darüber, wie eine Person mit kriminellen Absichten an Passwörter gelangen könnte.

Bemerkt man solch einen Identitätsdiebstahl, zum Beispiel weil man auf den Kontoauszügen merkwürdige Abbuchungen entdeckt, so gilt es schnell zu handeln: Alle Accounts sperren lassen.
Dabei gilt es hier schon die erste Hürde zu nehmen. Oft werden die Passwörter geändert, damit hat man selbst keinen Zugriff mehr auf seine eigenen Accounts. Danach muss man sich verifizieren, indem man persönlich bei der Bank vorspricht oder eine beglaubigte Kopie seines Personalausweises oder Passes schickt oder vorlegt.
Auf jeden Fall sollte man eine Anzeige gegen Unbekannt bei der Polizei erstatten, so dass eine Strafverfolgung stattfinden kann.

Account: Kombination aus Benutzername und Passwort, mit der sich ein Anwender gegenüber einem Informatiksystem als berechtigt ausweist

Fazit

In diesem Kapitel soll nicht der Eindruck erweckt werden, dass das Internet und seine Dienste schlecht sind und man sie nicht nutzen soll. Es sollte jedoch jedem der sich hier betätigt klar sein, was mit ihm und seinen Daten passieren und wie man sich vor Datenmissbrauch schützen kann.
Frage dich bei jedem Bild und jeder Information, die du in sozialen Netzwerken angibst oder per WhatsApp oder Ähnlichem versendest:
Ist es in Ordnung, wenn das jeder sehen könnte? Eltern, Lehrer, Fremde Menschen?
Auch wenn du es „nur" der besten Freundin schickst, mit einem Streit und dem Schneeballsystem kann es sein, dass etwas Privates sehr schnell öffentlich wird.

Grundwissen

Information	Nachricht, die mithilfe von Zeichen und Signalen übertragen wird und eine bestimmte Bedeutung für den Empfänger besitzt
Kommunikation	Übertragung von Informationen zwischen Sender und Empfänger
analog	stufenlose Darstellung von Informationen
digital	Darstellung von Informationen nur mithilfe bestimmter Werte
Dualsystem	Stellenwertsystem, das auf zwei Ziffern basiert; elektronische Geräte arbeiten mit diesem System
Bit	kleinste Informationseinheit bei digitalen Signalen, kann genau 2 Zustände annehmen (Strom an, Strom aus)
Byte	Kombination von 8 Bit, mit der man 256 Informationen (Zeichen) darstellen kann
Codierung und Decodierung	Verschlüsselung und Entschlüsselung einer Information mithilfe eines bekannten Schlüssels
soziale Netzwerke	Internet-Plattformen, auf denen sich Gleichgesinnte anmelden und mit anderen Benutzern kommunizieren können
E-Mail	digitaler Brief
Datenschutz	gesetzliche Regelungen, die den Einzelnen davor schützen, dass er durch den Umgang mit seinen personenbezogenen Daten in seinem Persönlichkeitsrecht beeinträchtigt wird
Privatsphäre	Raum, in dem sich jede Person entfalten kann, ohne Angst haben zu müssen, beobachtet oder abgehört zu werden
Identitätsdiebstahl	jemand benutzt fremde Daten, um dieser Person zu schaden und sich selbst zu bereichern
Cybermobbing	Mobbing in und durch digitale Medien wie soziale Netzwerke, WhatsApp, Anrufe, SMS, E-Mail und Ähnliches
Internetsucht/ -abhängigkeit	Zustand, bei dem man ohne Internet nicht mehr leben kann

Zeig was du kannst

1. Gib an, wie man Informationen non-verbal (also ohne zu sprechen) übertragen kann.

2. Nenne Worte, in denen „Information" vorkommt. Erklärt sie euch gegenseitig.

3. In der Schule gibt es viele Informationen. Skizziere verschiedene Symbole, die man benutzen kann, um im Klassenraum bestimmte Informationen hervorzuheben oder darzustellen.

4. Du schickst deinem Brieffreund in Irland einen Brief.
   a) Stelle den Prozess der Codierung, Decodierung und den Informationskanal bei der Kommunikation anhand dieses Briefes dar.
   b) Welche Probleme können bei den einzelnen Schritten auftreten?
   c) Beschreibe, inwiefern diese Probleme auch auftreten, wenn man anstatt eines Briefes eine E-Mail verschickt.

5. Diskutiert verschiedene Szenarien von Kommunikation, und wie man diese effektiv stören kann.
   Beispiel: Paul und Johanna unterhalten sich, Johannas kleiner Bruder stört die Kommunikation durch anhaltendes Geschrei.

6. Du musst heute auf deine kleine Schwester aufpassen. Sie geht gerade erst in den Kindergarten und kann daher noch nicht schreiben und lesen.
   Weil sie gerade ihren Mittagsschlaf macht und du sie nicht aufwecken möchtest, zeichnest du ihr die Nachricht: ich schaukle draußen, komm doch raus, auf einen Zettel:

   a) Überlege dir eine eigene Nachricht und skizziere sie auf einen Zettel.
   b) Versteht dein Nachbar, was du mit der Nachricht ausdrücken möchtest?

7. Entwickle eine eigene Verschlüsselungsmethode und teste sie mit deinen Freunden. Diskutiert anschließend über Schwierigkeiten und Fehlerursachen.

8. Informiere dich im Internet über den Cäsar-Code.
   a) Baue eine Cäsar-Scheibe und verschlüssele damit eine kurze Nachricht.
   b) Tausche mit deinem Freund die verschlüsselte Nachricht aus. Nenne weitere Informationen außer dem verschlüsselten Text, die du und dein Freund benötigen.
   c) Gibt es eine Möglichkeit, den codierten Text auch ohne den Schlüssel zu decodieren?
   d) Findet heraus, wie man mit der Cäsar-Scheibe einen Text so verschlüsseln kann, dass er schwerer von Unbefugten zu entschlüsseln ist.

Cäsar-Scheibe

9. Die folgende Tabelle zeigt dir, wie Groß- und Kleinbuchstaben im ASCII-Code dargestellt werden:

A	0100 0001	N	0100 1110	a	0110 0001	n	0110 1110
B	0100 0010	O	0100 1111	b	0110 0010	o	0110 1111
C	0100 0011	P	0101 0000	c	0110 0011	p	0111 0000
D	0100 0100	Q	0101 0001	d	0110 0100	q	0111 0001
E	0100 0101	R	0101 0010	e	0110 0101	r	0111 0010
F	0100 0110	S	0101 0011	f	0110 0110	s	0111 0011
G	0100 0111	T	0101 0100	g	0110 0111	t	0111 0100
H	0100 1000	U	0101 0101	h	0110 1000	u	0111 0101
I	0100 1001	V	0101 0110	i	0110 1001	v	0111 0110
J	0100 1010	W	0101 0111	j	0110 1010	w	0111 0111
K	0100 1011	X	0101 1000	k	0110 1011	x	0111 1000
L	0100 1100	Y	0101 1001	l	0110 1100	y	0111 1001
M	0100 1101	Z	0101 1010	m	0110 1101	z	0111 1010

a) Ermittle ein Merkmal, das für alle Buchstaben gilt.
b) Vergleiche anschließend Groß- und Kleinbuchstaben.
   Finde ein Unterscheidungsmerkmal zwischen Groß- und Kleinbuchstaben.

10. Das Dualsystem baut auf 2 Ziffern auf, das Dezimalsystem auf 10 Ziffern. Es gibt aber noch weitere Zahlsysteme. Dazu zählen das Oktal- und das Hexadezimalsystem. Das Oktalsystem basiert auf 8 Ziffern, das Hexadezimalsystem auf 16.
    a) Das Hexadezimalsystem wird benutzt, um Farben zu codieren, zum Beispiel bei HTML.
       Dazu wird ein Hashtag, gefolgt von einer 6-stelligen Zahl benutzt.
       Ein schönes Lila bekommt man zum Beispiel mit #AF32D1.
       Ermittle, welche Ziffern das Hexadezimalsystem benutzt. Denke daran, dass Ziffern nicht mehrstellig sein dürfen.
    b) Überlege, welche Stufenzahlen die Systeme jeweils benutzen und rechne verschiedene Zahlen in die Zahlsysteme um.

#AF32D1-Lila

11. Um sich bei einem sozialen Netzwerk anzumelden, muss man einige Informationen angeben. Suche ein beliebiges soziales Netzwerk und gib an, welche dies sind.
    a) Beschreibe, wozu diese Informationen verwendet werden.
    b) Die Nutzungsbedingungen müssen beim Anmelden bestätigt werden.
       Lies sie sorgfältig durch. Beurteile diese Nutzungsbedingungen.

12. Suche in einem sozialen Netzwerk deiner Wahl nach einem Prominenten (Sänger, Sportler, Schauspieler). Analysiert in Partnerarbeit sein/ihr Profil nach den folgenden Kriterien:
    • Worum geht es auf diesem Profil?
    • Was gefällt euch gut?
    • Welche Informationen würdet ihr in eurem Profil eher nicht, beziehungsweise auf keinen Fall weitergeben?

13. Diskutiert über die folgenden Fälle. Ist das Mobbing oder nicht?
    a) Luis wird im Sport meist als zweiter oder dritter ins Team gewählt. Gestern hatte er mit seinem besten Freund Streit und dieser wählt ihn deswegen heute nicht in sein Team.

b) Linda ist neu an der Schule und kennt noch nicht viele ihrer Mitschüler. In der Pause versucht sie Kontakt zu knüpfen. Sie tritt an eine Gruppe von Mädchen heran, die gerade heftig diskutieren und sie ignorieren.
c) Dennis muss in Physik ein Referat halten. Dazu soll er sich einen Partner suchen. Egal wen er fragt, alle sagen nein.
d) Kathrin sitzt bei der Gruppenarbeit alleine. Als der Lehrer sie fragt, warum sie nicht mit anderen zusammenarbeitet, sagt sie die anderen Gruppen seien alle schon voll.
e) Die Klasse hat eine WhatsApp-Gruppe gegründet. Die Administratoren der Gruppe lassen nur bestimmte Leute in die Gruppe.
f) Luis hat eine WhatsApp-Gruppe gegründet, in die er nur seine Freunde einlädt.

Tipp: Wie kann man des englische Wort „free" ins Deutsche übersetzen?

14. a) Übersetzt den Text des Cartoons.
b) Facebook, Pinterest, Instagram und viele andere soziale Netzwerke arbeiten mit dem in der Bildunterschrift genannten „free model". Diskutiere mit deinem Banknachbarn, was das bedeuten könnte. Stellt eure Ausarbeitungen der Klasse vor.
c) Überlege, was der Cartoon mit dem „free model" gemeinsam hat.
d) Stimmst du dieser Aussage zu? Begründe deine Meinung und diskutiert in der Klasse.

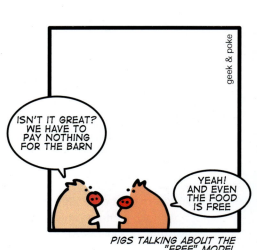

15. „Cybermobbing und Sexting – gibt es das in unserer Schule auch?"
a) Erstellt eine Umfrage zum Thema.
b) Führt eure Umfrage anonym (das heißt, niemand weiß, was der andere gesagt hat) in der Klassenstufe/Schule durch.
c) Wertet eure Umfrage aus und erstellt passende Diagramme und Plakate. Hängt diese in der Schule aus.
d) Diskutiert die Ergebnisse.

16. Datenschutz weltweit:
a) Recherchiert das Safe-Harbor-Abkommen.
b) Im Sommer 2015 erklärte der Europäische Gerichtshof das Abkommen für ungültig. Informiert euch im Internet oder über alte Zeitungsartikel über den Inhalt dieses Urteils.
c) Fasst eure Ergebnisse auf Plakaten, Flyern oder mithilfe einer Präsentation zusammen.

17. Die Vorratsdatenspeicherung der Bundesregierung Deutschland: Immer wieder werden neue Gesetze zur Speicherung von Telefon- und Internetdaten der Bürger beschlossen.
Erstellt eine Zeitleiste zur Entwicklung der Vorratsdatenspeicherung bis zum heutigen Tag.

Kapitel 5

Einführung in die Bildbearbeitung

1 Pixel- und Vektorgrafik
2 Grafische Dateiformate
3 Begriffe der Bildbearbeitung
4 Farbmodelle
5 Vergleich von Pixel- und Vektorgrafik
6 Bildbearbeitung

Im Alltag spielen Grafiken und Bilder eine große Rolle – jede Zeitung, jedes Buch und auch jede Website sind von Grafiken und Bildern geprägt. Sicherlich hast auch du schon viele Fotos mit Hilfe deines Mobiltelefons oder einer Digitalkamera gemacht.

In diesem Kapitel lernst du die Grundlagen der Bildbearbeitung kennen. Dazu gehören die Erstellung von einfachen Grafiken und das Bearbeiten von Fotos.

1 Pixel- und Vektorgrafik

Es gibt zwei verschiedene Konzepte digitale Bilder und Grafiken zu erstellen, die sich grundsätzlich voneinander unterscheiden und verschiedene Vor- und Nachteile haben: Je nachdem welche Art von Grafik oder Bild du erzeugen möchtest, eignet sich die **Pixelgrafik** oder die **Vektorgrafik** besser.

Pixelgrafik

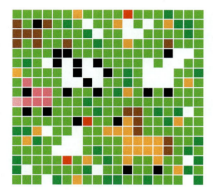
Mosaik

Eine Pixelgrafik ist vergleichbar mit einem Steckmosaik. Von der Ferne ist das Bild gut erkennbar, erst wenn man genauer hinsieht, ist jeder einzelne Stecker wahrnehmbar. Dabei hat im Mosaik jeder Stecker eine Farbe und ist an einer bestimmten Stelle positioniert. Gleiches gilt zum Beispiel auch für Mosaiken aus einfarbigen, quadratischen Wandfliesen.

Der Stecker (bzw. die Fliese) ist somit im Mosaik das kleinste Element aus dem das Bild aufgebaut ist.

Bei einer Pixelgrafik nennt man dieses kleinste Element **Pixel**, die Abkürzung für den englischen Begriff **Picture Element** (wobei Picture umgangssprachlich verkürzt „pix" genannt wird).

Bildteil, stark vergrößert

Genauso wie im Steckmosaik wird jedem Pixel eine eindeutige Farbe und Position zugeordnet. <u>Je mehr Pixel in einem Bild verwendet werden und je kleiner diese sind, desto klarer ist das Bild erkennbar.</u>

Pixelgrafiken eignen sich besonders für fotografische Abbildungen. So werden beispielsweise Fotos, die du mit deiner Digitalkamera aufnimmst, stets als Pixelgrafik gespeichert. Das Foto besteht – je nach Kamera – aus vielen Millionen Pixeln. Nur wenn du in einem Bildbearbeitungsprogramm ganz nah heranzoomst, kannst du die einzelnen Pixel noch erkennen.

> Eine **Pixelgrafik** besteht aus einer Vielzahl einzelner Bildpunkte (Pixel). Jedem Pixel sind Position und Farbwert zugeordnet.

Genauso könntest du auf einem karierten Papier ein Bild zeichnen, indem du einzelne Kästchen ausmalst. Deshalb wird die Pixelgrafik oft auch als Rastergrafik bezeichnet. Dabei merkst du schnell, dass sich Rundungen nur treppenartig darstellen lassen. Je feiner du die Kästchen wählst, desto unauffälliger wird die Abstufung der Rundung.

Pixelgrafiken erstellen

Programme, wie z. B. Microsoft Paint und Paint.NET ermöglichen dir einfache Pixelgrafiken zu erstellen. Öffnest du z. B. das Programm Microsoft Paint, erscheint oberhalb der Arbeitsfläche die Menüleiste. Dort findest du alles, was du benötigst. Du kannst Werkzeuge und Formen, die Linienstärke und auch die Farbe zum Malen bzw. Füllen auswählen.

1. Nimm ein kariertes Blatt Papier und zeichne ein 3 x 3 cm großes Quadrat entlang der Linien.
a) Überlege dir eine Ziffer zwischen 0 und 9. Versuche nun die Ziffer innerhalb des Quadrats als Schwarz-Weiß-Bild darzustellen. Jedes Kästchen kann dabei entweder schwarz oder weiß sein.
b) Nummeriere die Spalten und Zeilen von 1 bis 6. Diktiere deinem Banknachbarn die Koordinaten der Kästchen mit der jeweils zugehörigen Farbe, sodass er ein exaktes Abbild deines Bildes erstellen kann.

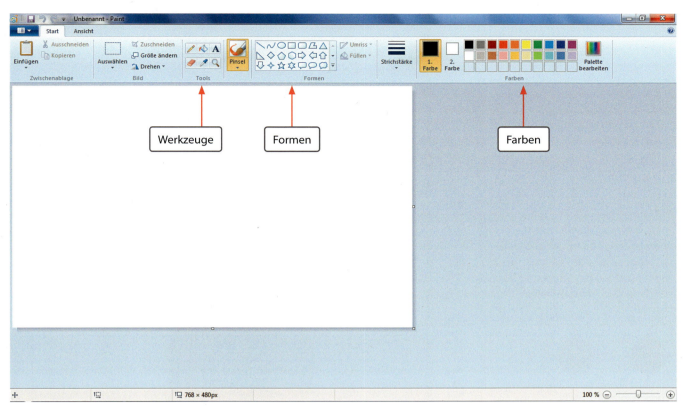

Programmoberfläche von Microsoft Paint

Vektorgrafik

Im Gegensatz zu Pixelgrafiken werden Vektorgrafiken nicht aus Pixeln aufgebaut, sondern mit Hilfe von geometrischen Formen wie Linien, Rechtecken oder Kreisen erzeugt. So wird beispielsweise ein Kreis durch die Lage des Mittelpunktes, des Radius, der Linienstärke und der Kontur- und Füllfarbe vollständig beschrieben.
Ein entscheidender Vorteil dieser Grafik ist, dass das Bildbearbeitungsprogramm bei einer Größenänderung die Grafik neu berechnet. Dadurch kann sie ohne Qualitätsverlust beliebig groß oder klein dargestellt werden.

Vektorgrafiken eignen sich deshalb besonders für Logos, Icons, Infografiken oder Illustrationen. Eine typische Vektorgrafik ist das Logo des Informatik-Bibers auf Seite 64.

> Eine **Vektorgrafik** besteht ausschließlich aus mathematisch beschreibbaren geometrischen Formen.

2. Öffne das Programm Paint und male ein Bild zur aktuellen Jahreszeit. Probiere dabei unterschiedliche Werkzeuge aus und nutze verschiedene Farben und Linienstärken. Speichere das Bild als PNG-Datei in deinem Verzeichnis.

3. Erzeuge eine neue Datei mit den Abmessungen 16 x 16 Pixel. Wähle mit der Lupe die größtmögliche Ansicht. Denke dir einen Smiley aus und zeichne diesen mithilfe des Pinselwerkzeugs. Die Pinselgröße soll dabei 1 Pixel betragen. Speichere dein Ergebnis als PNG-Datei.

Vektorgrafik erstellen

In Kapitel 2 hast du bereits einfache Vektorgrafiken in Objekt-Draw erstellt. Hier lernst du ein weiteres Vektorgrafikprogramm kennen, das dir ermöglicht, komplexere Illustrationen anzufertigen.
Das Programm Inkscape kann man kostenlos aus dem Internet herunterladen; dein Lehrer gibt dir die entsprechenden Informationen.

Startest du Inkscape, siehst du folgende Programmoberfläche, die in verschiedene Bereiche unterteilt ist. Oben befindet sich die Befehlsleiste, die allgemeine Programmfunktionen enthält. Am linken Rand findest du die Werkzeugleiste mit allen

Tipp: Beim Erstellen einer neuen Datei kann man die Abmessungen des Dokuments definieren. Im Nachhinein können mit dem Befehl Bildgröße die Abmessungen verändert werden.

88 Kapitel 5 — Einführung in die Bildbearbeitung

Werkzeugen. Wählst du ein Werkzeug aus, so werden in der Leiste direkt über der Arbeitsfläche die zugehörigen Werkzeugeinstellungen angezeigt.
Unterhalb der Arbeitsfläche findest du die Farbpalette. In der Statusleiste erhältst du nützliche Hinweise und Informationen.

4. Gestalte ein Häschen wie in der nebenstehenden Abbildung aus einfachen Formen. Überlege dir vorher die benötigten Werkzeuge. Speichere deine fertige Vektorgrafik im Dateiformat SVG.

Tipp: Markierst du ein Objekt einmal, kannst du es skalieren (in der Größe verändern). Klickst du ein zweites Mal auf das Objekt, so lässt es sich an den Eckenanfassern drehen.

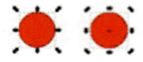

5. Gestalte dein Zimmer aus der Vogelperspektive und speichere deine Vektorgrafik als SVG-Datei.

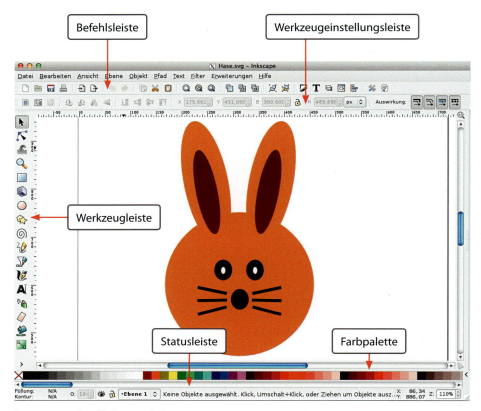

Programmoberfläche von Inkscape

Tipps und Tricks beim Erstellen von Vektorgrafiken:

Werkzeug/Aktion	Erklärung
Ellipse	Mit dem Werkzeug *Ellipse* kannst du Ellipsen und Kreise erstellen. Um einen Kreis zu erstellen, ist es hilfreich die Strg-Taste zu drücken. Inkscape ermöglicht damit den Kreis bzw. die Ellipse in verschiedenen Seitenverhältnissen zu zeichnen. Wird dir in der Statusleiste das Verhältnis 1 : 1 angezeigt, erzeugst du einen Kreis.
Rechteck und Linie	Mit dem Werkzeug *Rechtecke und Quadrate erstellen* kannst du neben Rechtecken auch gerade Linien zeichnen.
Duplizieren	Hast du ein Objekt fertig gezeichnet, kannst du mit der Tastenkombination Strg+D ein Duplikat erzeugen. So erhältst du ein identisches zweites Objekt.
Markieren von mehreren Objekten	Mehrere Objekte kannst du markieren, indem du die Umschalttaste (Shift-Taste) drückst und die gewünschten Objekte mit der Maus auswählst. Alternativ kannst du mit gedrückter, linker Maustaste eine rechteckige Auswahl über den Objekten aufziehen. Achte darauf, dass die Auswahl die Objekte vollständig einschließt.

Umschalttaste (Shift-Taste)

Werkzeug/Aktion	Erklärung
Reihenfolge	Hast du ein Objekt ausgewählt, kannst du die Anordnung ändern und so das Objekt weiter in den Vordergrund holen oder in den Hintergrund schieben.
Gruppieren	Du kannst Objekte *gruppieren*, um sie als Einheit gleichzeitig zu drehen oder zu bewegen.
Ausrichten und Ausgleichen der Abstände	Markierst du mehrere Objekte, kannst du über das Symbol *Ausrichten und Ausgleichen der Abstände von Objekten*, diese exakt zueinander ausrichten.
Textobjekt	Mit dem Werkzeug *Textobjekt* kannst du Schriftzüge erstellen und formatieren.

Zur Methode *gruppieren()* ▶ auch Seite 32.

2 Grafische Dateiformate

Bisher hast du deine erstellten Grafiken bereits in zwei unterschiedlichen Dateiformaten – PNG und SVG – gespeichert.
Es gibt zahlreiche verschiedene Dateiformate um Bilddateien zu speichern. Je nach Einsatzgebiet und Art der Grafik eignen sich unterschiedliche Formate.
So gibt es Dateiformate, die sich ausschließlich für Pixelgrafiken und andere die sich für Vektorgrafiken eignen. Außerdem haben viele Bildbearbeitungsprogramme ihr eigenes Dateiformat, das den Vorteil bietet, dass erstellte Bilddateien später weiter bearbeitet werden können.

Programmeigene Dateiformate

XCF (*Experimental Computing Facility*):
Beim XCF-Format handelt es sich um das Dateiformat des Bildbearbeitungsprogramms GIMP.
Das XCF-Format bietet die Möglichkeit, Dateien mit allen Textbausteinen, Pfaden, Effekten und Ebenen verlustfrei zu speichern, sodass sie zu einem späteren Zeitpunkt weiter bearbeitet werden können.

Dateiformate für Pixel- und Vektorgrafik

Dateiformat	Grafikart	Eigenschaften
JPEG (**J**oint **P**hotographic **E**xpert **G**roup)	Pixelgrafik	• hohe Kompression, meist verlustbehaftet • besonders geeignet für Fotos • Einsatz im Web
BMP (**W**indows **B**itmap **F**ormat)	Pixelgrafik	• keine Kompression • hoher Speicherbedarf
GIF (**G**raphics Interchange **F**ormat)	Pixelgrafik	• verlustfreie Kompression • maximal 256 Farben • eine bestimmte Farbe kann „transparent" (durchscheinend) definiert werden • geeignet für Grafiken und Animationen im Web

Durch Kompression wird der Speicherplatzbedarf reduziert.

Tipp: Willst du ein GIF- oder PNG-Bild über einer farbigen Seite „schweben" lassen, dann musst du z. B. den weißen Hintergrund als „transparent" definieren.

6. Erkläre deinem Nachbarn einen Unterschied zwischen dem JPEG- und dem PNG-Format.

7. Erkläre, weshalb man das TIFF-Format nicht im Internet verwenden sollte.

Dateiformat	Grafikart	Eigenschaften
PNG (**P**ortable **N**etwork **G**raphics)	Pixelgrafik	• verlustfreie hohe Kompression • Transparenz möglich • besonders geeignet für Grafiken im Web
TIFF (**T**agged **I**mage **F**ile **F**ormat)	Pixelgrafik	• geringe Kompression • hoher Speicherbedarf • besonders geeignet für Fotos und Grafiken für den Druck
SVG (**S**calable **V**ector **G**raphics)	Vektor-grafik	• keine Kompression • besonders geeignet für Vektorgrafiken im Web

3 Begriffe der Bildbearbeitung

Auflösung und Dateigröße

Wird von **Auflösung** gesprochen, sind sehr unterschiedliche Dinge gemeint:
- Der Begriff Auflösung wird umgangssprachlich oft dazu verwendet, um die Abmessungen einer Pixelgrafik von Displays oder Druckerzeugnissen zu beschreiben. So wird beispielsweise die Auflösung einer Digitalkamera mit 28 Megapixel (also 28 Millionen Pixel) angegeben, womit gemeint ist, dass die Kamera Fotos mit den Abmessungen von 6480 × 4320 Pixel aufnimmt.
- Der Begriff Auflösung wird auch dazu verwendet die Pixeldichte anzugeben, um zum Beispiel die Qualität von Displays zu beschreiben. Bei digitalen Medien wird die Auflösung in **PPI** (**P**ixel **p**er **I**nch) und bei Druckerzeugnissen in **DPI** (**D**ots **p**er **I**nch) angegeben.

Tipp: Die Auflösung eines Bildes erhält man durch Multiplikation der Breite und der Höhe des Bildes.

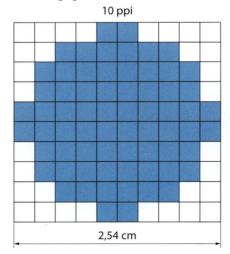
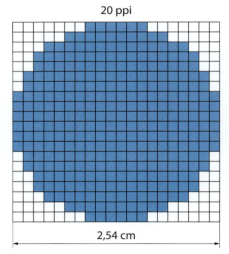

DPI steht für Dots per Inch – auf Deutsch: Bildpunkte pro Zoll. Ein Inch entspricht 2,54 cm.

In einer quadratischen Fläche von 1 Inch × 1 Inch kann eine unterschiedlich große Anzahl an Pixeln vorkommen. In der linken Grafik erkennst du, dass je 10 Pixel in Breite und Höhe vorkommen, in der rechten Grafik sind es 20 Pixel. Der dargestellte Kreis wirkt auf der rechten Seite wesentlich runder und das Bild sieht schärfer aus. Die Darstellung links hat also eine bessere Qualität als die Darstellung rechts.

Neben der Anzahl der Pixel beeinflusst auch die verwendete Farbtiefe (▶ Seite 91) den Speicherbedarf der Grafik. Folglich wird auch mehr Speicherplatz benötigt, wenn eine höhere Farbtiefe verwendet wird.

Die **Speichergröße** steht mit der Auflösung einer Pixelgrafik in Zusammenhang. Bei einer Pixelgrafik muss sich der Computer die Position und den Farbwert eines jeden Pixels merken. Während beim linken Kreis insgesamt 100 Pixel zum Einsatz kommen, sind es beim rechten Kreis 400 Pixel. Folglich muss beim rechten Kreis mehr Information gespeichert werden und es ist mehr Speicherplatz nötig.

> Je höher die Auflösung, desto feiner ist die Bilddarstellung, aber desto größer ist der Speicherplatzbedarf.

Bei einer Vektorgrafik hingegen, muss sich der Computer nicht mehr Informationen merken, wenn die Größe geändert wird. Somit bleibt die Speichergröße gleich und ist nicht von der Bildgröße abhängig.

Vergleich der Dateigröße verschiedener Dateiformate:

Löwe1:BILDDOKUMENT

Grafikart = Pixelgrafik
Dateiformat = JPEG
Dateigröße = 637 KB
Auflösung = 1000 x 1000 Pixel
Farbtiefe = 24 Bit
Kompression = ja

Löwe2:BILDDOKUMENT

Grafikart = Pixelgrafik
Dateiformat = TIFF
Dateigröße = 6,2 MB
Auflösung = 1000 x 1000 Pixel
Farbtiefe = 32 Bit
Kompression = nein

Löwe3:BILDDOKUMENT

Grafikart = Vektorgrafik
Dateiformat = SVG
Dateigröße = 86 KB

Tipp: Die Dateigröße kannst du herausfinden, indem du in deinem Verzeichnis einen Rechtsklick auf die Datei machst und „Eigenschaften" wählst.

Farbtiefe

Mit der **Farbtiefe** eines Bildes wird die maximal mögliche Menge an Farbabstufungen angegeben.
Bei einer Pixelgrafik wird damit beschrieben wie viele unterschiedliche Farbwerte jedes einzelne Pixel jeweils annehmen kann.

Farbtiefe	Anzahl möglicher Farben	Beschreibung
1 bit	2 Farben	monochrom (einfarbig)
8 bit	256 Farben	maximale Farbtiefe des GIF-Formats
24 bit	16,7 Millionen Farben	True Color, üblich bei Digitalfotos
42 bit	4,4 Billionen Farben	Deep Color, üblich bei hochwertiger Fotografie

4 Farbmodelle

Um Farben im Computer darstellen zu können, benötigt man sogenannte Farbmodelle. Ein Farbmodell legt Kriterien fest, um Farben mathematisch beschreiben zu können. Ein Computer kann nur endlich viel Information speichern, weshalb ein Farbmodell nicht alle existierenden Farben abbilden kann. Alle Farben, die mit einem bestimmten Farbmodell darstellbar sind, nennt man Farbraum.

Die am häufigsten verwendeten Farbmodelle sind das RGB- und das CMYK-Farbmodell.

Das RGB-Farbmodell

Im **RGB-Farbmodell** (**R** steht für Red, **G** für Green und **B** für Blue) werden alle Farbtöne aus Rot, Grün und Blau gemischt. Das Modell funktioniert nach der **additiven Farbmischung** und mischt Licht, dessen farbige Erscheinung als Lichtfarbe definiert wird.

Du triffst das RGB-Farbmodell im Alltag bei allen Geräten an, bei denen Bilder mithilfe von Licht erzeugt werden, wie zum Beispiel Fernseher, Monitore, Scanner oder Digitalkameras.

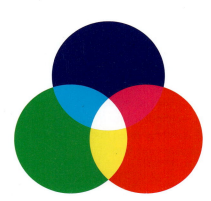

additive Farbmischung

Mischt man verschiedene Grundfarben, addieren sich diese, weshalb die Helligkeit zunimmt:
- Rot und Grün ergibt Gelb.
- Grün und Blau ergibt Cyan.
- Blau und Rot ergibt Magenta.
- Die Mischung aller Grundfarben ergibt Weiß.

Für jede Grundfarbe stehen 8 Bit zur Speicherung zur Verfügung. Somit sind für jede Grundfarbe 256 verschiedene Farbwerte möglich.

Die Intensität der drei Grundfarben kann einen Wert zwischen 0 und 255 annehmen. Bei $256 = 256^3$, also etwa 16 Millionen unterschiedliche Farben darstellbar.

Das CMYK-Farbmodell

Das **CMYK-Farbmodell** (**C** steht für Cyan, **M** für Magenta, **Y** für Yellow und **K** für Key oder Black) findest du im Alltag überall dort, wo Farbe auf ein Objekt aufgetragen wird – wie zum Beispiel bei einem Drucker, der Tinte auf das Papier druckt.

Im Gegensatz zum RGB-Farbmodell funktioniert das CMYK-Farbmodell nach der **subtraktiven Farbmischung**, bei der nicht Licht, sondern Stoffe gemischt werden. Mischt man verschiedene Grundfarben, nimmt die Helligkeit ab.
- Gelb und Cyan ergibt Grün.
- Cyan und Magenta ergibt Blau.
- Magenta und Gelb ergibt Rot.

Die Mischung aller Grundfarben müsste theoretisch Schwarz ergeben.

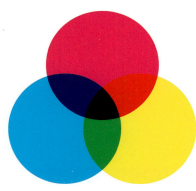

subtraktive Farbmischung

Wenn man nun aber die drei Grundfarben Cyan, Magenta und Yellow zusammen aufträgt, erhält man zwar einen sehr dunklen Farbton, der aber in der Praxis noch nicht schwarz genug ist. Deshalb verwendet man als zusätzliche Farbe Schwarz.

Je der vier Farbwerte wird prozentual angegeben und kann somit einen Wert zwischen 0 % und 100 % annehmen.

8. Öffne ein Pixelgrafikprogramm und zeichne ein Männchen. Färbe das Männchen nur mit selbst gemischten Farben. Gib dabei Werte für Rot, Grün und Blau ein.

> Das RGB-Farbmodell kommt bei digitalen Medien zum Einsatz. Das CMYK-Farbmodell wird für gedruckte Medien verwendet.

5 Vergleich von Pixel- und Vektorgrafik

Jetzt hast du schon Pixel- und Vektorgrafiken erstellt, unterschiedliche Dateiformate kennengelernt und dich mit Auflösung und Speicherplatzgröße auseinandergesetzt.

In der folgenden Tabelle sind die Besonderheiten der jeweiligen Grafikart gegenübergestellt:

Pixelgrafik	Vektorgrafik
Die Pixelgrafik ist geeignet für realistische und fotografische Darstellungen, wie zum Beispiel Fotos und Gemälde.	Die Vektorgrafik eignet sich für illustrative Darstellungen, wie zum Beispiel Illustrationen, Logos, Icons, Infografiken und Comics.
Der Speicherplatz ist abhängig von der Farbtiefe, den Abmessungen und der Kompression des Bildes.	Die Speichergröße ist abhängig von der Anzahl der Linien und Formen des Bildes, aber unabhängig von der Bildgröße.
Die Größenänderung des Bildes geht meist mit Qualitätsverlust einher. Die Qualität ist abhängig von der Auflösung des Bildes.	Bei einer Größenänderung des Bildes gibt es keinen Qualitätsverlust. Die Qualität ist von der Darstellungsgröße unabhängig.

9. Diskutiere mit deinem Banknachbarn welche Nachteile sich ergeben, wenn man für eine Fotografie ein Vektordateiformat und für ein Logo ein Pixeldateiformat wählt.

6 Bildbearbeitung

Zum Bearbeiten von Fotos gibt es verschiedene freie Bildbearbeitungsprogramme, wie zum Beispiel GIMP, paint.net oder Artweaver.
Im Folgenden wird das Programm GIMP verwendet, welches man kostenlos aus dem Internet herunterladen und auch als portable Version auf den USB-Stick laden kann.

Alle Werkzeuge und Methoden der Bildbearbeitung, die du in diesem Kapitel kennenlernst, findest du so oder ähnlich auch in den meisten anderen Bildbearbeitungsprogrammen.

Die Programmoberfläche von GIMP

Öffnest du das Programm GIMP, so erscheinen drei Fenster: das Programmfenster mit der Bearbeitungsfläche, der Werkzeugkasten und das Fenster für Ebenen und Kanäle. Alle Fenster können verschoben und in ihrer Größe verändert werden.

Die drei Programmfenster von GIMP:

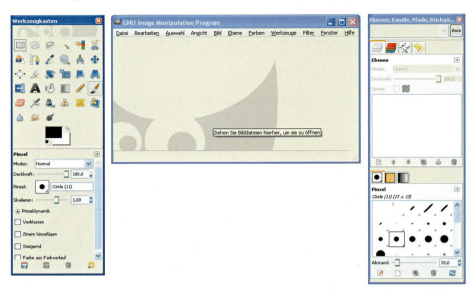

Solltest du versehentlich das Fenster für Ebenen schließen, kannst du über „Fenster → Kürzlich geschlossene Docks" das Fenster wieder öffnen.

Um die Eigenschaft der Fensteranzeige zu verändern, wählst du im entsprechenden Menü (meist „Fenster" oder „Fensteransicht") den entsprechenden Wert. Der Wert „Einzelfenster-Modus" verbindet alle drei Einzelfenster fest in ein Hauptprogrammfenster.

Der Werkzeugkasten

Bewegst du den Mauszeiger über ein Werkzeug-Symbol, wird der Name des entsprechenden Werkzeugs angezeigt.

Der Werkzeugkasten beinhaltet alle wichtigen Werkzeuge zur Erstellung und Bearbeitung von Bildern und Grafiken. Wählst du ein Werkzeug aus, findest du darunter die Einstellungen des Werkzeugs.
Im oberen Bild ist beispielsweise das Werkzeug *Pinsel* ausgewählt. In den Werkzeugeinstellungen kannst du unter anderem die Pinselform, Pinselgröße und Deckkraft festlegen.
Hier eine Übersicht über Werkzeuge, die du für die Bearbeitung von Bildern benötigst:

Je höher die Deckkraft, desto höher die Sichtbarkeit.

10. Erstelle ein neues Dokument mit den Abmessungen 400 Pixel × 300 Pixel.
Sieh dir den Werkzeugkasten genauer an und probiere die Werkzeuge Fülleimer, Pinsel, Radiergummi und Lupe aus. Nutze dabei auch unterschiedliche Farben.

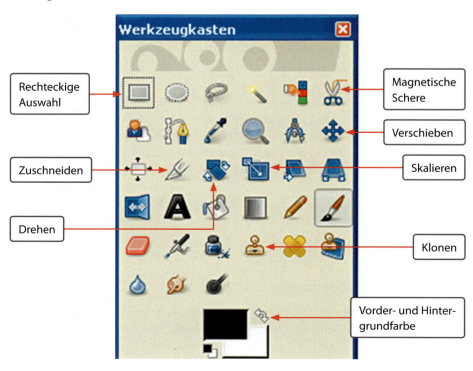

Zeigt der Mauszeiger das aktuelle Werkzeugsymbol, weißt du, dass das Werkzeug aktiv ist.

Im Programmfenster findest du am unteren Rand Hilfestellungen zur Bedienung des ausgewählten Werkzeugs.

Zuschneiden von Bildern

Möchtest du nur einen Ausschnitt eines Fotos haben, kannst du das Foto mit dem Werkzeug Zuschneiden bearbeiten, um nicht gewünschte Bildbereiche zu entfernen.

Wähle dazu das Werkzeug *Zuschneiden*:
- Ziehe mit der Maus ein Auswahlrechteck über dem gewünschten Bildausschnitt auf.
- Verschiebe die Ränder des Ausschnitts, bis dieser optimal ist.
- Bestätige mit der Enter-Taste oder klicke in die Fläche.

vorher

nachher

Tipp: Wie in vielen anderen Programmen kannst du in GIMP mit den Tastenkombination Strg+C, Strg+V und Strg+Z Objekte kopieren und einfügen, sowie Arbeitsschritte rückgängig machen.

11. Suche im Internet ein Bild mit Heißluftballons deiner Wahl und öffne es in GIMP.
Schneide das Bild auf einen geeigneten Bildausschnitt zu. Speichere das Bild in deinem Verzeichnis im XCF-Format.

Klonen von Bildteilen

Im Bildausschnitt sind an den Bildrändern noch angeschnittene Heißluftballons zu erkennen. Um diese zu entfernen, kannst du das Werkzeug *Klonen* nutzen. Das Werkzeug eignet sich dazu, <u>Bildbereiche zu kopieren und auf andere Bildbereiche zu übertragen</u>.

Wähle dazu das Werkzeug *Klonen* aus:
- Wähle eine geeignete Stempelgröße und -form.
- Wähle die Quelle (möglichst nah am zu retuschierenden Objekt) mit Strg + Linksklick.
- Klicke an die Stelle im Bild, auf die die Quelle übertragen werden soll.
- Wiederhole den Vorgang, bis das Objekt verschwunden ist.

Für ein sauberes Ergebnis eignet sich hier ein möglichst großer, runder Stempel mit weicher Kante. Probiere verschiedene Stempel aus, um dir ein eigenes Urteil zu bilden.
Man kann das Werkzeug aber nicht nur zum Entfernen von unerwünschten Bildteilen verwenden, sondern auch <u>Bildteile damit kopieren</u>. So kann man das Werkzeug in unserem Beispiel dazu nutzen, Heißluftballone zu <u>duplizieren</u>. Am besten eignet sich hierzu ein Stempel, der den zu klonenden Ballon gerade komplett einschließt. Eventuell musst du an den Randbereichen den Himmel noch an die neue Umgebung anpassen.

12. Entferne angeschnittene Ballons in deinem Bild mit dem Werkzeug *Klonen*.
Vergleiche hierzu das Bild oben rechts mit dem Bild unten links.

Verwendung des Klonen-Werkzeugs (hier beim Einfügen weiterer Ballons)

13. Nutze das Werkzeug, um weitere Heißluftballons in deinem Bild zu erzeugen. Beginne mit ganz kleinen Ballons.

Ballon-Fiesta in Albuquerque

Erstellen von Bildkompositionen

In Albuquerque (New Mexico) in den USA findet jedes Jahr eine Ballon-Fiesta statt. Der Himmel gleicht an diesem Tag einem Meer von Heißluftballons. Im Folgenden lernst du, wie du in deinem Bild weitere Ballons einfügst, um dieses Event nachzustellen.

Freistellen mit dem Werkzeug Magnetische Schere

Wähle ein Ballonbild aus, dessen Ballon du zuerst in dein Ausgangsbild einfügen möchtest.
Damit der Ballon ohne Hintergrund in das Bild eingefügt werden kann, musst du ihn zunächst freistellen, d. h. vom Hintergrund lösen.

Zum **Freistellen** von Objekten gibt es verschiedene Möglichkeiten, die sich von Fall zu Fall besser oder schlechter eignen. Hier kann das Werkzeug *Magnetische Schere* genutzt werden.

Die *magnetische Schere* unterscheidet anhand des Kontrasts zwischen dem Hintergrund und dem Objekt. Das Werkzeug eignet sich demnach vor allem bei Bildern, bei denen sich das Objekt deutlich vom Hintergrund abhebt.

Tipp: Mit den Tasten + und – kannst du die Anzeigegröße vergrößern bzw. verkleinern.

Wähle die *magnetische Schere* aus:
- Vergrößere die Ansicht deines Bildes, um die Kante des Objekts genau sehen zu können.
- Setze mit der linken Maustaste entlang des Randes deines Objekts, hier dein Ballon, einzelne Punkte. Mehrere Punkte, die miteinander verbunden sind, bezeichnet man auch als **Pfad**.
- Liegt der Pfad nicht exakt an der richtigen Stelle, kannst du weitere Punkte ergänzen. Verschiebe die einzelnen Punkte, um sie genauer zu positionieren.
- Hast du das Objekt komplett umrandet, schließe den Pfad. Klicke hierzu auf den ersten Punkt, den du gesetzt hast. Am Mauszeiger erscheint ein Verknüpfungssymbol, sobald du mit der Maus über den ersten Punkt fährst.
- Klickst du anschließend innerhalb des Pfads, verwandelt sich dein Pfad in eine Auswahl.
- Nun kannst du das ausgewählte Objekt kopieren und in das gewünschte Bild einfügen.

14. Suche im Internet ein Bild eines einzelnen Heißluftballons, den man gut einfügen kann, und speichere es in deinem Verzeichnis.
Öffne das Bild in GIMP. Stelle den Ballon mit Hilfe der *magnetischen Schere* frei und kopiere den Ballon in das Ballonbild.

Verwendung der magnetischen Schere

freigestellter Ballon

Ebenen

In GIMP hast du die Möglichkeit in deinem Dokument mit mehreren Ebenen zu arbeiten. So kannst du jede **Ebene** einzeln bearbeiten, um komplexere Grafiken und Bilder (wie z. B. Collagen) zu erstellen. Die Ebenen liegen dabei wie ein Stapel Folien übereinander. Dabei liegt die oberste Ebene im Vordergrund und die unterste Ebene im Hintergrund.

Bildbearbeitung Kapitel 5 97

In der unteren Menüleiste im Ebenenfenster hast du außerdem die Möglichkeit neue, leere Ebenen zu erstellen, Ebenen zu duplizieren oder zu löschen und Ebenen schrittweise im Ebenenstapel zu verschieben. Vor jeder Ebene findest du ein Symbol mit einem kleinen Auge, das dir anzeigt, ob die Ebene zurzeit sichtbar ist. Klickst du mit der Maus darauf, kannst du zwischen sichtbar und unsichtbar umschalten. Des Weiteren kannst du die Deckkraft der Ebene und den Ebenenmodus einstellen.

So fügst du ein Bild als neue Ebene in dein Dokument ein:

eingefügte Ebene in neue Ebene umwandeln

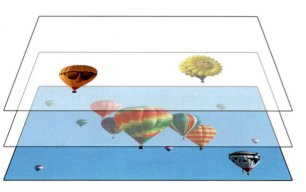

Schichtmodell der Ebenen

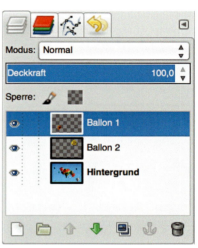

Ebenenfenster

Verschieben, Skalieren und Drehen

Mit der Methode *Verschieben* können Ebenen in ihrer Position verändert werden.

Mit der Methode *Skalieren* können Ebenen einfach in ihrer Größe verändert werden. Wählst du das Werkzeug aus und klickst mit der Maus auf die entsprechende Ebene, entstehen an den Ecken und Kanten Griffe.
Du kannst die Größe der Ebene ändern, indem du entweder an einem der Griffe ziehst oder im Dialogfenster einen exakten Wert für die Breite oder Höhe eingibst.

Genauso funktioniert die Methode *Drehen*, mit der Ebenen einfach rotiert werden können. Du kannst die Ebene mit der Maus an einem der Griffe drehen oder im Dialogfenster einen exakten Winkel eingeben.

Bildkomposition mit eingefügten Ballons

eingefügter Ballon

skalierter Ballon

Aktiviere das Kettensymbol, um beim Skalieren das Seitenverhältnis beizubehalten.

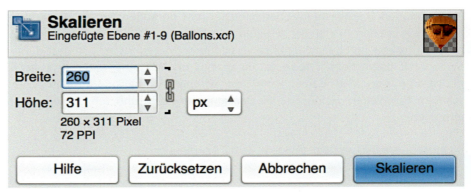

15. Skaliere den eingefügten Ballon, damit er sich gut in das Bild einfügt.

Dialogfenster Skalieren

Helligkeit und Kontrast

Alle Einstellungen zu Helligkeit und Kontrast, sowie Farbtönen und Tonwerten findest du unter dem Menüpunkt *Farben*.

Mit der Methode *Helligkeit und Kontrast* kannst du einfache Korrekturen am Tonwertbereich eines Bildes vornehmen. Der Tonwertbereich umfasst die Helligkeitsabstufungen zwischen dem hellsten und dem dunkelsten Punkt innerhalb des Bildes.
Schiebst du den Regler für die Helligkeit nach rechts bzw. links wird das gesamte Bild heller bzw. dunkler.
Mit dem Regler für Kontrast kannst du den Kontrast erhöhen oder verringern. Ein höherer Kontrast bewirkt, dass dunkle Bildbereiche noch dunkler und helle Bildbereiche noch heller dargestellt werden, wodurch erreicht werden kann, dass die Bildobjekte plastischer erscheinen.

16. Ändere die Helligkeit und den Kontrast der Hintergrundebene in deinem Ballonbild.

Achte darauf, dass bei Vorschau der Haken gesetzt ist. So siehst du in der Arbeitsfläche sofort wie sich das Bild verändert.

Dialogfenster Helligkeit und Kontrast

vorher nachher

Farbwerte anpassen

Auch über die Methode *Farbwerte anpassen* lassen sich Korrekturen am Tonwertbereich eines Bildes durchführen.
Schiebst du unter „Quellwerte" den linken Regler nach rechts, werden dunkle Bildbereiche noch dunkler dargestellt.
Schiebst du den rechten Regler nach links, werden helle Bildbereiche noch heller. Hierdurch wird der Kontrastumfang erhöht, wodurch ein dynamischerer Bildeindruck entsteht. Werden die Tonwerte zu stark korrigiert, können Details im Bild verloren gehen und das Bild kann dann unrealistisch wirken.

Bildbearbeitung Kapitel 5 99

Dialogfenster Farbwerte anpassen

vorher

nachher

17. Kopiere die Ebene, in welcher der einzelne Ballon liegt, mit „Ebene duplizieren" und benenne sie. Verschiebe die duplizierte Ebene an die gewünschte Position und ändere die Farbe des einzelnen Ballons in der kopierten Ebene.

Wähle „Rechteckige Auswahl", um nur die Ballonhülle und nicht den Korb umzufärben.
Über „Auswahl → Nichts" kannst du die aktuelle Auswahl wieder aufheben.

Farbton und Sättigung

Über *Farbton und Sättigung* können Korrekturen am Farbton, der Helligkeit und der Sättigung (Farbintensität) vorgenommen werden.
Dem Namen entsprechend kann eine Ebene oder ein Bildbereich über den Regler *Farbton* in seiner Farbe <u>verändert</u> und über den Regler für Helligkeit <u>aufgehellt oder abgedunkelt</u> werden.
Ziehst du den Regler für Sättigung ganz nach links wird keine Farbe verwendet und es entsteht ein <u>Graustufenbild</u>. Ziehst du den Regler nach rechts werden die <u>Farben intensiver</u>.

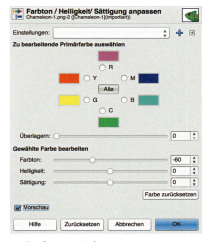

Dialogfenster Farbton anpassen

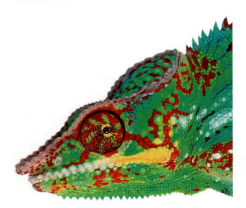

Originalbild

Farbton geändert

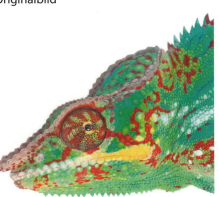

Helligkeit geändert

Graustufenbild

18. Bist du mit deiner Bildkomposition im Ballonbild zufrieden, speichere sie zuerst im Dateiformat XCF und exportiere das Bild anschließend als JPG-Datei.

Gehe auf „Datei → Exportieren", um in einem gängigen Dateiformat, wie JPG, PNG, etc. zu speichern.

Filter sollten bewusst und sparsam verwendet werden.

Filter

Filter ermöglichen dir Fotos zu retuschieren, zu manipulieren oder mit künstlerischen Effekten zu belegen. Alle verfügbaren Filter findest du in der Menüleiste des Programmfensters unter „Filter".

Folgende Filter solltest du auf jeden Fall kennen, da sie in der Retusche von Fotos häufig angewendet werden:

Filter	Funktion
Gaußscher Weichzeichner	Mit dem Filter *Gaußscher Weichzeichner* können Ebenen oder Bildbereiche unscharf bzw. verschwommen dargestellt werden. Dadurch ist es beispielsweise möglich, Tiefenunschärfe künstlich nachzubilden. Tiefenunschärfe erlaubt es, den Fokus auf die scharf dargestellten Bildbereiche zu lenken, während die unscharfen Bildbereiche in den Hintergrund treten.
Bewegungsunschärfe	Mit dem Filter *Bewegungsunschärfe* können Ebenen oder Bildbereiche in eine bestimmte Richtung unscharf dargestellt werden, wodurch der Eindruck von Geschwindigkeit bzw. Bewegung entsteht.
Unscharf maskieren	Mit dem Filter *Unscharf maskieren* können Bilder nachgeschärft werden. Dabei werden die Kanten von Objekten betont, wodurch das Bild schärfer wirkt.

19. Öffne ein Bild deiner Wahl und teste verschiedene Filter.
Speichere jeweils ein neues Bild im geeigneten Dateiformat.

Originalbild

Gaußscher Weichzeichner

Originalbild

Bewegungsunschärfe

Grundwissen

■ Grafikformate

	Pixelgrafik	Vektorgrafik
Eigenschaft	besteht aus Pixeln, denen eine eindeutige Position und Farbe zugeordnet ist	besteht aus geometrischen Formen, die mathematisch beschrieben werden können
Verwendung	geeignet für realistische Darstellungen und Fotos	geeignet für Illustrationen, Icons, Logos, Infografiken, Comics
Programme	GIMP, Paint, Artweaver, Photoshop	Object-Draw, Inkscape, Adobe Illustrator
Dateiformate	JPEG, PNG, BMP, GIF, TIFF	SVG

■ Farbmodelle

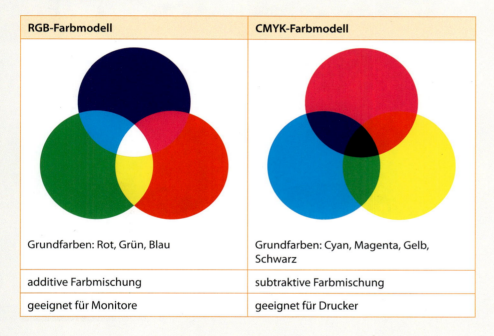

RGB-Farbmodell	CMYK-Farbmodell
Grundfarben: Rot, Grün, Blau	Grundfarben: Cyan, Magenta, Gelb, Schwarz
additive Farbmischung	subtraktive Farbmischung
geeignet für Monitore	geeignet für Drucker

■ Freistellen

Freistellen bezeichnet das Herauslösen von Bildteilen aus einer Pixelgrafik, sodass diese einzeln weiterbearbeitet oder an anderer Stelle eingefügt werden können.

■ Ebenenkonzept

Das Ebenenkonzept erlaubt den Aufbau von Bildern aus einzelnen Ebenen. Die oberste Ebene liegt im Vordergrund, die unterste Ebene im Hintergrund. Eine Ebene enthält ein oder mehrere Elemente des Bildes, die so einzeln bearbeitet werden können.

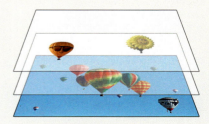

Schichtmodell in Ebenen

Geschwungene Linien zeichnest du mit der Form *Bogen*.

Beispielbild

Zeig was du kannst

1. **a)** Zeichne mit einem Pixelgrafikprogramm (z. B. Paint) einen Fahnenmast mit einer Länderflagge deiner Wahl.
   b) Speichere deine Grafik in einem geeigneten Dateiformat.
   c) Nenne deinem Nachbarn im Anschluss alle verwendeten Formen und Werkzeuge.

2. Diskutiere mit deinen Mitschülern für welche der folgenden Bilder sich welche Grafikart am besten eignet und begründe deine Entscheidung.

   a)    b)

   b)    c)

   d)    e)

3. Gestalte eine Glückwunschkarte mit einem Vektorgrafikprogramm:
   a) Erstelle ein neues Dokument mit den Abmessungen 15 cm × 10 cm.
   b) Erstelle eine Blüte ähnlich wie im Beispielbild.
   c) Gruppiere alle Objekte.
   d) Kopiere die Blüte mehrmals.
   e) Skaliere die Blüten, sodass sie verschiedene Größen haben.

Beispielbild

f) Ordne die Blüten so an, dass eine stimmige Komposition entsteht.
g) Färbe die Blütenblätter jeder Blüte in einer anderen Farbe.
h) Füge mit dem Textwerkzeug einen Glückwunsch über die Blüten ein.
i) Speichere deine fertige Glückwunschkarte in einem geeigneten Dateiformat.

4. a) Erstelle in einem Vektorgrafikprogramm ein Kunstwerk aus geometrischen Formen ähnlich zu Kandinskys Komposition VIII. Nutze dazu verschiedene Werkzeuge, die du kennst, wie zum Beispiel das Kreis-, Linien- und Rechteck-Werkzeug.
   b) Speichere das fertige Bild in einem geeigneten Dateiformat.

KANDINSKY – Komposition VIII

5. a) Erstelle in einem Pixelgrafikprogramm ein Bilddokument mit einer Höhe und einer Breite von je 500 Pixeln.
   b) Zeichne ein Auto in das Dokument und speichere das Bild im Dateiformat BMP mit 16 Farben und anschließend mit 2 Farben ab.
   Notiere dir die Dateigröße und vergleiche sie mit deinem Nachbarn. Welche Beobachtung machst du? Begründe dein Ergebnis.
   c) Erstelle in Inkscape ein ähnliches Auto und speichere es im Dateiformat SVG. Notiere die Dateigröße. Vergleiche dein Ergebnis auch hier mit deinem Nachbarn.

6. a) Übernimm die Tabelle in ein Textverarbeitungsprogramm und ergänze die Lücken. Nutze zum Mischen der Farben ein Bildbearbeitungsprogramm deiner Wahl.

Rot	Grün	Blau	Farbe
			Schwarz
255	255	255	
			Gelb
			Blau
0	255	0	
			Cyan
255	0	0	
180	0	255	
38	183	168	

b) Erstelle selbst drei Farben, die nicht in Aufgabe a) vorkommen und notiere dir die Werte für Rot, Grün und Blau. Nenne im Anschluss deinem Nachbarn die notierten Werte, sodass er diese in seinem Grafikprogramm eingeben und dir die Farben nennen kann.
c) Bestimme mit deinem Nachbarn drei Farben. Mischt jeweils diese Farbe und vergleicht eure Werte für RGB. Begründe warum eure Werte nicht identisch sind.

7. Retuschiere ein Porträtbild von dir.
   a) Wähle ein Porträt-Bild von dir und öffne es in einem Pixelgrafikprogramm (z. B. GIMP).
   b) Nutze das Werkzeug *Zuschneiden* und wähle einen geeigneten Ausschnitt.
   c) Entferne störende Flecken und Unreinheiten mit dem Werkzeug *Klonen*.
   d) Nutze *Farbwerte anpassen*, um die Tonwerte zu optimieren.
   e) Nutze *Farbton und Sättigung anpassen*, um eine passende Farbstimmung zu erzeugen.

Beispielbild

f) Speichere dein Ergebnis.
g) Vergleiche das Original und das Ergebnisbild. Diskutiere mit deinen Mitschülern welche Risiken durch die Retusche und Manipulation von Bildern entstehen können.

8. Für den Empfang der Austauschschüler, sollen kunstvolle Bildkompositionen in der Aula deiner Schule ausgestellt werden.
  a) Erstelle eine Bildkomposition aus mehreren Ebenen mit mindestens drei Sehenswürdigkeiten der Stadt der Austauschschule (bzw. der nächst größeren Stadt) und deiner Heimatstadt und speichere dein Ergebnis als XCF-Datei.
  b) Wandle deine fertige Grafik in ein Graustufenbild und speichere es erneut unter einem anderen Dateinamen.
  c) Nutze geeignete Filter um dein Bild in ein Kunstwerk zu verwandeln.
  d) Speichere auch dieses Arbeitsergebnis in einer neuen Datei.

9. Erstelle ein eigenes Pop-Art-Bild.
  a) Suche im Internet nach einen Schwarz-Weiß-Porträt einer bekannten Persönlichkeit und öffne es in GIMP.
  b) Erstelle ein Bild im Pop-Art-Stil wie im Beispiel, indem du mehrere Ebenen verwendest. Dupliziere die Hintergrundebene mit dem Bild der Person und verschiebe die Kopie in den Vordergrund. Stelle bei der Vordergrundebene eine Deckkraft von 50 % ein.
  c) Nutze weitere Ebenen zwischen den beiden Bildebenen, um verschiedene Bereiche des Porträts farblich hervorzuheben.
  d) Speichere dein Ergebnis.

Beispielbild

10. Für eine kleine Kunstausstellung am Sommerfest sollst du eine eigene Collage im Pop-Art-Stil erstellen.
  a) Suche im Internet nach einem Porträt einer berühmten Person oder verwende ein Porträt von dir und öffne dieses im Bildbearbeitungsprogramm GIMP.
  b) Schneide das Bild quadratisch zu.
  c) Wandle das Bild in Graustufen um, falls es kein Schwarz-Weiß-Bild ist.
  d) Wähle die Ebene mit dem Porträt aus und stelle im Ebenenfenster den Modus auf „Multiplizieren".
  e) Erzeuge eine neue Ebene, verschiebe diese in den Hintergrund und färbe sie in einer knalligen Farbe ein.
  f) Nutze weitere Ebenen zwischen dem Hintergrund und dem Porträt-Bild im Vordergrund zum Färben von Bildbereichen.
  g) Klicke mit der rechten Maustaste auf eine beliebige Ebene im Ebenenfenster und wähle „Alle sichtbaren Ebenen vereinen".
  h) Erzeuge nun eine neue quadratische Datei, bei der die Arbeitsfläche die doppelte Seitenlänge deines Bildes hat.
  i) Füge dein Bild in das neue Dokument auf einer eigenen Ebene ein und dupliziere diese drei mal.
  j) Ordne die Ebenen wie im Beispielbild an.
  k) Ändere nun den Farbton der einzelnen Bilder, um ein ähnliches Ergebnis wie im Beispielbild zu erzeugen.
  l) Speichere dein Ergebnis.

Beispielbild

Kapitel 6

Tabellenkalkulation

1 Aufbau eines Kalkulationsprogramms
2 Berechnungen im Tabellenblatt
3 Grafische Datenauswertung durch Diagramme

Kapitel 6 — Tabellenkalkulation

Rechnen kann jeder denkt sich Paul, aber was tun, wenn die Berechnung über eine einfache Kopfrechnung, eine Rechnung auf Papier oder eine bei der ein Taschenrechner hilft hinausgeht?

Manche Berechnungsschritte möchte man sich zur Wiederverwendung aufheben und übersichtlich gestalten oder grafisch durch Diagramme auswerten. Was tun?

Kennst du bereits eine Möglichkeit, mit solchen Problemen umzugehen?

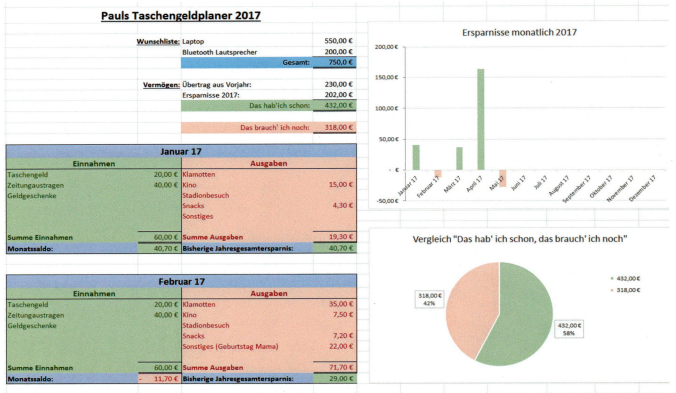

1. In deinem Alltag gibt es viele Berechnungen, die du optisch sinnvoll aufbereitet archivieren könntest. Finde drei Anwendungsmöglichkeiten der Tabellenkalkulation.

2. Finder heraus, welche Tabellenkalkulationsprogramme auf deinem PC installiert sind.
Wenn du zwei zur Verfügung hast, öffne sie beide und vergleiche die Programmoberfläche.
Nenne Gemeinsamkeiten.

3. Trage in die Zellen E12 und H17 die Namen deiner Banknachbarn ein und lasse deine Einträge durch diese überprüfen.

Komplexe Berechnungen, die evtl. auch wiederholt verarbeitet und daher gespeichert werden sollen, können mithilfe eines **Tabellenkalkulationsprogramms** (*lat.* calculatio = die Berechnung) wie Microsoft Office Excel oder OpenOffice Calc aufbereitet und gelöst werden.

Auch große Datenmengen können in Tabellen strukturiert und mithilfe von Berechnungen und Diagrammen ausgewertet werden.

1 Aufbau eines Kalkulationsprogramms

Spalten, Zeilen und Zellen

Ein Tabellenblatt ist in **Zeilen** und **Spalten** angeordnet.
Die Überschneidung einer Zeile mit einer Spalte nennt man **Zelle**. Mehrere aneinandergrenzende Zellen bilden einen **Zellbereich**.

Damit man sich im Tabellenblatt zurechtfindet, hat jede Zelle einen Namen, die sogenannte Zelladresse. Wie beim Schach oder beim Spiel „Schiffe versenken" werden Spalten mit Buchstaben und Zeilen mit Zahlen gekennzeichnet. Die **Zelladresse** setzt sich nun aus dem Buchstaben der jeweiligen Spalte und der Zahl der jeweiligen Zeile zusammen, also z. B. Zelle A1, Zelle C7, Zelle Z743, …

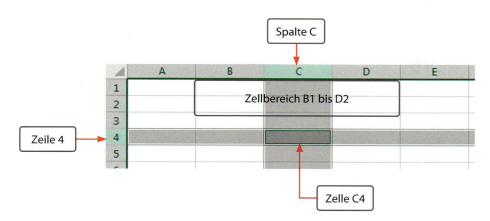

4. Zeilen zählen kann man theoretisch ohne Ende, aber für die Spaltennamen müsste doch nach dem „Z" Schluss sein. Erkunde, wie das Programm weitere Spalten benennt und erkläre das zugrunde liegende System.

Die Mappe und ihre Blätter

Paul möchte sich eine Übersicht über sein Taschengeld verschaffen um effektiv auf seinen Wunschcomputer und gute Funklautsprecher zu sparen. Hierzu macht er sich mit seinem Programm vertraut und legt eine Mappe mit verschiedenen Tabellenblättern an.

Eine Tabellenkalkulationsdatei ähnelt einer Dokumentenmappe, in die die einzelnen **Tabellen- oder Rechenblätter** geheftet werden. Man kann mithilfe von Rechenblättern **Daten** sehr übersichtlich darstellen und mit ihnen rechnen. Stellt man Inhalte, die zum selben Themenbereich gehören, auf verschiedenen Rechenblättern dar, so „heftet" man sie trotzdem in die gleiche **Mappe**, hat also nur **eine Datei**.

Dokumentenmappen

Die Menüführung der Tabellenkalkulationsprogramme kennst du weitest-gehend aus der Textverarbeitung.
Einige Elemente kommen jedoch neu hinzu – so z.B. die Eingabezeile mit der Adresse der aktiven Zelle.

Die **Eingabezeile** dient zur Eingabe der Daten oder Berechnungen. Was hier eingegeben wird erscheint in der aktiven Zelle. Inhalte der aktiven Zelle können hier verändert werden.

5. Entscheide, welche Tabellenblätter für Pauls Taschengeldüberlegungen sinnvoll sind.

6. Erstelle eine neue Tabellenkalkulationsmappe und speichere sie unter dem Namen „DeinNameTaschengeld".

7. Benenne eines der Tabellenblätter nach dem aktuellen Jahr und zwei weitere nach den Folgejahren.

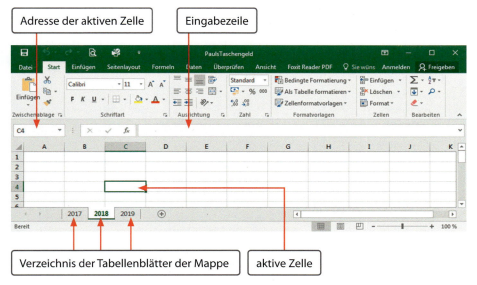

Die Dokumente (Mappen) einer Tabellenkalkulation enthalten **Tabellen**.
Eine Tabelle enthält Objekte der Klassen **ZEILE**, **SPALTE** und **ZELLE**.
Der Objektname einer Zelle ist ihre Zelladresse.

Gestalten eines Tabellenblattes

8. Skizziere einen Haushaltsplan für deine eigenen Ein- und Ausgaben.

Paul überlegt sich eine Struktur, um seine Einnahmen und Ausgaben gegenüberzustellen. Er findet folgende übersichtliche Darstellungsweise..

9. Betrachte dein Tabellenblatt in der Druckansicht. Was stellst du fest?

Ein Tabellenblatt kannst du mit den gleichen Mitteln gestalten, die du bereits aus der Textverarbeitung kennst. Man kann also Attribute wie Schriftfarbe, -größe und den Schriftschnitt (fett, kursiv, unterstrichen) verändern, aber auch die ganze Zelle farbig hinterlegen. Somit kannst du Überschriften unterstreichen, Wichtiges farblich hervorheben usw.

Wenn du ein Tabellenblatt ausdruckst, werden die Gitternetzlinien nicht mit angezeigt. Möchtest du also später auf Papier tatsächlich eine Tabelle sehen, so musst du Rahmenlinien ziehen.

Symbol zum Verändern der sichtbaren Rahmenlinien

10. Gestalte deine Tabelle mit Rahmenlinien so, dass ein Konteneffekt wie in Pauls Datei entsteht.

11. Strukturiere dein Konto optisch durch den Einsatz von Farben. Achte auf die Signalwirkung mancher Farben und verwende diese sinnvoll. Achte auch auf Farbkontraste, und die Lesbarkeit deiner Tabelle.

Zusätzlich zu den in der Symbolleiste gebotenen Möglichkeiten, die Attributwerte von Zellen zu verändern, findest du durch einen Rechtsklick auf eine Zelle das Menü „Zellen formatieren". Ähnlich einer Objektkarte findest du hier eine Übersicht über alle Attribute der Zelle.

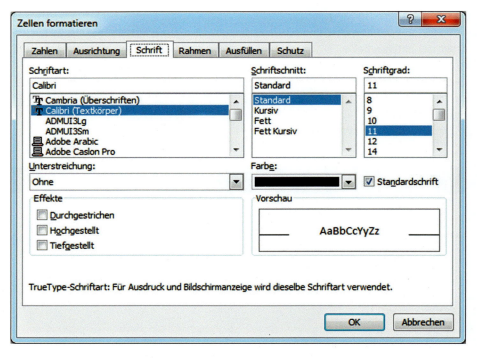

Gestaltungsregeln aus Kapitel 7 sind auch beim Gestalten von Tabellenblättern zu beachten!

Erinnere dich an dein Werkzeug „Formate übertragen" und verwende es beim Gestalten deiner Tabelle.

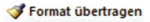

Wenn ein Zahlenwert aus Platzgründen nicht angezeigt werden kann, reagiert das Programm mit der Fehlermeldung ######. Es gibt nun verschiedene Möglichkeiten **Spaltenbreiten** zu verändern:
Eine Spalte (Zeile) lässt sich per Mausklick auf eine Breite (Höhe) entsprechend ihrem Inhalt bringen.

Hierzu klickt man doppelt auf den Trennstrich zwischen zwei Spaltenadressen. Durch Ziehen an diesem Trennstrich lässt sich die Spaltenbreite variieren.

Auf einen gewünschten Wert kann man die Breite oder Höhe setzen, indem man die gewünschten Spalten bzw. Zeilen markiert und mit einem Rechtsklick den Menüpunkt Spaltenbreite/Zeilenhöhe aufruft.

12. Passe die Spaltenbreite deiner Tabelle exakt an ihren Inhalt an.

Das Datum und die Daten

Umgangssprachlich wird das Wort „**Datum**" meist einem bestimmten Tag zugeordnet. Die **Daten** (Mehrzahl von Datum) deiner Tabelle stehen aber für ganz unterschiedliche Werte, die in den Zellen abgelegt sind. Das wichtigste Attribut einer Zelle ist ihr **Zellwert**.

Zellwerte können sein:
- Zahlen, auch **numerische Daten** genannt,
- Texte bzw. **alphanumerische Daten**, da sie sich sowohl aus Zeichen des Alphabets als auch aus Ziffern zusammensetzen können,
- oder auch unsere Datumswerte wie der 06.06.2013.

Diese unterschiedlichen Kategorien von Daten nennt man auch **Datentypen**.

13. Gib an, welche Datentypen in deiner Tabelle aus welchem Grund Verwendung finden.

Tabellenkalkulationsprogramme kennen eine Vielzahl von Datenkategorien und unterstützen den Nutzer des Programms, indem sie den gewünschten Datentyp bei der Eingabe „erraten". Du kannst dies gut erkennen, wenn du in eine Zelle mit der Kategorie „Standard" eine Zahl und in eine andere einen Text einträgst. Je nach Eintrag stellt das Programm den Zellinhalt links- oder rechtsbündig in der Zelle dar. In Pauls Taschengeldkonto findest du bereits verschiedene Datentypen. Wenn du z.B. deine Zahlen mit einem €-Zeichen versiehst, verändert sich der Datentyp automatisch ins Währungsformat.

14. Kannst du dir vorstellen, warum das Programm Zahlen immer rechtsbündig anzeigt?

In dem Menüfenster „Zellen formatieren" findest du alle Datentypen, die dein Tabellenkalkulationsprogramm kennt. Hier kannst du neben dem gewünschten Datentyp auch das Darstellungsformat wählen. So kann dein Programm Zahlen mit oder ohne Nachkommastellen darstellen, das Datum in unterschiedlichen Datumsformaten wie 06.06.2017, 06. Juni 2017 oder einfach Jun. 17 und vieles mehr.

15. Finde im Menü „Zellen formatieren" die Möglichkeit, den Zellen bestimmte Datentypen zuzuweisen. Passe alle Geldbeträge deines Kontos auf Eurobeträge mit zwei Nachkommastellen an.

16. Vergleiche die Einträge deiner Zellen mit den jeweiligen Einträgen in der Eingabezeile. Was stellst du fest?

Tipp: In deinem Menüfester findest du auch sinnvolle Hinweise auf den Verwendungszweck eines Datentyps. Lies auch „das Kleingedruckte"!

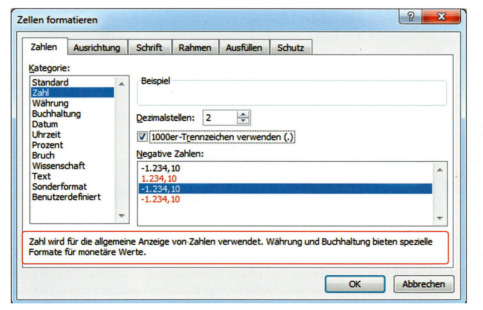

17. Gib „versehentlich" eine Kommazahl mit Punkt ein und schau was passiert. Korrigiere deinen „Fehler".

Probleme verursacht die Unterstützung des Programms oft bei der Eingabe von Kommazahlen. Ein Punkt statt eines Kommas verleitet das Programm dazu, aus der Zahl ein Datum zu machen. Um diesen Fehler rückgängig zu machen, muss der Datentyp im Programm wieder auf die Standardeinstellung zurückgesetzt werden (Zellen formatieren) und die Eingabe erneut erfolgen.

2 Berechnungen im Tabellenblatt

Formeln in der Tabellenkalkulation

Mit **Saldo** wird hier die Differenz „Einnahmen minus Ausgaben" bezeichnet.

Die Zellen können entweder Daten enthalten oder eine Formel, mit deren Hilfe gerechnet werden kann. So kann Paul zum Beispiel seine gesamten Einnahmen, Ausgaben und den Monatssaldo bestimmen.

18. Teste die Rechenkünste deines Programmes, indem du ein paar einfache Berechnungsformeln eingibst.

19. Berechne durch eine geeignete Formel die Summen deiner Einnahmen und Ausgaben.

Formeln in Form von Termen kennst du bereits aus der Mathematik. Auch in der Tabellenkalkulation bestehen Formeln hauptsächlich aus konstanten Daten und Rechenoperatoren sowie aus Klammern.

```
=20+40
=(40,7+(-11,7)/2)
```

Eine Formel wird immer durch ein <u>Gleichheitszeichen</u> am Zellanfang eingeleitet. Die Rechenoperatoren unterscheiden sich in ihrer Darstellung leicht von deinen gewohnten. Ein <u>Malzeichen</u> ist ein Stern „*" und <u>geteilt wird durch einen Schrägstrich</u> „/" dargestellt.

Durch Verwendung von Zelladressen in Berechnungsformeln nimmt man auf die Zellwerte Bezug, die an der entsprechenden Stelle stehen. Man spricht hier deshalb auch von **Zellbezügen** anstatt von Zelladressen. Durch diese Verweise auf andere Stellen im Tabellenblatt passen sich bei Veränderung der zugrunde gelegten Zellwerte auch alle Werte der darauf basierenden Ergebniszellen an.

20. Verändere deine Berechnung aus Aufgabe 19, indem du die festen Werte durch passende Zellbezüge ersetzt.

21. Finde nun heraus was passiert, wenn sich deine Einnahmen verändern.

Natürlich können in einer Formel sowohl Zellbezüge, als auch feste Werte vorkommen.

Möchtest du beispielsweise die Durchschnittseinnahmen über mehrere Monate berechnen, so kannst du die summierten Werte klammern und durch die feste Anzahl der Monate teilen.

> Der Zellwert kann eine vom Benutzer eingegebene Konstante oder das Ergebnis einer Berechnung sein. Die Berechnungsvorschrift wird im Attribut **Formel** abgelegt. Eine Formel beginnt immer mit einem Gleichheitszeichen.

Aktivitätsdiagramme

Oft ist es hilfreich, sich Abläufe durch einfache **Modelle** zu veranschaulichen. Dazu gehört auch die übersichtliche Darstellung komplexer Berechnungen in der Tabellenkalkulation.
Es gibt verschiedene Arten von Modellen zur Analyse und Lösung von Aufgaben, z. B. Struktogramme, Datenflussdiagramme und Aktivitätsdiagramme.
In Kapitel 2 hast du bereits Aktivitätsdiagramme gesehen, die du hier nun genauer kennenlernen sollst.

Ein **Aktivitätsdiagramm** besteht aus festgelegten optischen Elementen, die jeweils eine bestimmte Bedeutung haben:
Der **Startpunkt** des Aktivitätsdiagramms wird als gefüllter Kreis dargestellt. Der **Schlusspunkt** als gefüllter Kreis mit umgebendem Ring. So weiß man immer, wo eine Aktivität beginnt und endet.
Zwischen den Start- und Endpunkten liegen durch Pfeile verbundene **Aktionen**. Aktionen sind die einzelnen Schritte, aus denen die Aktivität besteht. Aktionen werden als Rechtecke mit abgerundeten Ecken dargestellt.
Insgesamt ist eine Aktivität immer innerhalb eines Rechtecks dargestellt, in dessen oberem linken Ecke der Name der Aktivität steht:

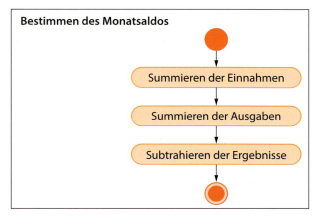

22. Erstelle ein möglichst konkretes Aktivitätsdiagramm zur Aktivität „Spaghetti kochen" und vergleiche es mit dem deines Nachbarn. Kannst du Schritte ergänzen oder genauer formulieren um Missverständnisse auszuschließen?

Die einzelnen Aktionen können hierbei beliebig genau beschrieben werden. Umso konkreter die **Modellierung** im Aktivitätsdiagramm, umso einfacher und fehlerfreier ist später die Umsetzung (**Implementierung**) im Programm.

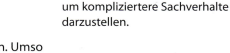
Ein Aktivitätsdiagramm kennt noch weitere Elemente wie Verzweigungen und Gabelungen.
Du brauchst diese aber erst später, um kompliziertere Sachverhalte darzustellen.

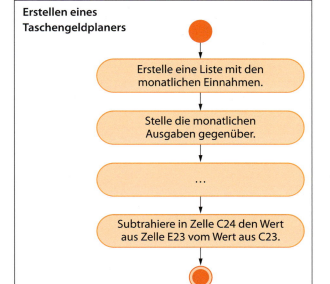

23. Zeichne zu deinem bisherigen Taschengeldplaner ein Aktivitätsdiagramm, das alle Aktionen der Erstellung berücksichtigt.
Verzichte auf die Aktivitäten zur Gestaltung des Layouts.

24. Ergänze dein Aktivitätsdiagramm durch sinnvolle Schritte wie Kopieren und Anpassen des Januarkontos auf einen Jahrestaschengeldplaner.

Funktionen

Mit mathematischen Operatoren stößt man schnell an Grenzen. Was tun, wenn man z. B. sehr viele Werte addieren möchte? Tabellenkalkulationsprogramme bieten eine Vielzahl von Möglichkeiten, die manche Berechnungen ersetzen und vereinfachen können: sogenannte **Funktionen**.

Funktionen können zusammen mit eingegebenen Werten und Zellbezügen auch als Bestandteil von Formeln vorkommen.

Eine Funktion wird immer durch ihren **Namen** aufgerufen. In Klammern dahinter stehen die **Argumente**, die Werte oder Zellbezüge, mit der die Funktion arbeiten soll. Also: NAME(Argument).
Enthält die Funktion mehrere Argumente, so werden diese durch Strichpunkte getrennt, NAME(Argument1;Argument2;…).

Du kannst die einzelnen Zellbezüge mit der Maus auswählen, indem du die Steuerungstaste gedrückt hältst. Die Strichpunkte entstehen hierbei automatisch.

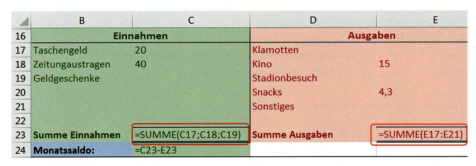

25. Verwende in allen Formeln, die eine Addition durchführen, die Funktion SUMME(). Führe dazu Anpassungen an den bestehenden Formeln deines Taschengeldplaners durch.

26. Vergleiche die markierten Einträge links im Bild. Welchen Unterschied stellst du fest?

27. Teste in deinem Programm auch die Möglichkeiten mit dem Doppelpunkt.

Wird die Anzahl der Argumente größer, so wird es immer mühsamer alle Zellbezüge in die Funktion einzutragen. Hier hilft dir der Doppelpunkt, der in der Tabellenkalkulation für „bis" steht und statt einer langen Liste zusammenhängender Zellbezüge eines Bereiches diesen nur durch den ersten und letzten Zellbezug ausdrückt.

Links neben der Eingabezeile findest du ein Symbol, hinter dem sich eine Hilfe zur Auswahl und Verwendung von Funktionen verbirgt. Hier kannst du die große Zahl der vom Programm angebotenen Funktionen einsehen und auch nachlesen, wozu diese dienen.

Hilfreiche Funktionen …	… und deren Aufgabe
SUMME(…)	Addiert alle übergebenen Werte.
PRODUKT(…)	Multipliziert alle übergebenen Werte.
MITTELWERT(…)	Berechnet den Durchschnitt der übergebenen Werte.
MIN(…) MAX(…)	Gibt den kleinsten/größten Wert einer Menge von Zahlen zurück.
ANZAHL(…)	Zählt, in wie vielen Zellen des Bereiches eine Zahl eingetragen ist.
ANZAHL2(…)	Zählt, wie viele Zellen des Bereiches nicht leer sind, also auch Einträge, die keine Zahlen sind.

28. Ergänze deinen Taschengeldplaner wie im Screenshot auf Seite 106 um deine „Wunschliste" und dein „Gesamtvermögen". Addiere die Werte mit einer geeigneten Funktion.

29. Zähle mit einer geeigneten Funktion deine Wünsche.

30. Die Funktion JETZT() wird ohne Argumente aufgerufen. Teste sie in deinem Programm. Interpretiere den zurückgegebenen Wert. Woher kommt der Eingabewert?

Funktionen können Berechnungen vereinfachen. In den Klammern nach dem Funktionsnamen stehen die Argumente, die der Funktion mitteilen, mit welchen Werten sie rechnen soll.
Eine **Funktion** ermittelt aus Eingabewerten nach einer festgelegten Zuordnungsvorschrift genau einen Ausgabewert.

Absolute und relative Zellbezüge

Paul erweitert seinen Taschengeldplaner um die Monate Februar bis Dezember. Um sich die Arbeit zu erleichtern, kopiert er hierfür den Zellbereich des Januarkontos.

Als er in der Eingabezeile seine Berechnungen anpassen will, sieht er, dass das Programm bereits für ihn gearbeitet hat.

Erinnere dich an die Shortcuts zum Kopieren und Einfügen aus Kapitel 3.

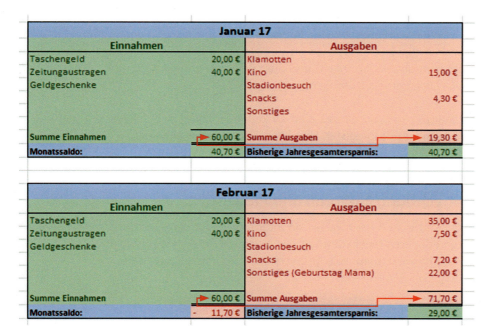

Beim Kopieren in der Tabellenkalkulation „denkt" das Programm mit und unterstützt den Benutzer, in dem es Zellbezüge automatisch anpasst.
Wenn man mit Zelladressen arbeitet, so verwendet das Programm den Weg relativ von der Ausgangszelle zu der in der Formel angegebenen Zelle, es benutzt **relative Zellbezüge**.

Wird eine Formel mit Zellbezug im Tabellenblatt an eine andere Stelle kopiert, so passt das Programm die verwendete Adresse an, indem es denselben Weg wie vorher zurücklegt. Dies führt zu Fehlern in der Berechnung, da die Datengrundlage ja noch an anderer Stelle steht.

Will man einen solchen Berechnungsfehler vermeiden, so kann man statt relativer auch **absolute Zellbezüge** verwenden. Hier wird zur Berechnung nicht der Weg von der Ausgangszelle zur in der Formel angegebenen Adresse verwendet, sondern deren genaue, absolute Position im Tabellenblatt.

Absolute Zellbezüge werden mit Dollar-Zeichen ($) versehen. Ähnlich einem Schloss vor Spalte und/oder Zeile wird so verhindert, dass sich ein Zellbezug automatisch anpassen kann.

=A1	**absoluter Zellbezug**; fixiert die Spalte und die Zeile
=$A1	**absoluter Spaltenbezug**; fixiert die Spalte
=A$1	**absoluter Zeilenbezug**; fixiert die Zeile

31. Stelle dir den Sitzplan in deinem Klassenzimmer wie in einem Tabellenkalkulationsprogramm geordnet in Zeilen und Spalten vor. Beschreibe den Weg durch die Zellen zu einem beliebigen Klassenkameraden.

32. Setze dich in Gedanken an einen anderen Platz und lege denselben Weg wie zuvor zurück. Landest du beim gleichen Mitschüler?

33. Erkläre, warum bei Pauls Berechnung kein Fehler aufgetreten ist.

34. Mit der Funktionstaste F4 kann man zwischen absoluten und teilweise absoluten Bezügen wechseln. Probiere die F4-Taste in einer Formel mit Zellbezügen aus.

35. Teste die automatische Ausfüllfunktion, indem du in einige Zellen Daten wie Zahlen, Text, das Datum, Tage, Monate, aber auch Zellbezüge einträgst und durch Ziehen in die angrenzenden Zellen nach rechts, links, oben und unten kopierst.

36. Teste das Kopieren an einer Formel mit Zelladresse (wie =C17). Kopiere die Formel dazu in alle Richtungen. Ermittle die notwendige Art der absoluten Adressierung, um auch beim Kopieren in vertikaler Richtung die automatische Anpassung zu unterdrücken.

37. Nenne Fälle, bei denen es für deinen Taschengeldplaner Sinn macht, das Rechenblatt zu kopieren?

38. Kopiere dein Blatt und passe die Monate dem neuen Jahr an.

39. Informiere dich im Internet über den aktuellen Dollarkurs Benutze diesen Faktor um deine Ersparnisse umzurechnen. Arbeite mit Zellbezügen!

Auch Grafikobjekte können in der Tabellenkalkulation Verwendung finden.

40. Überlege mit deinem Nachbarn was wohl passiert, wenn du
- in eine Zelle 19 % eingibst und dies mit 100 multiplizierst.
- in eine Zelle 19 eingibst und dies mit dem Prozentzeichen aus der Symbolleiste versiehst.
- entsprechend 0,19 eingibst und dies auch mit dem Prozentzeichen versiehst.

41. Testet eure Theorien am Programm.

Eine einfache Möglichkeit, Daten in nebenstehende Zellen zu kopieren, bieten die Kalkulationsprogramme mit der an den Zellen verankerten **automatischen Ausfüllfunktion**. Durch Ziehen an dem kleinen Quadrat an der Zellenecke werden Zellinhalte kopiert. Auch hier passt das Programm die neuen Inhalte „intelligent" an. So kann man Zahlenlisten oder nummerierte Listen fortführen. Auch Datumsangaben, Wochtentage und Ähnliches sind für die Funktion kein Problem. Sie kennt sogar den Kalender und kann Schaltjahre unterscheiden.

Eine weitere Möglichkeit der Tabellenkalkulation besteht darin, ganze Tabellenblätter zu kopieren. Hat man also ein Tabellenblatt bereits sinnvoll gestaltet, so kann man dieses duplizieren und nur noch notwendige Änderungen vornehmen, anstatt von vorne anzufangen.

Die Möglichkeit, ein ganzes Blatt zu kopieren, findet sich am unteren Rand beim Rechtsklick in das Register. Hier kannst du auch entscheiden, ob das Blatt in die gleiche Mappe oder in eine andere kopiert werden soll.

Umrechnungsfaktoren und Prozent

Paul plant eine Amerikareise und informiert sich über den aktuellen Wechselkurs (das ist der Preis einer Währung, der durch eine andere Währung angegeben wird). Er möchte wissen, was sein gespartes Geld in Amerika wert ist.

Paul möchte seine Ersparnisse mit seinen Wunschvorstellungen vergleichen und in Prozent ausdrücken, wie viel er bereits gespart hat (▶ auch Seite 106).
Auch für die Prozentrechnung gibt es einen Faktor, mit dessen Hilfe gerechnet wird.

Im Italienischen bedeutet „per cento" „von Hundert", also Hundertstel. Und aus der Mathematik weißt du, dass das Prozent-Zeichen die gleiche Bedeutung hat wie „geteilt durch 100". Somit bedeutet also **19 %** nichts anderes, als die Zahl **0,19** (=19/100).

Da Prozentrechnung in der Tabellenkalkulation häufig Anwendung findet, beherrschen Kalkulationsprogramme diese Art der Rechnung. Man muss aber damit umgehen können und wissen, dass das Programm unter der Eingabe 19 % bereits die Zahl 0,19 versteht, um nicht versehentlich nochmals durch 100 zu teilen oder das Prozentsymbol der Symbolleiste falsch anzuwenden.

Fehlermeldungen bei Berechnungen

Fehlermeldungen des Programmes werden immer mit „#" eingeleitet. Die darauf folgende Meldung erklärt dann eigentlich schon den Fehler:

Fehlermeldung	Grund
#BEZUG!	Du hast möglicherweise Zellwerte gelöscht, auf die sich andere Formeln beziehen. Oder du hast Zellen oberhalb von solchen Zellen eingefügt, auf die sich andere Formeln beziehen.
#DIV/0!	Wer in Mathematik aufgepasst hat, der weiß, dass man nicht durch null teilen kann.
#NAME?	Das Programm erkennt die Schreibweise eines Funktionsnamens nicht. Eventuell liegt ein Schreibfehler vor oder die Funktion gibt es gar nicht.
######	Die Spaltenbreite ist für den Zellinhalt zu schmal. Durch Anpassen der Spaltenbreite verschwindet die Fehlermeldung und der Zellwert taucht auf.
#WERT!	Das Programm soll mit einem falschen Datentyp rechnen. Mittels Zellbezug wird auf den Inhalt einer Zelle zugegriffen, welcher zum Beispiel einen Text enthält.

Zwischenfazit

Du hast bereits viel gelernt:
- Durch die *Layoutoptionen* des Programms kannst du deine Tabellenblätter vorteilhaft gestalten.
- Durch den *gezielten, durchdachten Einsatz von Zellbezügen, Formeln und Funktionen* kannst du die Rechenblätter auch effektiv nutzen.
- Durch die Unterscheidung der *relativen und absoluten Zellbezügen* kannst du das Programm noch gezielter steuern und Fehlerquellen vermeiden.
- Du hast die unterschiedlichsten *Datentypen* kennengelernt und kannst mit ihnen umgehen.
- *Fehlermeldungen* kannst du interpretieren und ihre Ursachen beheben.
- Mithilfe von *Aktivitätsdiagrammen* kannst du außerdem *Programmabläufe* modellieren und die Lösung von komplexen Problemen zunächst durchdenken.

Paul möchte sich jetzt noch einen Überblick über seine Sparversuche verschaffen.

Auswertung der Ersparnisse:

Durchschnittsersparnis im Monat:	16,83 €
Höchste Monatserparnis:	163,50 €
Geringste Monatsersparnis:	- 27,50 €

Er verwendet hierzu die bereits bekannten Funktionen MIN(), MAX() und MITTELWERT(). Als Argumente übergibt er den Funktionen die Adressen der Zellen, in denen die monatliche Differenz aus Einnahmen und Ausgaben steht.
Damit er nicht für jede Funktion zwölf Zellbezüge anklicken muss, kopiert er die erste Funktion und ändert nur den Funktionsnamen. Nun stellt er allerdings fest, dass aufgrund der relativen Bezüge seine Rechnung nicht ganz stimmt. Er ersetzt die relativen durch absolute Bezüge und kopiert erneut.

42. Auf der ersten Seite des Kapitels konntest du bereits das Beispiel betrachten, welches dich durch das Kapitel geführt hat.
Nun kannst du deine bisherige Datei vergleichen und gegebenenfalls ergänzen.
Durchdenke die Berechnungsschritte in deiner Datei anhand eines Aktivitätsdiagramms.

43. Folge Pauls Beispiel und werte auch deine Übersicht aus.
Setze wie Paul absolute Zellbezüge an die notwendigen Stellen und begründe deine Wahl hinsichtlich der verwendeten absoluten Spaltenbezüge und/oder Zeilenbezüge.

Denke beim Auswählen deiner Zellbezüge an die Steuerungstaste und beim Setzen der absoluten Bezüge an die Taste F4.

3 Grafische Datenauswertung durch Diagramme

Erzeugung von Diagrammen

Du hast deine Sparbemühungen bereits mithilfe von Funktionen rechnerisch ausgewertet.

In der Tabellenkalkulation gibt es darüber hinaus noch die Möglichkeit, Daten mithilfe von **Diagrammobjekten** grafisch zu veranschaulichen.

44. In welchen Bereichen deines Alltags oder der Schule hast du bereits Diagramme kennengelernt?

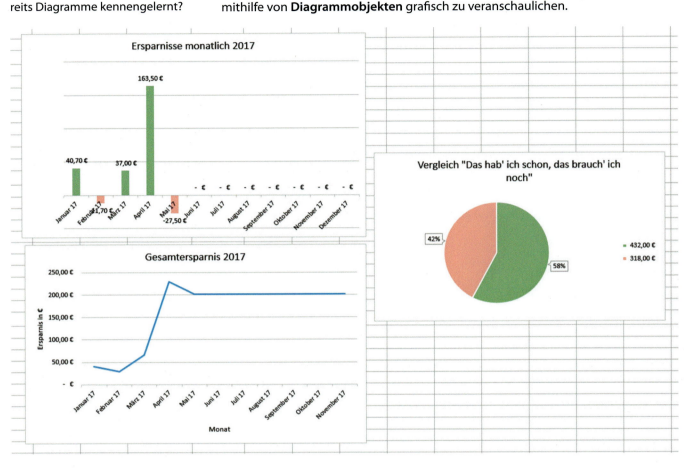

Wie du siehst, gibt es unterschiedliche Arten von Diagrammen. Sehr gängige Arten sind **Säulen-**, **Kreis-** und **Liniendiagramme**.

Tabellenkalkulationsprogramme kennen noch eine Vielzahl weiterer **Diagrammtypen**.

Nicht jeder Diagrammtyp eignet sich allerdings zur Darstellung jeden Sachverhalts. Wenn du die Aussagen der oberen Diagramme interpretierst, kannst du erkennen, dass die Typen gezielt passend zur jeweiligen Datengrundlage ausgesucht worden sind. So macht es zum Beispiel nicht unbedingt Sinn, die monatlichen Ersparnisse als prozentualen Anteil eines Ganzen in einem Kreisdiagramm darzustellen.

Im Allgemeinen gilt Folgendes:
- **Säulendiagramme** eignen sich besonders zum Vergleich *mehrerer* Datenreihen. Mehrere Datenreihen liegen z. B. vor, wenn die monatlichen Ersparnisse der Geschwister von Paul ebenfalls mit angezeigt werden sollen.
- Bei **Balkendiagrammen** liegen die Säulen quer. Mit ihnen lassen sich insbesondere Rangfolgen darstellen.
- Mit **Kreisdiagrammen** kann man *genau eine* Datenreihe darstellen, also Teile eines Ganzen (oftmals Prozentwerte).
- **Liniendiagramme** eigenen sich insbesondere für Datenreihen, die aus sehr vielen einzelnen Daten bestehen (Trenddarstellung).

45. Ordne die Begriffe Säulen-, Kreis- und Liniendiagramm den Grafiken zu.

46. Überlege welcher Diagrammtyp zu den Bereichen **Dollarkurs, Wettervorhersage und Klimawandel, Sitzverteilung im Bundestag** und **Gewinne und Verluste der Bundestagssitze** passt.

47. Finde im Internet entsprechende Diagrammabbildungen.

48. Überlege auf welchen Daten und damit auf welchen Zellbezügen die oben dargestellten Diagramme in deiner Datei beruhen.

Das Wichtigste am Diagramm sind die zugrundeliegenden Datenreihen und der dazu passende Diagrammtyp. Hat man entschieden, aus welchen Daten welches Diagramm entstehen soll, ist der Rest fast nur noch Sache des Layouts.
Dazu solltest du wissen, aus welchen Elementen Diagramme bestehen.

Man kann an die Erzeugung von Diagrammen auf zwei Arten herangehen. Entweder man wählt die Datengrundlage erst aus und wählt dann im Menü die zu erzeugende Diagrammart aus.
Oder man erzeugt ein leeres Diagramm der gewünschten Art und befüllt dieses dann mit den gewünschten Daten.

Nach dem Erzeugen der Diagramme beginnt die Formatierung der Diagrammfläche. Hierbei spielen verschiedene Elemente eine Rolle, die je nach Zweck des Diagramms eingeblendet werden können:

Diagrammelement	Zweck des Elements
Diagrammtitel	Der Titel sagt aus, was im Diagramm dargestellt wird.
Legende	Die Legende beschreibt die dargestellten Daten durch Verknüpfung mit der jeweiligen Farbe. Durch die Datenbeschriftung wird die Legende meist überflüssig.
Datenbeschriftungen	Beschriften die einzelnen Daten der Datenreihe. Hier kann entschieden werden, welche Beschriftung sinnvoll ist, z. B. beim Kreisdiagramm die Prozentsätze. In Diagrammen mit Achsen werden die exakten Werte der vertikalen Achse angezeigt.
Achsentitel	Beschreiben die Aussage (und evtl. die Einheit) der Achsen in Diagrammtypen, die eine Achse besitzen.
Achsenbeschriftung	Beschreiben in Diagrammtypen mit Achsen die dargestellten Werte. Die genaue Beschriftung der Kategorie-Achse macht eine Legende überflüssig.
Gitternetzlinien	Helfen beim Ablesen der genauen, in den Diagrammen dargestellten Werte.

49. Ordne die beschriebenen Diagrammelemente den Diagrammen von Seite 116 zu.

Neben den Diagrammelementen können Diagramme auch noch farblich gestaltet werden. Durch eine passende Farbgebung wird die Aussage eines Diagramms oft noch verstärkt.

50. Ergänze deine eigenen Diagramme sinnvoll durch beschreibende Diagrammelemente.

51. Gibt es Farben, die sich besonders für die Diagramme aus Aufgabe 51 eignen?

52. Passe deine Diagramme ihrem Inhalt entsprechend farblich an.

Kritischer Umgang mit Diagrammen

Die Aussage von Diagrammen kann durch verschiedene Mittel verfälscht werden. Man sollte sich beim Betrachten von Diagrammen überlegen,
- wer das Diagramm in Auftrag gegeben bzw. veröffentlicht hat,
- ob die vertikale Achse bei null beginnt,
- ob die Skalierung der Achse gleichmäßig ist,
- ob sich der Diagrammtyp für den Sachverhalt eignet
- und ob überhaupt Daten dargestellt werden, die in einem sinnvollen Zusammenhang stehen.

Denn: „Ich traue keiner Statistik, die ich nicht selbst gefälscht habe."
(Zitat, das WINSTON CHURCHILL zugeschrieben wird)

Insbesondere bei einem **Tortendiagramm** (das ist die 3-D-Variante eines Kreisdiagramms) sind die einzelnen Werte der Datenreihe verzerrt dargestellt. Der Datenpunkt, der unten liegt, sieht größer aus, als er tatsächlich ist.

53. Suche im Internet gezielt nach Diagrammen, die auf die rechts beschriebenen Arten verfälscht wurden, und diskutiere ihre zum Teil irreführende Aussage mit deinem Nachbarn.

Grundwissen

Objekte einer Tabelle

C5: ZELLE
Zellwert = 9,00
Datentyp = Zahl
Formel = „Summe(C2:C4)"
Schriftart = Calibri
Schriftgröße = 11
Füllfarbe = gelb

Funktionen

Wichtige Funktionen	
SUMME(…)/PRODUKT(…)	Addiert/multipliziert alle übergebenen Werte.
MITTELWERT(…)	Berechnet den Durchschnitt der übergebenen Werte.
MIN(…)/MAX(…)	Gibt den kleinsten/größten Wert einer Menge von Zahlen zurück.
ANZAHL(…)	Zählt, in wie vielen Zellen des Bereiches eine Zahl eingetragen ist.
ANZAHL2(…)	Zählt, wie viele Zellen des Bereiches nicht leer sind, also auch Einträge, die keine Zahlen sind.

Einfügen einer Funktion

Absolute und relative Zellbezüge

Bei jeder Formeleingabe ist einzeln zu entscheiden, ob der Bezug auf bestimmte Zellen, Zeilen oder Spalten beim Kopieren unverändert bleiben (**absoluter Zellbezug**) oder automatisch angepasst werden soll (**relativer Zellbezug**).

Ursprung	Bezugsart	Ziel
A1	Beide Teile der Adresse werden beim Kopieren angepasst.	B2
A1	Beim Kopieren wird nichts verändert.	A1
A$1	Beim Kopieren bleibt der Bezug auf die Zeile erhalten.	B$1
$A1	Beim Kopieren bleibt der Bezug auf die Spalte erhalten.	$A2

Diagramme

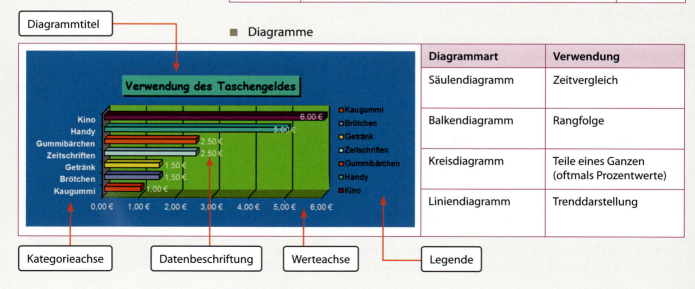

Diagrammart	Verwendung
Säulendiagramm	Zeitvergleich
Balkendiagramm	Rangfolge
Kreisdiagramm	Teile eines Ganzen (oftmals Prozentwerte)
Liniendiagramm	Trenddarstellung

Zeig was du kannst

1. Um eine Übersicht all deiner Noten zu erhalten und um deine voraussichtlichen Zeugnisnoten berechnen zu können, ist ein sogenannten Notenmanager sehr hilfreich.

	A	B	C	D	E	F	G	H	I	J	K	L	M	N	O
		1. Schulaufgabe	2. Schulaufgabe	3. Schulaufgabe	4. Schulaufgabe	1. Stegreifaufgabe	2. Stegreifaufgabe	3. Stegreifaufgabe	4. Stegreifaufgabe	5. Stegreifaufgabe	6. Stegreifaufgabe	7. Stegreifaufgabe	8. Stegreifaufgabe	Mündliche Note 1. HJ	Mündliche Note 2. HJ
1	Fächer														
2	Deutsch	5	2			4	2							2	
3	Mathe	2	3			1	5							3	
4	Englisch		2			2	1							2	
5	Physik	5	2			1								1	
6	Chemie	5	2			4								5	
7	Musik					2								4	
8	Wirtschaft					2								4	
9	Geschichte					1								4	
10	IT					6								3	
11	Erdkunde					5								2	
12	Religion					4								1	

   Tipp: : Der Notenmanager kann dir auch im Alltag wertvolle Dienste leisten. Passe ihn also an deine Bedürfnisse an.

   a) Erstelle in einem Tabellenkalkulationsprogramm deiner Wahl ein Tabellenblatt nach obiger Formatierung. Passe dabei die Fächer, Anzahl der Schulaufgaben und die Anzahl der mündlichen Noten an deine WPFG und deine individuelle Situation an.
   b) Erzeuge drei weitere Spaltenüberschriften „Summe der Noten", „Anzahl der Noten", „Notenschnitt" und berechne mit geeigneten Formeln die jeweiligen Zellinhalte.
   c) Berechne mit einer geeigneten Funktion die Zeugnisnote als ganze Zahl.
   d) Berechne in einer neuen Zelle deinen Notenschnitt über alle Fächer.
   e) Gestalte ein aussagekräftiges Diagramm, das einen Überblick über dein momentanes Notenbild vermittelt.

2. Bei einem magischen Quadrat 3. Ordnung ordnet man die Zahlen 1 bis 9 so an, dass die Summe der Zahlen untereinander, nebeneinander oder diagonal den gleichen Wert ergibt.
   Erstelle dieses 3x3-Quadrat mit einem Tabellenkalkulationsprogramm deiner Wahl und überprüfe die Summen der Zeilen, Spalten und Diagonalen mit einer geeigneten Funktion. Achte darauf, jede Zahl (1 bis 9) nur einmal zu verwenden.

   Magisches Quadrat auf ALBRECHT DÜRERs Kupferstich Melancholie von 1514.

3. Du darfst dir in den Ferien im Sportfachgeschäft „Felix Runninger GmbH" etwas Taschengeld dazuverdienen. Das Geschäft betreibt neuerdings einen Online-Shop im Internet. Durch einen Virus wurden wichtige Dateien auf dem Firmenrechner zerstört, darunter auch einige aktuelle Rechnungen an Kunden des Online-Shops.
   Der Chef bittet dich anhand der Vorlage ein neues Rechnungsexemplar in der Tabellenkalkulation zu erstellen.
   a) Überlege dir, welche Inhalte eine Rechnung haben muss.
   b) Plane, welche Ein- und Ausgabefelder die Rechnung beinhaltet.
   c) Gestalte ein Tabellenblatt als Rechnungsvorlage.
   d) Der Chef bittet dich, eine Rechnung (Nr. 130) mit der Vorlage an die Kundin Frau Susi Sportlich, Bahnhofstraße 13, 84036 Landshut zu schreiben.

   Tipp: Die Funktion =heute() gibt die fortlaufende Zahl des heutigen Datums zurück.

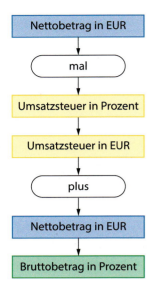

Frau Sportlich bestellte heute im Online-Shop ein Paar Laufschuhe (Art.- Nr. 1340) für 70,00 €, vier Tennisbälle (3901) zu je 4,50 € und zwei Powerriegel (2889) zu je 1,20 €.

e) Berechne mit geeigneten Formeln die Gesamtpreise der Artikel und den Nettobetrag.
f) Ermittle unter Zuhilfenahme des Datenflussdiagramms links oben die Werte für die Umsatzsteuer und den Bruttobetrag.
g) Kunden, die über den Online-Shop bestellen, erhalten für ihren Einkauf einen sofortigen Preisnachlass (Rabatt) in Höhe von 10 % auf den Bruttobetrag. Stelle den Sachverhalt mit einem Datenflussdiagramm dar. Kalkuliere mit Formeln den Rabatt in EUR und den Rechnungsendbetrag.

4. An deiner Schule findet ein Spendenlauf statt, dessen Erlös den Erdbebenopfern in Nepal zugutekommen soll.
Ziel ist es, in 60 Minuten möglichst viele Runden um den Badesee in deiner Umgebung zu laufen. Je absolvierter Runde, werden von Sponsoren 5 € für das Nepalprojekt gespendet.

a) Erzeuge in einem Tabellenkalkulationsprogramm deiner Wahl eine neue Tabelle mit der Überschrift „Spendenlauf Nepal".
Formatiere die Tabelle in den Farben der nepalesischen Nationalfarben (siehe Flagge) und erzeuge die Spalten mit den Überschriften „Starter" und „Anzahl Runden".
Trage die Werte gemäß nebenstehender Tabelle ein.
b) Ermittle mit einer geeigneten Funktion die durchschnittlich gelaufene Rundenzahl pro Schüler.
c) Berechne in einer neuen Spalte die erlaufenen Spenden pro Schüler und ermittle die gesamte Spendensumme.
d) Ermittle die höchste Rundenzahl, die erlaufen wurde.
e) Berechne die Anzahl der Runden, die jeder Schüler mehr laufen müsste, um eine Spendensumme von 400 € zu erreichen.
f) Berechne den Spendenbetrag pro Runde, um eine Gesamtsumme von 500 € zu erreichen.

5. Im Sportunterricht deiner Schule kannst du jedes Jahr das Deutsche Sportabzeichen machen. Dabei wählst du aus jeder der vier Disziplingruppen „Ausdauer", „Kraft", „Schnelligkeit" und „Koordination" eine Disziplin nach deinen individuellen Neigungen. Je nach erbrachter Leistung erhältst du für die Disziplin Bronze (1 Punkt), Silber (2 Punkte) oder Gold (3 Punkte).
Am Ende bekommst du je nach erreichter Punktzahl das Deutsche Sportabzeichen in Bronze (4–7 Punkte), Silber (8–10 Punkte) oder Gold (11–12 Punkte) verliehen.

KINDER UND JUGEND – WEIBLICH

	ALTER		6–7			8–9			10–11			12–13			14–15			16–17		
	Übung		Bronze	Silber	Gold	Bronze	Silber	Gold	Bronze	Silber	Gold	Bronze	Silber	Gold	Bronze	Silber	Gold	Bronze	Silber	Gold
AUSDAUER	800 m Lauf	(in Min.)	5:40	5:00	4:15	5:35	4:50	4:10	5:20	4:40	4:00	5:10	4:25	3:45	5:00	4:20	3:35	4:50	4:05	3:25
	Dauer-/Geländelauf	(in Min.)	8:00	12:00	17:00	10:00	15:00	20:00	15:00	20:00	30:00	20:00	30:00	40:00	30:00	40:00	50:00	45:00	60:00	75:00
	Schwimmen	(in Min.)		200 m									400 m								
			8:30	7:00	5:35	8:05	6:45	5:20	7:40	6:25	5:10	14:40	12:40	10:35	13:05	11:40	10:05	11:55	10:45	9:05
	Radfahren	(in Min.)		5 km						10 km											
			27:00	24:00	21:00	56:00	47:30	39:30	50:00	44:00	37:00	44:30	38:30	33:30	41:00	35:30	31:30			
KRAFT	Schlagball (80 g)	(in m)		Schlagball									Wurfball								
	Wurfball (200 g)	(in m)	6,00	9,00	13,00	9,00	12,00	15,00	11,00	15,00	18,00	16,00	19,00	23,00	20,00	24,00	27,00	24,00	27,00	32,00
	Kugelstoßen	(3 kg, in m)											3 kg								
												4,75	5,25	5,75	5,50	6,00	6,50	5,75	6,25	6,75
	Standweitsprung	(in m)	1,05	1,25	1,40	1,15	1,30	1,50	1,30	1,45	1,65	1,40	1,60	1,80	1,55	1,70	1,90	1,65	1,80	2,00
	Geräteturnen			Boden			Boden			Barren			Reck			Boden			Reck		
SCHNELLIGKEIT	Laufen	(in Sek.)		30 m						50 m						100 m					
			8,1	7,2	6,4	7,7	6,9	6,0	11,2	10,3	9,3	10,6	9,8	9,0	18,1	16,5	14,9	17,1	15,8	14,5
	25 m Schwimmen	(in Sek.)	46,5	37,5	29,5	42,0	34,0	28,0	39,0	31,5	25,5	35,0	29,0	23,5	33,0	27,5	21,5	30,5	25,5	20,0
	200 m Radfahren	(fl. Start, in Sek.)	–			41,0	36,0	31,0	37,0	32,0	27,0	31,0	27,0	23,5	27,0	24,5	21,5	25,0	22,5	20,0
	Geräteturnen			Sprung			Boden			Sprung			Sprung			Sprung			Sprung		
KOORDINATION	Hochsprung	(in m)							0,80	0,90	1,00	0,90	1,00	1,10	0,95	1,05	1,15	1,05	1,15	1,25
	Weitsprung	(in m)		Zonenweitsprung									Weitsprung								
	Zonenweitsprung	(in Punkten)	4	5	6	6	7	8	2,30	2,60	2,90	2,80	3,10	3,40	3,20	3,50	3,80	3,40	3,70	4,00
	Zonenweitwurf	(in Punkten)		Zonenweitwurf									Schleuderball								
	Schleuderball	(1 kg, in m)	1	2	3	2	3	4	3	4	5	17,00	20,00	23,00	19,50	23,00	26,50	22,00	25,50	29,00
	Seilspringen			Grundsprung vorwärts mit oder ohne Zwischensprung ODER Galoppschritt						Grundsprung vorwärts ohne Zwischensprung			Grundsprung rückwärts ohne Zwischensprung			Kreuzdurchschlag ohne Zwischensprung					
			10	15	25	10	15	25	20	30	40	10	15	25	10	15	20	10	15	20
	Geräteturnen			Schwebebalken			Reck			Ringe			Boden			Boden			Boden		

a) Erstelle ein Tabellenblatt mit deiner Klassenliste und folgenden Spaltenüberschriften.

Diese Tabelle des Deutschen Olympischen Sportbunds ist gültig ab 2016.

	A	B	C	D	E	F	G
1	Name	Vorname	Alter	Ausdauer	Kraft	Schnelligkeit	Koordination
2	Stelzle	Florian	14	gold	bronze	silber	bronze
3	Mingo	Markus	13	silber	gold	gold	bronze

Trage dabei (fiktive oder echte) die jeweiligen Leistungen für das Sportabzeichen ein. Formatiere die Liste nach deinen Vorstellungen.

b) Füge in den Spalten H, I und J die Überschriften „Anzahl Gold", „Anzahl Silber" und „Anzahl Bronze" ein.
c) Berechne mit einer geeigneten Funktion die Anzahl an goldenen, silbernen und bronzenen Leistungen in den zugehörigen Spalten.
d) Berechne in einer neuen Spalte die Gesamtzahl der Punkte. Beachte dazu noch einmal den Einleitungstext.
e) Formatiere die Spalteninhalte aus Aufgabe d) je nach erreichtem Sportabzeichen in Gold, Silber oder Bronze.
f) Ermittle mit geeigneten Funktionen die niedrigste, höchste und durchschnittlich erreichte Punktzahl in deiner Klasse.

Tipp: Hier hilft dir die Funktion ZÄHLENWENN() weiter.

Tipp: Verwende dazu die Formatvorlage **Bedingte Formatierung**.

6. Der Rektor deiner Schule hat für den Skikurs der 8. Klasse Artikel gemäß der folgenden Tabelle erstellt.

	A	B	C	D	E	F	G
1							
2		Rabatt	10%				
3		Umsatzsteuer	19%				
4	Menge	Artikel	Stückpreis (netto)	Gesamtpreis	Rabatt	Preis abzgl. Rabatt	Bruttopreis
5	5	Snowboards	400,00 €				
6	5	Helme	70,00 €				
7	8	Ski	350,00 €				
8						Gesamtpreis	0,00 €

Tipp: Durch Betätigung der Taste F4 werden die Dollarzeichen automatisch ergänzt.

a) Ergänze im Rechnungsformular die fehlenden Formeln zur Berechnung der Inhalte in den Zelle D5 bis G5.
b) Kopiere die Formeln aus Zeile 5 in die Zeilen 6 und 7. Verwende dabei, wenn sinnvoll, absolute Zellbezüge.

c) Berechne den Gesamtbetrag der Bestellung.
d) Berechne in einer neuen Spalte den prozentualen Anteil der einzelnen Artikel am Gesamtpreis.

7. Deine 7. Klasse fährt in die Sommersportwoche nach Österreich. In der Jugendherberge stehen den Schülern neben den Hauptmahlzeiten, kleine Speisen und Getränke zur Verfügung. Diese müssen vor der Heimfahrt bezahlt werden. Du hast dich bereit erklärt, eine Abrechnung für den Herbergsvater über die Kosten der einzelnen Schülern zu erstellen. Der folgende Aushang in der Jugendherberge informiert dich darüber, was die Schüler verzehrt haben.

a) Erstelle in einem Tabellenkalkulationsprogramm deiner Wahl ein Tabellenblatt mit einer strukturierten Übersicht auf Grundlage der gegebenen Informationen. Achte auf die Zahlenformate und formatiere deine Eingaben ansprechend.
b) Erstelle eine Formel für die Berechnung der Kosten pro Schüler.
c) Berechne mit einer geeigneten Formel die Anzahl der verkauften Artikel pro Schüler.

d) Der Herbergsvater möchte wissen, welcher Artikel am meisten und am wenigsten verkauft wurde. Stelle diesen Sachverhalt mit einer geeigneten Funktion dar.

e) Berechne die Gesamteinnahmen für die Jugendherberge aus dem Verkauf der Speisen und Getränke.

8. Dein IT-Lehrer hat eine Tabelle über den letzten Leistungsnachweis erstellt. Er möchte die prozentuale Notenverteilung grafisch darstellen. Erledige alle Aufgaben mithilfe des Aktivitätsdiagramms.

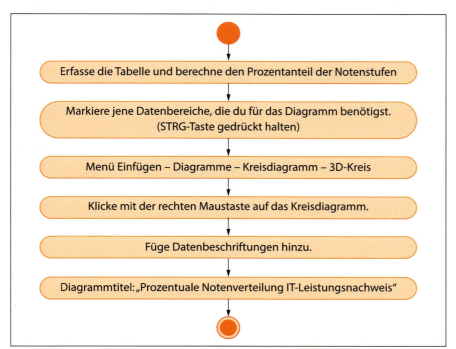

54. **Tipp:** Denke daran, mit relativen und absoluten Zellbezügen zu arbeiten.

Note	Anzahl	Pozentanteil
Sehr gut	3	
Gut	5	
Befriedigend	9	
Ausreichend	4	
Mangelhaft	3	
Ungenügend	1	
Summe		

Formatiere die entsprechenden Zellen mit dem „Buchhaltungszahlenformat".

Tipp: Arbeite in der Spalte „Prozentanteil" mit dem Zahlenformat Prozent. Eine Multiplikation des Prozentwerts mit 100 entfällt dadurch.

$$PS = \frac{PW \; \cancel{\times 100}}{Grundwert}$$

Tipp: Um ein Rechenzeichen, wie in der Zelle A14, als Text einzugeben, genügt die Eingabe eines Apostrophs vor dem Rechenzeichen:

9. Die Vivaldi-Realschule hat eine Chorgruppe. Für die regelmäßig stattfindenen Auftritte soll ein gemeinsames T-Shirt angeschafft werden. Die Chorleiterin Frau Musikus möchte jedoch nicht, dass der Preis eines T-Shirt 20,00 € übersteigt. Berechne, ob der Chor die T-Shirts bestellen kann.

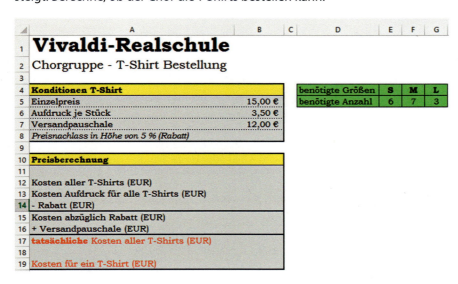

10. Das Computergeschäft „PC 4u GmbH" mit dem Geschäftssitz in Landshut hat drei weitere Filialen. Geschäftsführer Herr Tüftel stellt die Verkaufszahlen des aktuellsten Angebots, bestehend aus PC und Monitor, in einem Rechenblatt dar.

Formatierung Zeile 3:

Zeile3.Höhe = 50pt
Zeichen.ZelleB3 = zentriert, oben ausrichten
Zeichen.ZelleB3 = zentriert, oben ausrichten

Aus Herrn Tüftel`s Trickkiste:

Heute()
Das aktuelle Datum wird im Format (tt.mm.jjjj) angezeigt.

Monat()
Die Funktion löst aus dem aktuellen Datum nur den Monat heraus (z. B. 02).

Jahr()
Die Funktion löst aus dem aktuellen Datum nur die Jahreszahl heraus (z. B. 2017)

a) Erfasse das Rechenblatt gemäß Vorlage.

	A	B	C	D
1	**Computerverkauf**			
2				
3	Zeitraum 02/2017	Rechner	Monitore	Summe
4	Zentrale Landshut	20	15	
5	Filiale Straubing	15	13	
6	Filiale Freising	23	18	
7	Filiale Mainburg	12	20	
8	Summe	70	66	
9	Durchschnittlich verkaufte Geräte			

b) Berechne die Summe der verkauften Geräte insgesamt und für jede Filiale.
c) Berechne die Höhe der durchschnittlich verkauften Geräte. (keine Nachkommastellen)
d) Damit die Zelle A3 immer den aktuellen Zeitraum beinhaltet, hat Herr Tüftel eine außergewöhnliche Formel „ertüftelt":
="Zeitraum: "&MONAT(HEUTE())&"/"&JAHR(HEUTE())
Beschreibe, wie die Formel funktioniert. Informiere dich auch in deinem Tabellenkalkulationsprogramm, z. B. unter Einfügen – Funktion einfügen.
e) Erstelle für Herrn Tüftel ein Säulendiagramm, das die Verkaufszahlen von allen vier Geschäften darstellt. Halte dich dabei an das Aktivitätsdiagramm. Die entsprechenden Säulen des Diagramms sollen jeweils Rechner und Bildschirme beinhalten. Speichere dir zu diesem Zweck Bilder an einem geeigneten Speicherort ab.

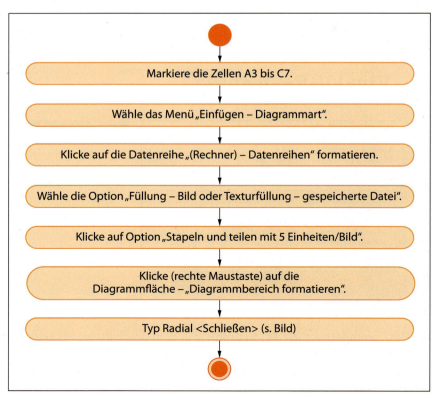

Kapitel 7

Informationsbeschaffung und -präsentation

1 Informationssuche
2 Gesetzliche Grundlagen
3 Präsentationsplanung
4 Präsentation mit einem Programm erstellen

Kapitel 7 — Informationsbeschaffung und -präsentation

Bereits vor über 40 000 Jahren haben Menschen ihre Erlebnisse, Träume, Wünsche, Erfahrungen mithilfe von Malereien an Höhlenwänden festgehalten und ihren Mitmenschen präsentiert. So wurden zum Beispiel Lebensbereiche von Tieren und Jagdmethoden festgehalten und weitergegeben, um das Überleben der Nachkommen zu sichern.

Viel später – etwa 3200 vor Christus bis 300 nach Christus – haben die Ägypter auf Stein, Tonvasen und Rollen aus Papyrus, Leinen oder Leder Informationen festgehalten und übermittelt. So kunstvoll die Schrift der alten Ägypter aber auch aussehen mag, so einfach war meist ihr Inhalt. Es wurde zum Beispiel das alltägliche Leben der Menschen oder auch die Einkaufslisten des Hofes des Pharaos festgehalten und weitergegeben.

Heute informieren wir uns nicht mehr an Höhlenwänden oder Tonvasen, sondern über das Radio, Fernsehen, über Zeitungen oder das Internet. Unsere Informationen präsentieren wir über Plakate, Zeitungen oder digitale Präsentationsmedien.

Über alle Zeiten gleich geblieben ist: Wir informieren uns in verschiedenen Quellen, bereiten die Daten auf und geben die Informationen an unsere Mitmenschen weiter. Damals wie heute muss darauf geachtet werden, dass die Informationen so aufgearbeitet werden, dass der Gegenüber sie ansprechend und interessant findet und, ganz wichtig, die Informationen auch versteht.

1 Informationssuche

1. Informiere dich auf den Seiten 66 bis 68 über die Themen Information und Kommunikation.

2. Nenne mindestens drei Informationsquellen außer dem Internet.

3. Überlege, wie die Suchreihenfolge einer Suchmaschine zustande kommt. Diskutiere deine Idee mit deinen Mitschülern.

Wir erinnern uns: Eine **Information** ist das neue oder erworbene Wissen über einen bestimmten Sachverhalt, eine Person oder einen Gegenstand. Es handelt sich aber nur um eine Information, wenn du ihren Inhalt auch verstehst.

Wenn du nach Informationen suchst, verwendest du in den meisten Fällen das Internet als Informationsquelle. Suchmaschinen erleichtern dir die Suche.

Suchmaschinen

Eine **Suchmaschine** ist ein Programm auf einem speziellen Server, welches die Web-Seiten gezielt nach Informationen durchsucht.

Suchmaschinen wie Google oder Bing nutzen **Spider**. Das sind kleine Programme, die Internetseiten nach Informationen z. B. zu Bayern durchsuchen. Im sogenannten **Index** einer Datenbank werden die gefundenen Internetseiten den jeweiligen Suchbegriffen zugeordnet. Zum Suchwort Bayern werden alle Links zu den entsprechenden Internetseiten gespeichert. Suchanfragen können daher sehr schnell bearbeitet werden.

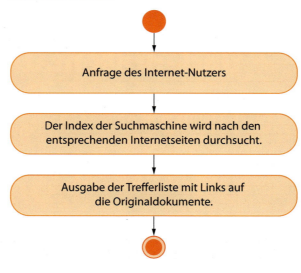

Tipp: Welche Suchmaschine du auch wählst – beachte, dass die Informationen, die du findest, nicht immer richtig sein müssen! Suche daher die gleiche Information zur Kontrolle auf verschiedenen Websites.

Suchstrategien

Googeln – das kann doch jeder! Suchbegriff eingeben, die Enter-Taste drücken und die Ergebnisse stehen auf deinem Bildschirm.
So einfach ist das in den meisten Fällen nur leider nicht – eine Suchanfrage bei einer Suchmaschine ist häufig wie die Suche nach der Nadel im Heuhaufen. Wenn du dich bei deiner Informationssuche nicht durch mehrere Millionen Suchergebnisse wühlen möchtest, solltest du die Suchmaschine deiner Wahl mit gezielten Eingaben füttern.

Im Folgenden lernst du, welche Tricks und Kniffe du anwenden kannst, um erfolgreich nach Informationen im Internet zu suchen.

1. Setze deine Suchbegriffe in <u>Anführungszeichen</u>.
   Wenn du z. B. einen bestimmten Begriff, eine bestimmte Person oder ein bestimmtes Zitat suchst, wird auf diese Weise ausschließlich nach der <u>genauen Wortreihenfolge</u> innerhalb der Gänsefüßchen gesucht.

2. Verwende <u>aussagekräftige Suchbegriffe</u>.
   Je eindeutiger du deine Suchbegriffe wählst desto größer ist die Wahrscheinlichkeit für gute Ergebnisse. Es ist also effektiver den Suchbegriff „Regierungsbezirke" in die Suchleiste einzugeben als „Teile, aus denen Bayern besteht".
   Bei einer Suche mit einer Suchmaschine musst du die Groß- und Kleinschreibung ausnahmsweise nicht beachten. Auch Rechtschreibfehler werden von den meisten Suchmaschinen erkannt und Verbesserungen vorgeschlagen.

3. Suchst du ein Bild, so verwende die Bildersuche. Nachdem du den Suchbegriff eingegeben hast, kannst du (meist oben in der Suchmaschine) die Kategorie „Bilder" auswählen. Auch die Größe, Farbe oder Art der gesuchten Bilder kannst du hier einstellen.

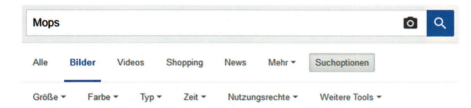

4. Möchtest du deine Suche weiter einschränken, so kannst du die Suchbegriffe mit den Operatoren **AND** (alle Begriffe müssen gefunden werden) oder **OR** (nur einer der beiden Begriffe darf vorkommen) verknüpfen.

5. Weitere Möglichkeiten, deine Suche einzugrenzen, findest du immer in den Einstellungen zur „erweiterten Suche" deiner Suchmaschine. Bei Google und Bing findest du die erweiterte Suche, wenn du auf das Zahnrad-Zeichen klickst.

Du weißt jetzt, wie du Informationen im Internet mithilfe einer Suchmaschine finden kannst. Damit ist die Arbeit noch lange nicht erledigt, sie fängt erst an.

Wahrheitsgehalt im Internet

Hast du schon mal Informationen über dich ins Internet gestellt, die nicht wahr waren? War es schwer, diese falschen Informationen über dich zu veröffentlichen? Wahrscheinlich nicht.
Tagtäglich werden mehrere Millionen Textnachrichten im Internet verbreitet. Nirgendwo auf der Welt gibt es weniger technische, politische oder finanzielle Hür-

---

4. Nenne mindestens drei verschiedene Suchmaschinen.

5. Suche in jeder deiner in Aufgabe 4 gefundenen Suchmaschinen den Begriff „Internet". Vergleiche deine Ergebnisse mit denen deiner Mitschüler.

6. Es gibt Suchmaschinen die extra für Kinder programmiert wurden. Nenne je drei Vor- und Nachteile dieser Suchmaschinen.

7. Vergleiche mindestens drei Suchmaschinen. Gib an, welche die Suchergebnisse auf der ersten Seite erscheinen.

8. Diskutiere mit deinen Mitschülern, welche Suchergebnisse am häufigsten angeklickt werden.

9. Liste auf, wie du deine Suche mit einem Klick einschränken kannst.

Manche Suchmaschinen kennen auch Sonderfunktionen.
Gib doch mal „6*168", „678€ $" oder „Wetter Rosenheim" in die Suchzeile von Google ein.

10. Wikipedia ist ein zusammengesetzten Wort aus „Wiki" (*Hawaii:* „Wikiwiki" – schnell) und „pedia" (*engl.* Encyclopedia – Lexikon). Wikipedia ist also ein „schnelles Lexikon".
Jeder kann einen Eintrag bei Wikipedia verändern oder erstellen. Welche Probleme können sich daraus ergeben? Wie kannst du falsche Einträge melden?

den, seine eigene Meinung zu veröffentlichen, als im Internet. Und auf den meisten Seiten überprüft niemand diese Informationen auf ihre Richtigkeit.

Die Möglichkeit, anonym Informationen ins Internet zu stellen, fördert auch ihren Missbrauch. Doch noch immer halten viel zu viele Benutzer alles, was sie im Internet finden, für wahr.

Deshalb musst du Informationen von verschiedenen Seiten miteinander vergleichen und ihre Glaubwürdigkeit einschätzen. Hierbei stellst du dir am besten die folgenden Fragen:

Identität?
- Wer hat die Seite geschrieben?
- Ist der Verfasser vertrauenswürdig?
- Gibt es ein Impressum oder andere Kontaktmöglichkeiten?

Hintergrund?
- Wer hat die Seite veröffentlicht?
- Passt die Domain zum Inhalt?
- Ist die Seite sorgfältig und übersichtlich gestaltet?
- Wurde der Text fehlerfrei geschrieben?

Aktualität?
- Wann wurde die Seite aktualisiert?
- Ist der Inhalt veraltet?
- Führen die Links auf die richtige Webseite?

Objektivität?
- Warum wurde der Text geschrieben?
- Für wen wurde der Text geschrieben?
- Wurde der Text aus Werbegründen geschrieben?
- Gibt es auf der Seite Quellenangaben?

Vergleiche die von dir gefundenen Informationen auf jeden Fall immer noch mit Inhalten auf anderen Seiten und mit deinem eigenen Wissen.

Checkliste für die Überprüfung des Wahrheitsgehalts einer Internetseite:

11. Notiere mindestens fünf Informationen, die du im Impressum deiner Schulwebseite finden kannst.

Beispiele für Top-Level- Domains:
.de   Deutschland
.at   Österreich
.edu Bildungseinrichtung
.org Organisationen

Fragen	Ja	Nein	Vielleicht
Gibt es auf der Seite ein Impressum oder gibt es andere Kontaktmöglichkeit?			
Ist die Domain bekannt? (Unter **Domain** versteht man eine weltweit eindeutige und unter gewissen Regeln frei wählbare Internet- oder E-Mailadresse unterhalb einer Top-Level-Domain. In der Regel steht die **Top-Level-Domain** am Ende der Adresse. Sie kennzeichnet unter anderem Länder oder Organisationen.)			
Ist der Autor der Seite vertrauenswürdig?			
Wird deutlich, warum die Seite veröffentlicht wurde?			
Ist der Aufbau der Seite übersichtlich?			
Wurden die Texte fehlerfrei geschrieben?			
Stimmen die Informationen auf der Seite mit Informationen auf anderen Seiten überein?			
Gibt es Quellenangaben oder Links auf andere Seiten? (Ein **Link** ist ein Verweis auf eine andere Internetseite. Meist erkennst du einen Link an der blauen Farbe.)			
Wurde die Seite in der letzten Zeit aktualisiert?			

12. Wähle eine Seite eurer Schulwebseite aus. Teste ob die Weiterleitung auf die verlinkten Seiten funktioniert.

2 Gesetzliche Grundlagen

Das Grundgesetz

Bei deiner Suche nach Informationen greifst du, wie die meisten anderen Menschen auch, auf Texte und Bilder zurück, die du im Internet, in Büchern, Zeitschriften, auf Plakaten usw. gefunden hast. Das darfst du auch. Aber du musst einige Punkte beachten.

In Deutschland gibt es sehr, sehr viele Gesetze. Das wichtigste Gesetz ist das „Grundgesetz" (Abkürzung: GG). Hier werden die Grundrechte der Menschen in 146 Artikeln festgelegt. Alle anderen Gesetze dürfen diesen Grundrechten nicht widersprechen. Aus diesem Grund dürfen Veröffentlichungen auf keinen Fall Texte, Bilder, Musikstücke oder Filme beinhalten, die die Würde des Menschen verletzen. Dies betrifft insbesondere auch Videos, die Menschen in peinlichen Situationen zeigen. Es sei denn, der Gezeigte hat der Veröffentlichung des Filmes zugestimmt.

§ 1 GG
Die Würde des Menschen ist unantastbar. Sie zu achten und zu schützen ist Verpflichtung aller staatlichen Gewalt.

Das Kunsturheberrechtsgesetz

Auch darfst du nicht einfach ein Foto von einem deiner Mitschüler (oder anderer Personen) im Internet oder in anderen Medien veröffentlichen, hierfür ist die Einwilligung der Person erforderlich. Bei Bildern von Minderjährigen müssen zudem auch noch die Eltern zustimmen. Das alles regelt das Kunsturheberrechtsgesetz (KustUrhG).

§ 22 KunstUrhG
Bildnisse dürfen nur mit Einwilligung des Abgebildeten verbreitet oder öffentlich zur Schau gestellt werden.

Einige Ausnahmen gibt es auch hier.
So zählt § 23 KunstUrhG folgende Ausnahmen auf:

Ausnahmen nach § 23 KunstUrhG

→ Bildnisse aus dem Bereich der Zeitgeschichte

Angela Merkel

→ Bilder, auf denen die Personen nur als Beiwerk erscheinen

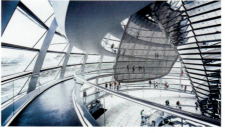
Reichstagskuppel

→ Bilder von Versammlungen, an denen die dargestellten Personen teilgenommen haben.

Bundestag

13. Nenne Situationen, die dir peinlich sind. Stell dir vor, einer deiner Mitschüler würde ein peinliches Foto von dir in einem sozialen Netzwerk veröffentlichen. Beschreibe wie du dich in dieser Situation fühlen würdest.

14. Erkläre welche Auswirkungen dieses Gesetz auf dein Verhalten in sozialen Netzwerken hat.

Bei Personen der Zeitgeschichte muss unterschieden werden ob die öffentliche Person oder die Privatperson abgebildet wird. Fotografierst du die Privatperson, Angela Merkel zum Beispiel beim Wandern, so darfst du dieses Bild nicht veröffentlichen!
Viele Fotos von Stars im Urlaub dürften also nicht veröffentlicht werden.

15. Finde zu den drei genanten Ausnahmen jeweils noch mindestens zwei weitere Beispiele.

Das Urheberrechtsgesetz

Ein allgemeineres Gesetz, das du beachten musst, ist das Gesetz über Urheberrecht und verwandte Schutzrechte (UrhG). Das Urheberrechtsgesetz
- schützt das Werk des Urhebers und
- berücksichtigt die wirtschaftlichen Interessen des Urhebers.

Das Urheberrecht schützt alle Werke, die eine besondere „persönlichen geistigen Schöpfung" darstellen. Hierzu zählen
- Werke der Literatur und Wissenschaft,
- Texte,
- Filme,
- Musik,
- Computerprogramme,
- Zeichnungen, Pläne, Karten,
- Kunst- und Lichtbildwerke,
- Lichtbilder.

Tipp: Achte bei der Bildersuche im Internet auf Anzeigen wie „Die Bilder sind eventuell urheberrechtlich geschützt."

§ 1 UrhG Allgemeines
Die Urheber von Werken der Literatur, Wissenschaft und Kunst genießen für ihre Werke Schutz nach Maßgabe dieses Gesetzes.

16. Informiere dich im Internet inwieweit du das Urheberrecht in den 70 Jahren nach dem Tod des Urhebers beachten musst.

Das Urheberrecht erlischt erst 70 Jahre nach dem Tod des Urhebers.

Mit einem **Copyright-Zeichen** wird oft angezeigt, dass jemand Urheberrechte für sich und andere reklamiert. In Deutschland müssen Werke nicht extra durch das Copyright-Zeichen gekennzeichnet werden. Das Werk ist automatisch geschützt.

Folgende Punkte musst du beachten, wenn du mit dem Urheberrechtsgesetz nicht in Konflikt geraten möchtest:

Es muss unterschieden werden zwischen

Privatgebrauch

Die Veröffentlichung eines Werkes im Internet heißt nicht, dass der Urheber auf seine Rechte verzichtet.

Veröffentlichung

Ohne die Erlaubnis des Urhebers, darfst du gefundene Werke nicht öffentlich verwenden.

Planst du eine Veröffentlichung eines von dir erstellten Textes oder einer Präsentation im Internet, musst du für Inhalte, von denen du nicht selbst der Urheber bist, beim Rechteinhaber eine Lizenz erwerben, gemeinfreie Inhalte verwenden oder auf Creative-Commons-Lizenzen zurückgreifen.

17. Ab wann darfst du dich Urheber eines Werkes nennen?
Reicht es wenn du die Sätze eines Textes ein bisschen umstellst? Informiere dich im Internet, wie viel du an einem Werk ändern musst und diskutiere mit deinen Mitschülern darüber.

18. Informiere dich im Internet über die geschützten Werke. Diese findest du im Paragraf 2 des Urheberrechtsgesetzes.

Lösungsmöglichkeiten

Privat darfst du die Bilder und Texte ohne Einschränkungen verwenden.

Frage den Urheber, ob du sein Werk verwenden darfst.

19. Entscheide dich für einen Punkt des Urheberrechtsgesetzes, den du besonders wichtig findest. Diskutiere deine Wahl mit deinen Mitschülern.

Creative Commons

Das Internet ist mittlerweile eine sehr wichtige Informationsquelle. Bei der Suche nach Informationen legt einem das Urheberrecht aber immer wieder Steine in den Weg. Zu Beginn des dritten Jahrtausends hat LAWRENCE LESSING ein Modell entwickelt, womit der Urheber eines Werkes seine Rechte selbst einschränken kann. Dieses Modell heißt **Creative Commons** oder **CC**. Das heißt für dich, dass dir der Urheber mehr Rechte an seinem Werk gibt, als es das Urheberrecht tun würde. Creative Commons bietet sechs verschiedene Vertragsarten an:

 Namensnennung

 keine Bearbeitung

 nicht kommerziell

 Weitergabe unter gleichen Bedingungen

 Namensnennung – nicht kommerziell – Weitergabe unter gleichen Bedingungen

 Namensnennung – nicht kommerziell – keine Bearbeitung

CC BY-SA 3.0 bedeutet, dass der Name des Urhebers genannt werden und das Bild unter den gleichen Bedingungen weitergegeben werden kann.

20. Informiere dich über die dir mit den Symbolen gegebenen Rechte im Internet genauer.

Welche CC-Lizenz der Rechteinhaber ausgewählt hat, wird dem Werk (Bild, Video, Text, MP3-Datei) mithilfe von Eigenschaften mitgegeben. Dadurch können zum Beispiel Suchmaschinen Werke erkennen, die du bearbeiten darfst. Die entsprechenden Einstellungen kannst du bei jeder Suchmaschine machen.

Brauchst du für deine Arbeit andere Rechte an einem geschützten Werk als dir der Urheber einräumt, kannst du ihn (falls die erforderlichen Informationen angegeben sind) auch fragen.

> Verstößt du gegen eines der Gesetze kann das erhebliche Konsequenzen für dich haben.
> Für die Veröffentlichung von geschützten Bildern, Filmen, Musik oder Texte können schnell Schadensersatzansprüche von mehreren Tausend Euro zusammenkommen.

21. Stelle unterschiedliche Lizenzmodelle ein. Notiere die Anzahl deiner Suchergebnisse. Vergleiche dein Ergebnis mit dem deines Nachbarn.

22. Erstelle in einem Tabellenkalkulationsprogramm deiner Wahl mithilfe deiner notierten Ergebnisse ein geeignetes Diagramm und vergleiche es mit dem deiner Mitschüler.

Quellenangaben

Du weißt jetzt bereits, wie du Informationen im Internet suchen und sie nach ihrem Wahrheitsgehalt bewerten kannst. Damit du mit deinen gefundenen Informationen später weiterarbeiten kannst, solltest du unbedingt die Möglichkeiten deines Computers nutzen und die Daten speichern.

Die Artikel, Bilder, Videos und auch die Musik, die du im Internet finden kannst, sind Werke anderer Personen. Du musst also auf den Urheber verweisen.
Dies nennt man **Quellenangabe**. Am besten fügst du das Quellenverzeichnis am Ende deiner Arbeit auf einer zusätzlichen Seite ein.

Tipp: Bei der Informationssuche im Internet kommen sehr schnell sehr viele Daten zusammen. Speichere deine Informationen unter sinnvollen Dateinamen ab und sortiere die Dateien in eine geeignete Ordnerstruktur.

Unter einem **Plagiat** versteht man das unerlaubte Kopieren und Einfügen von zum Beispiel Texten in die eigenen Werke, ohne dies zu kennzeichnen.

23. Nimm drei Bücher aus deiner Schultasche. Notiere die entsprechenden Quellenangaben auf einem Schmierzettel.
Vergleiche deine Lösung mit der deines Banknachbarn.

24. Suche im Internet die Einwohnerzahlen der bayerischen Regierungsbezirke. Gib die gefundene Quelle in einem Textdokument an.

25. Bei Quellen aus dem Internet muss immer das Datum angegeben werden. Nenne mindestens zwei Gründe und begründe deine Entscheidung.

26. Suche im Internet die Wappen der bayerischen Regierungsbezirke. Gib die Quellen der gefundenen Bilder in einem Textdokument an.

Tipp: Trenne in deinem Quellenverzeichnis Textquellen und Bildquellen. Dies dient der Übersichtlichkeit.

27. Zitiere aus deinem IT-Buch einen kurzen Textausschnitt.

28. Suche im Internet ein bayerisches Sprichwort. Zitiere es.

Zu den Quellenangaben sollten mindestens die folgenden Teile gehören:
- Name des Urhebers,
- Titel der Quelle, z. B. Name des Buches,
- Jahr der Veröffentlichung des Werkes.

Falls du eine der Angaben nicht finden kannst, so kannst du auch „unbekannt" schreiben.

Quellenort	Zitat
Buch	**Allgemein:** Name des Autors: Titel des Buches. Verlag, Erscheinungsjahr, Seite **Beispiel:** Julia Beck, Sabrina Klein-Heßling, Markus Mingo, Julia Reichel, Theresa Spannbauer, Florian Stelzle: Informationstechnologie Grundwissen. Cornelsen, 2016, S. 112
Internetartikel	**Allgemein:** [Unbekannter Autor, daher keine Angabe] „Titel" der Seite, URL, Datum des Zugriffs **Beispiel:** „Murmeltier", http://de.wikipedia.org/wiki/Murmeltiere, 02.06.2015
Internetbild	**Allgemein:** Nickname des Fotografen (falls der richtige Name nicht gefunden wird), „Titel", URL, Datum des Zugriffs) **Beispiel:** Micmol, „Alpenmurmeltier", http://de.wikipedia.org/wiki/Murmeltiere#/media/File:Marmotta_alpina.jpg, 02.06.2015

Zitate

Das Wort **Zitat** kommt aus dem Lateinischen und bedeutet so viel wie Angeführtes oder Aufgerufenes. Zitieren ist also das wortwörtliche Übernehmen von zum Beispiel Textstellen. Auch andere Medien können zitiert werden.

Du musst beachten, dass du nur in einem angemessen Umfang zitieren darfst. Wenn du Zitate in den eigenen Text übernehmen willst, muss deine Eigenleistung unbedingt im Vordergrund stehen. Außerdem ist eine Quellenangabe erforderlich. Es wird unterschieden zwischen einem direkten Zitat und einem indirektem Zitat. Übernimmst du einen Textabschnitt originalgetreu, so nennt man dies **direktes Zitieren**. Folgende Punkte musst du hierbei beachten:

Regel	Beispiel
Kennzeichne jedes deiner Zitate – zum Beispiel durch kursive Schrift und Anführungszeichen.	„Max und Moritz im Verstecke schnarchen aber an der Hecke, und vom ganzen Hühnerschmaus guckt nur noch ein Bein heraus."
Zum Schluss muss der Urheber des Zitates angegeben werden.	(Wilhelm Busch: „Max und Moritz eine Bubengeschichte in sieben Streichen, 1865)
Zitate müssen immer Originalgetreu wiedergegeben werden. Du darfst nicht einfach Punkte ergänzen oder weglassen.	„Max und Moritz sitzen im Versteck neben der Hecke und essen Hähnchen."
Wenn du Teile weglassen möchtest, da diese z.B. nicht relevant sind, musst du dies markieren.	„Max und Moritz im Verstecke schnarchen […] und vom ganzen Hühnerschmaus guckt nur noch ein Bein heraus."

Möchtest du Textteile nicht eins zu eins sondern nur inhaltlich und sinngemäß übernehmen, so nennt man dies **indirektes Zitieren**. Auch beim indirekten Zitieren musst du die Quelle angeben.

3 Präsentationsplanung

Die Vorarbeit ist geschafft. Du weißt, wie du Informationen beschaffen kannst, kennst dich mit dem Urheberrecht aus und weißt, wie du die Quellen richtig angibst.

Es gibt es sehr viele Arten, gefundene Informationen vor einem Publikum zu präsentieren. So kannst du zum Beispiel ein Plakat erstellen, an die Tafel schreiben oder dein Referat auch ohne weitere Hilfsmittel vortragen.

FRED R. BARNARD, ein englischsprachiger Autor und Werbefachmann, hat bereits 1921 Folgendes veröffentlicht:
„One Picture is worth a thousand words."
„Ein Bild sagt mehr als tausend Worte".

Gemeint hat er damit, dass Menschen Informationen besser behalten können, wenn sie Bilder zu Texten sehen. Dies bestätigen auch Lernpsychologen.
Ideal sind Präsentationen mit Computer und Beamer, weil du deine Texte und Bilder übersichtlich und für alle gleichermaßen gut sichtbar darstellen kannst.

Bevor es jetzt aber an die Arbeit der eigentlichen Präsentation geht, solltest du die Arbeitsschritte eines Projektes kennen.

Planung

Stelle dir zu Beginn folgende Fragen:

WAS möchte ich präsentieren?
Welche Punkte muss ich unbedingt ansprechen?

WIE möchte ich mein Thema präsentieren?
Sollen Texte, Bilder, Musik, Filmausschnitte usw. genutzt werden?

WEM möchte ich meine Präsentation zeigen?
Was wissen meine Mitschüler schon über das Thema?

WO finde ich die Informationen die ich für meine Präsentation brauche?

WIE VIEL Zeit habe ich für meine Präsentation und wie teile ich mir die Zeit ein?

In den meisten Fällen wird dir dein Lehrer ein Thema vorgeben und du musst vor deiner Klasse zu diesem Thema ein Referat halten. Hier hast du relativ wenig Einflussmöglichkeiten.

Dennoch musst du das Referat selbst einteilen. Dazu eigenen sich die folgenden Fragen, die du dir selbst stellen kannst:
- Was interessiert mich selbst an meinem Thema am meisten?
- Wofür werden sich meine Mitschüler am meisten interessieren?
- Welche Punkte kann ich weglassen?
- Wie teile ich mir meine Zeit am besten ein?

Informationen sammeln

Damit du bei deiner Suche nach Informationen dein Ziel nicht aus den Augen verlierst, musst du folgende Punkte beachten:
- Was weiß ich bereits?
- Was muss ich wissen?
- Worüber muss ich mich noch informieren?

29. Kennst du schon Programme, mit welchen man digitale Präsentationen erstellen kann? Vergleiche deine Ergebnisse mit denen deiner Mitschüler.

Tipp: Du musst nicht immer mit einem Präsentationsprogramm arbeiten. Auch mit Flipcharts, Folien und Plakaten kann präsentiert werden.

Tipp: Oft ist ein Medienwechsel während einer Präsentation sinnvoll. So kannst du zum Beispiel
- Moderationskarten,
- Schaubilder,
- Filme,
- Experten,
- Rollenspiele,
- Radiobeiträge

und vieles mehr in deine Präsentation einbauen.

30. Überlege, wie viele Medienwechsel in einer Präsentation Sinn machen.

31. Überlege dir mindestens ein Beispiel, bei dem ein Medienwechsel sinnvoll ist.

Tipp: Im Internet kannst du viele kostenlose Programme zum Erstellen von Mindmaps finden. Beispiele sind FreeMind, Edraw, freeplane, mindmaster und imindMap.

Informationen strukturieren

Speicherst du die gefundenen Daten einfach nur ab, so verlierst du schnell den Überblick. Eine Möglichkeit, Informationen zu strukturieren, ist eine Datensammlung oder **Mindmap**.
Eine Mindmap verdeutlicht, wozu du bereits Informationen gefunden hast und welche Informationen dir noch fehlen.
So erstellst du eine MindMap:

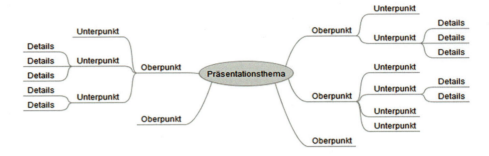

In der Mitte steht immer das Thema der Präsentation, von dort zweigen wie bei einem Baum die Haupt- und Nebenäste ab, die erst die Oberpunkte, später die Unterpunkte und Details beschreiben. Hast du eine neue Information gefunden, kannst du entweder die Äste ergänzen oder einen neuen Ast erstellen. Damit alles übersichtlich bleibt, müssen alle Punkte miteinander verbunden sein.

Mindmaps können mit der Hand geschrieben oder aber zum Beispiel mit dem kostenlosen Programm FreeMind am Computer erstellt werden.

Johanna soll ein Referat zum Thema „Bayern" halten. Folgende Informationen hat sie bereits im Internet gefunden und strukturiert:

32. Überlege, welche Aspekte dir beim Thema Bayern am besten gefallen. Erstelle eine eigene Mindmap zum Thema Mindmap.

33. Teile dir das Thema Bayern so ein, dass du fünf Minuten über das, was dich am meisten interessiert, reden kannst.

34. Erstelle eine Mindmap zum Thema „Wildtiere im Bayerischen Voralpenland".

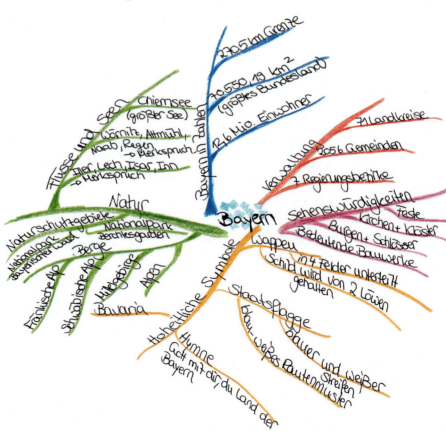

4 Präsentation mit einem Programm erstellen

Grundlegende Funktionsweise eines Präsentationsprogramms

Jedes Präsentationsprogramm funktioniert ein bisschen anders. Doch der grundlegende Aufbau der Programme ist immer gleich. Jedes Präsentationsprogramm setzt sich aus denselben Klassen zusammen.

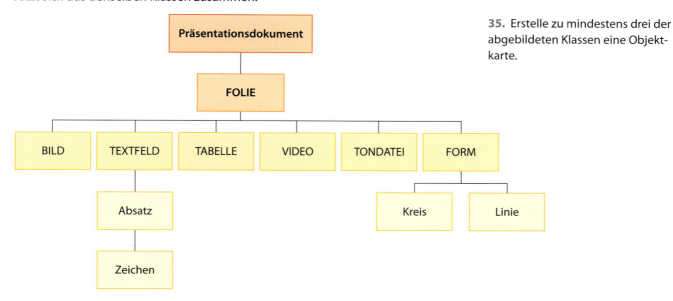

35. Erstelle zu mindestens drei der abgebildeten Klassen eine Objektkarte.

Die wichtigsten Objekte sind **Folien**, sie sind sozusagen die Seiten eines Präsentationsprogramms.
Für eine Präsentation mithilfe eines Präsentationsprogramms erstellst du also „elektronische Folien", die du deinen Zuschauern nacheinander zeigst.
Die Präsentation soll das, was du sagst, visuell unterstützen und deine Argumente verständlicher machen. So können sich deine Zuhörer das von dir Gesagte besser merken.

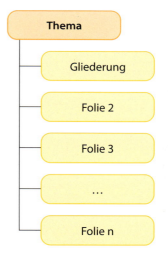

So erstellst du eine Präsentation in fünf Schritten:

1. Design auswählen
Bevor du mit dem Inhalt deiner Präsentation beginnst, musst du dich für ein Design – also Hintergrundfarbe, Schriftart, -größe und -farbe – entscheiden.
In jedem Programm gibt es fertige Designvorlagen die du hierfür verwenden kannst. Unter dem Menüpunkt „Entwurf" findest du diverse Designvorlagen. Du hast aber auch die Möglichkeit ein eigenes Design zu entwerfen (▶ auch Gestaltungsregel 1 auf der folgenden Seite).

2. Folie einfügen
Deine Präsentation besteht ganz am Anfang nur aus einer Folie – der Titelfolie. Weitere Folien kannst du über den Button „Neue Folie" einfügen. Dabei ist es möglich, aus unterschiedlichen Folientypen (leere Folie, Folien mit Titel und Inhalt, zweispaltige Folie, …) auszuwählen.

3. Textfelder, Grafiken, Filme und Sound einfügen
Objekte der Klassen BILD, TEXTFELD, TONDATEI und FORM kannst du über das Menü „Einfügen" in die Folien deiner Präsentation einbinden. Wie du schon in Kapitel 2 gelernt hast, kannst du die Attributwerte über die entsprechenden Methoden ändern. Die Methodenaufrufe in einem Präsentationsprogramm unterscheiden

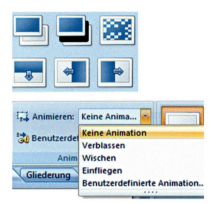

Folienübergänge animieren

kaum von denen eines Textverarbeitungsprogramms. Wenn du dir nicht mehr ganz sicher bis, schlage am besten im Kapitel 3 nach.

4. Animationen einfügen
Bilder, Textfelder und auch die Folien selbst verfügen über Methoden zu **Animation** (Schaffen von bewegten Bildern). Mit diesen Methoden kannst du mehr oder weniger sinnvolle Effekte in deine Präsentation einfügen.
- Es gibt viele Möglichkeiten Folienübergänge zu animieren (▶ nebenstehendes Bild). Auch kannst du die Attributwerte für den Übergangssound (was meist wenig sinnvoll ist), die Übergangsgeschwindigkeit und den Seitenwechsel („Mausklick" oder „Automatisch") einstellen.
- Für das Animieren von allen Objekten auf den einzelnen Folien bieten dir die meisten Präsentationsprogramme unterschiedliche Effekte für das Ein- und Ausblenden oder für das Hervorheben von Objekten. Auch hier kannst du die Attributwerte zum Starten der Animation und der Animationsgeschwindigkeit einstellen.
- Bilder und Textfelder kannst du z. B. langsam einblenden um die Spannung deines Vortrags zu erhöhen.
- Du kannst verhindern, dass deine Mitschüler wichtige Punkte deines Vortrags sehen, bevor du sie ansprichst, indem du die Stichpunkte erst nach und nach anzeigen lässt.

5. Präsentation starten
Jede Präsentationsprogramm arbeitet mit zwei Zuständen – dem Arbeitszustand und dem Präsentationszustand.
Im Arbeitszustand kannst du neue Folien erstellen und Objekte einfügen und bearbeiten. Außerdem kannst du die Folienreihenfolge ändern.
Wenn du deine Präsentation vorstellen möchtest, wechselst du in den Präsentationszustand. Hierfür ist nur ein Mausklick notwendig. Die Werkzeugleisten deines Programms werden ausgeblendet und die Präsentation wird im Vollbildmodus angezeigt.
Deine Präsentation kannst du durch Mausklick oder Tastatureingabe steuern. Es ist auch möglich, die Präsentation vollkommen selbstständig ablaufen zu lassen.

Gestaltungsregeln

Eine gute Präsentation zeichnet sich nicht dadurch aus, dass du alle Funktionen und Effekte deines Programms kennst und auf möglichst kleinem Raum anwenden kannst. Achte bei der Erstellung deiner Präsentationsseiten – wie bei einem guten Aufsatz – auf den „roten Faden" deiner Präsentation.

Um eine gute Präsentation zu erstellen, halte dich bitte an folgende Gestaltungsregeln:

Regel 1: Gestalte alle Präsentationsfolien einheitlich.
Es gibt zwei Möglichkeiten das Design deiner Präsentation einheitlich zu gestalten.
- Verwende eine vorgefertigte **Designvorlage**.
- Oder erstelle einen **Folienmaster**. Wenn du Änderungen in der Hauptfolie des Folienmasters vornimmst, werden diese für alle anderen Folien übernommen. Änderst du jedoch etwas in einer der Unterfolien, so wird dies nicht auf alle anderen Folien übertragen. Dieses Prinzip nennt man Vererbung von Attributwerten und funktioniert ähnlich wie in einer Familie: Ein Kind erbt die Gene der Eltern, aber die Eltern können nichts von den Kindern erben.

Ganz gleich, mit welcher Möglichkeit du arbeitest, achte auf jeden Fall auf eine einheitliche Schriftart, Schriftgröße und auf einen einheitlichen Hintergrund.

36. Beschäftige dich mit deiner Präsentation. Finde heraus, wie man einen Folienmaster erstellt.

Regel 2: Überlade deine Folien nicht – weniger ist mehr.
Die Folien sollen deinen Vortrag unterstützen und nicht deinen gesamten Vortragstext enthalten. Auf jede Folie gehören
- maximal eine Überschrift,
- höchstens sieben Stichpunkte,
- maximal zwei Bilder,
- Diagramme statt vieler Zahlen.

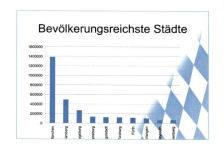

Regel 3: Beschränke dich auf ein Thema pro Folie.
Du kannst nur über ein Thema reden. Deine Zuhörer kennen den Inhalt deines Vortrags nicht. Lieber wenige Informationen auf einer Folie, aber dafür übersichtlich.

Regel 4: Verwende eine gut lesbare Schriftart.
Nicht alle Schriftarten eigenen sich für Bildschirmpräsentationen. Geschwungene Schriftarten oder solche mit Serifen kann man am Beamer sehr schwer lesen.

AaBbCc

Serifen sind feine Linien, die Buchstabenstriche am Ende abschließen.

Regel 5: Wähle eine ausreichende Schriftgröße.
Wähle mindestens Schriftgröße 18. Verwende immer dieselbe Schriftgröße für gleiche Absatzformate (Überschriften, Stichpunkte, …).

Regel 6: Nutze eine lesbare Schriftfarbe.
Achte bei der Schriftfarbe auf guten Kontrast (Unterschied zwischen hellen und dunklen Bereichen eines Bildes) zum Folienhintergrund.

Regel 7: Setze Grafiken und Bilder ein, wenn es angebracht ist.
Ein Bild sagt mehr als tausend Worte. Bilder können deinen Vortrag unterstützen. Aber auch hier musst du Regeln beachten. Die Bilder einer Präsentation sollten
- sich immer an der gleichen Position befinden,
- immer die gleiche Größe haben und
- eine gute Bildqualität besitzen.

Tipp: jedes Präsentationsprogramm bietet dir die Möglichkeit ein Lineal oder Gitternetzlinien anzeigen zu lassen. Mit diesen Hilfsmitteln kannst du Bilder und Textfelder einheitlich ausrichten.

Regel 8: Verwende Animationen, um die Aufmerksamkeit der Zuhörer auf wichtige Inhalte zu lenken.
Verwende Animationen nur, wenn sie auch wirklich Sinn machen. Sinnvolle Animationen sind zum Beispiel Einblenden, Ausblenden, Hervorheben. Achte dabei auf eine angemessene Geschwindigkeit.

Präsentation vorstellen

Eine Präsentation soll beim Zuhörer einen Informationszuwachs bewirken. Das heißt, dass du deine Informationen so präsentieren musst, dass deine Mitschüler

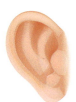 akustisch verstehen können, was du sagst – du musst also laut und deutlich sprechen.

 erkennen können was du ihnen zeigst – die Präsentation muss also gut formatiert sein.

Tipp: Deine Präsentation muss nicht immer nur aus einem Vortrag zu den Präsentationsfolien bestehen. Zusätzlich kannst du Arbeitsblätter, ein Quiz, einen Flyer, die Tafel, ein Flipchart oder ein Modell zeigen.

 nicht nur deine Worte wahrnehmen können, sondern ebenso deine Stimmhöhe und deine Sprechgeschwindigkeit.

Wichtig bei einer Präsentation sind auch Mimik und Gestik:

Negativ	Positiv
an die Decke, auf den Tisch oder ins Manuskript schauen; immer nur einen Zuhörer ansehen	die *Zuhörer* anschauen
Arme vor der Brust verschränken, still da stehen	Bewegung beim Sprechen, auf die Zuhörer zugehen, das Gesagte mit Handbewegungen unterstreichen; wichtig sind natürliche Gesten

37. Spielt euch gegenseitig die positiven und negativen Merkmale vor. Beschreibe wie sich Mimik und Gestik auf den Vortrag auswirken.

In einem **Handout** fasst du für deine Mitschüler und Lehrer die wichtigsten Inhalte der Präsentation noch einmal zusammen. Das erleichtert das Zuhören bei deinem Vortrag. Das Handout bildet den roten Faden durch deine Präsentation und bietet die Möglichkeit, an den richtigen Stellen Fragen zu beantworten. Vielleicht bleiben so auch nervige Zwischenfragen aus.

Ein Handout ist wie ein Aufsatz aufgebaut. In die Einleitung gehören auf jeden Fall dein Name, deine Klasse, das Fach und das Datum, an dem du den Vortrag hältst. Auf keinen Fall fehlen darf das Thema deiner Präsentation.

38. Ist es immer sinnvoll, ein Handout zu erstellen?
Überlege dir zwei Argumente und diskutiere mit deinen Mitschülern.

Der Hauptteil deines Handouts soll sich stark an deiner Präsentation orientieren. Achte auf eine übersichtliche Darstellung. Hebe Überschriften und Zwischenüberschriften deutlich hervor und markiere wichtige Punkte deines Vortrags. Du kannst auch ein Quiz oder Aufgaben in dein Handout einfügen.

Wie bei einem Aufsatz folgt am Ende eine kurze Zusammenfassung oder ein Fazit. Dieser Teil darf aber sehr kurz ausfallen.

10 Regeln für einen guten Vortrag:

39. Nenne Hürden, an denen deine Präsentation technisch scheitern kann.

Einstieg	Wähle für den Einstieg deiner Präsentation einen Punkt, der neugierig auf das Thema macht.
Gliederung	Gliedere deinen Vortrag und setze Schwerpunkte.
Ablaufplan	Lege einen Ablaufplan fest, wenn du mehr als nur ein Medium verwenden möchtest.
Dauer	In der „Kürze liegt die Würze": Vermeide überlange Referate.
Bandwurmsätze	Sprich in kurzen, prägnanten Sätzen.
Zuhörer	Schaue deine Zuhörer an.
Sprache	Versuche frei, klar und deutlich zu sprechen. Achte darauf, nicht zu schnell zu sprechen.
Sinnabschnitte	Mache Pausen zwischen Sinnabschnitten.
Zwischenfragen	Erlaube Zwischenfragen deiner Mitschüler oder mache am Anfang deutlich, dass du Fragen am Ende beantwortest.
Schluss	Fasse dein Thema am Schluss noch einmal kurz zusammen.

Vor deinem Vortrag darf eine Generalprobe nicht fehlen. Trage dir selbst deinen Vortrag vor einem Spiegel vor oder frage deine Eltern und Geschwister, ob sie dein Publikum sein wollen. Achte auf die Dauer deines Vortrags. Funktionieren alle Animationen so, wie du es dir gedacht hast?
Überprüfe, ob du die richtige Präsentationsdatei auf deinem Stick gespeichert hast. Bereite deinen Präsentationsraum vor.

Grundwissen

- Rechtliche Grundlagen bei der Veröffentlichung von Bildern

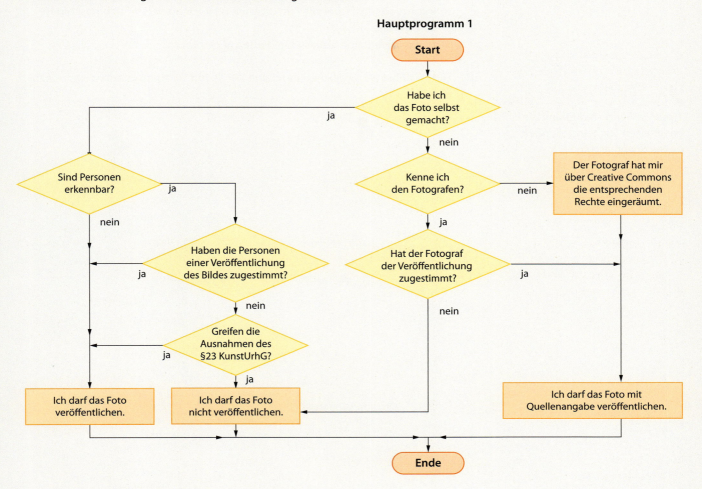

- In fünf Schritten zur Präsentation
  1. Design auswählen – Designvorlage oder Masterfolie selbst erstellen
  2. Folien einfügen
  3. Textfelder, Grafiken, Filme und Sound einfügen
  4. Animationen einfügen
  5. Präsentation starten
- Gestaltungsregeln

Checkliste für eine gut gestaltete Präsentation	Ja	Nein	Vielleicht
Ist das Layout der Folien einheitlich gestaltet?			
Stehen auf den Folien nur wichtige Informationen?			
Habe ich für jedes Thema eine eigene Folie verwendet?			
Habe ich eine gut lesbare Schriftart und Schriftfarbe verwendet?			
Ist die Schrift auf meinen Folien groß genug?			
Sind die Bilder auf meinen Folien groß genug und von guter Qualität?			
Habe ich nur sinnvolle Animationen verwendet?			
Funktionieren meine Hyperlinks?			

Zeig was du kannst

1. Es gibt mehrere verschiedene Suchmaschinen.
    a) Informiere dich über die Funktionsweise verschiedener Suchmaschinen im Internet.
    b) Präsentiere deine Ergebnisse deinen Mitschülern.

2. Unten siehst du Möglichkeiten deine Suche mit Textbausteinen weiter einzugrenzen.

Tipp: Verwende hierfür auf die erweiterten Sucheinstellungen deiner Suchmaschine

a) Suche andere Möglichkeiten deine Suche im Internet weiter einzuschränken. Beschreibe diese Möglichkeiten.
b) Ziel ist es, so wenig Suchergebnisse wie möglich zu generieren. Gib zwei Nomen ein (richtige Rechtschreibung) und verwende Möglichkeiten der Suchverfeinerung.
c) Bestimme mithilfe sinnvoller Suchbegriffe die Lösungen folgender Fragen. Notiere deine Suchanfrage.
   - Bei uns beliebtes Fast-Food, aber auch ein Fluss in einem europäischen Land: Bosna. Durch welche Stadt fließt er?
   - Auf Deutsch heißt diese Hauptstadt „Kaufmannshafen".
   - Hin und wieder wird diese Hauptstadt auch „Reval" genannt.
   - Die Hauptstadt der „Feuerinsel" im Nordatlantik ist gefragt.
   - Alte Stadtmauern und Schwedisches Tor sind zwei von vielen Sehenswürdigkeiten in dieser Hauptstadt.
   - Die Ruine der Burg von Gediminas ist das Wahrzeichen der Stadt.

3. Im Internet hast du folgende Informationen über Dateigrößen gefunden. Vergleiche die folgenden drei Texte. Schreibe in kurzen Stichpunkten die Unterschiede auf.

http://www.computerlexikon.com/was-ist-bit 12.1.2016	https://de.wikipedia.org/wiki/Gr%C3%B6%C3%9Fenordnung_%28Datenraten% 29.1.2016	http://www.heise.de/newsticker/meldung/Wieviel-ist-denn-ein-Kibi-Byte-15893.html 12.1.2016
Bit (engl. auch für ein *bichen*) ist die Bezeichnung für die kleinste Informations- und Speichereinheit in einem Computer. Ein Bit kann die Werte 1 und 0 annehmen. […] In Netzwerken werden üblicherweise übertragene Datenmengen in Bit angegeben (vor allem die Datentransfergeschwindigkeit in z.B. Mb/s). Dabei ist bei der Abkürzung darauf zu achten, ob das b klein (z.B. Mb) oder gro (z.B. GB) geschrieben ist, wobei letzteres Bytes bezeichnet. […] **Kilobit (Kbit, Kb)** 1.024 (= 2^{10}) Bit 128 (= 27) Byte **Megabit (Mbit, Mb)** 1024 (= 2^{10}) Kilobit 1 048 576 (= 2^{20}) Bit 128 (= 2^7) KiloByte 131 072 (= 2^{17}) Byte **Gigabit (Gbit, Gb)** 1024 (= 2^{10}) Megabit 1 048 576 (= 2^{20}) Kilobit 1 073 741.824 (= 2^{30}) Bit	Dieses ist eine Zusammenstellung von Datenübertragungsraten/Bitraten verschiedener Größenordnungen zu Vergleichszwecken. Sie zeigt Übertragungsgrenzen im Überblick und auch, ob bestimmte Inhalte über bestimmte Medien übertragbar sind. […] Je nach Übertragungsprotokoll werden Nutzdaten und gegebenenfalls Verwaltungsdaten (sogenannter Overhead) übertragen. Bei Vergleichen zwischen Datenraten ist das zu beachten. Im Folgenden verwendete Einheiten: - 1 bit/s - 1 kbit/s (Kilobit/Sekunde) = 1000 bit/s - 1 Mbit/s (Megabit/Sekunde) = 1 000 000 bit/s - 1 Gbit/s (Gigabit/Sekunde) = 1 000 000 000 bit/s	Rechtschreibreform für Speichergrößen: Aufmerksame c't-Leser haben vielleicht schon einmal bemerkt, daß die Differenz von kByte und KByte 24 Speicherzellen beträgt – das „große Kilo" steht bei uns für eine Zweierpotenz (1024) statt für Zehn hoch Drei. Bereits beim Mega-Byte funktioniert diese Unterscheidung aber nicht mehr, da schon die glatte Million ein großes M erfordert. Gerade bei den großen Einheiten ist der Irrtum aber beträchtlich: Ein GIGA-Byte ist schon um fast 74 Millionen Zellen größer als ein Giga-Byte, was als freier Speicherplatz bei einer Windows-Installation schon einen Unterschied macht. Die **International Electrotechnical Commission** (IEC) will mit neuen Standard-Präfixen für die Potenzen von 1024 solche Fehlerquellen vermeiden: Ein KByte hieße dann – abgeleitet von „kilo binary" – Kibi-Byte (abgekürzt KiByte), größere Speicheransammlungen Mebi- (Mi), Gibi- (Gi) und Tebi-Byte (TiByte). Damit wäre dann auch jedem klar, daß die Lösung des Y2K-Problems keine 48 Jahre Zeit mehr hat. (nl)

Tipp: Schau dir zu Klärung des Problems auch den Wikipedia-Artikel „Byte" an.

a) Beurteile die Texte nach ihrer Glaubwürdigkeit. Erkläre deinen Mitschülern, wie du die Texte überprüft hast.
b) Diskutiere mit deinen Mitschülern über die Glaubwürdigkeit der Texte.
c) Erstelle mithilfe der hier abgebildeten und im Internet neu recherchierten Informationen eine kurze Präsentation.

4. Wie jeder Gesetzestext ist auch das Urheberrechtsgesetz kompliziert geschrieben.
   a) Paragraf 2 des Urheberrechtsgesetzes legt fest welche Werke geschützt sind. Finde für je ein Beispiel für jeden Punkt.
   b) Ist es sinnvoll, alle Werke vom Urheberrecht zu befreien? Das Urheberrecht schränkt deine Rechte im Internet ja ungemein ein. Überlege dir je drei Vorteile und Nachteile des Gesetzes. Begründe deine Antworten und diskutiere sie mit deinen Mitschülern.
   c) Recherchiere im Internet, wie du lizenzfreie Werke finden kannst.
   d) Präsentiere deine Ergebnisse deinen Mitschülern.

5. Du möchtest ein Foto auf deiner Web-Seite veröffentlichen.
   a) Nenne drei Kriterien, die du beachten musst.
   b) Folgende Bilder hast du im Internet gefunden. Die CC-Lizenz war immer mit angegeben. Nenne die Rechte, die dir der Urheber zusätzlich gewährt? Bild CC-Lizenz

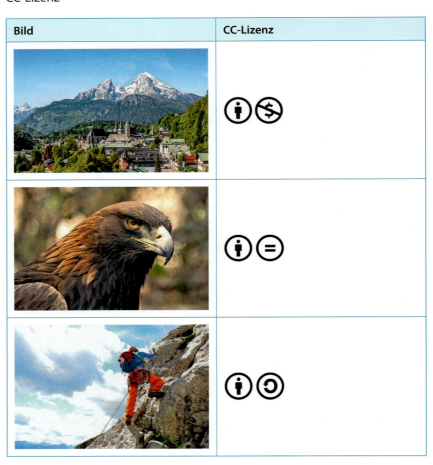

   c) Beurteile anhand des Entscheidungsbaums auf Seite 139 die Fälle aus Aufgabenteil b). Nenne mehrere Möglichkeiten die Bilder trotzdem zu veröffentlichen.
   d) Finde für folgende CC-Lizenzen Bilder zum Thema „Bayern" im Internet.

Zeig was du kannst   Kapitel 7   143

6. Du weißt, welche Rechte du im Internet beachten musst. Wenn du dies nicht tust, kann es sein, dass du abgemahnt wirst. Hier ein Beispiel:

> Die Twentieth Century Fox Home Entertainment Germany GmbH lässt weiterhin das uns mittlerweile gut bekannte Filmwerk „X-Men: Zukunft ist Vergangenheit" von den Rechtsanwälten Waldorf Frommer aus München abmahnen.
> Die Kanzlei fordert Unterlassung, Schadensersatz und Kostenerstattung wegen unerlaubter Verbreitung des Werkes via bittorrent. Waldorf Frommer bietet auch für diesen Fall wieder an, die Zahlungsansprüche durch Zahlung eines Betrages in Höhe von 815,00 € zu erledigen.
> Daneben soll der Abgemahnte natürlich eine strafbewehrte Unterlassungs- und Verpflichtungserklärung abgeben, für welche die Kanzlei schon ein vorgefertigtes Formular beifügt.
> Quelle: http://www.abmahnstopper.de/aktuelle-abmahnungen, 13. 01. 2016

a) Nenne Auswirkungen, die eine solche Abmahnung auf dich hat.
b) Recherchiere im Internet, welche weiteren Gründe es für eine Abmahnung gibt. Vergleiche deine Ergebnisse mit denen deiner Mitschüler.
c) Recherchiere im Internet, welche Konsequenzen eine Abmahnung für dich oder deine Eltern hat.

7. Beurteile die folgenden Situationen. Wie sieht die aktuelle Rechtslage aus? Diskutiere die folgenden Fälle mit deinen Mitschülern.
a) Die Multimedia AG deiner Schule macht Fotos von Schülern beim Berufsinfoabend. Diese sollen im Jahresbericht veröffentlicht werden.
b) Ein Vater entdeckt sich auf einem im Jahresbericht veröffentlichten Foto in der Menge und beschwert sich beim Schulleiter.
c) Du musst ein Referat über die Verschlüsselungsmaschine Enigma halten. Im Internet findest du viele Bilder. Du kopierst alle Folien deiner Präsentation für deine Mitschüler.
d) Für deine Projektpräsentation brauchst du Bilder. Du findest das Bild des gesuchten Politikers auf der Internetseite deiner Heimatzeitung.
e) Ein Video, welches du auf der Streamingseite YouTube gefunden hast, passt ausgezeichnet zu deinem Referat und du baust es in deine Präsentation ein.
f) Dein Referat soll auch eine Tondatei enthalten. Du findest die entsprechende Tondatei im Internet und lädst sie herunter. Anschließend fügst du diese in deine Präsentation ein.
g) Du hast ein Originalzitat von ALAN TURING (Entschlüsslung der Enigma) gefunden. Das Zitat möchtest du in dein Handout kopieren.
h) Du hast dir die neue CD deiner Lieblingsband gekauft, brennst sie dreimal und schenkst sie deinen Freunden.
i) Die Lieder deiner neuen CD kopierst du außerdem auf deinen MP3-Player.
j) Du hast dir ein Computerspiel gekauft. Um mit deinem besten Freund spielen zu können, kopierst du die DVD und gibst sie ihm.
k) Für ein Internet-Projekt erstellst du eine Internetseite über die Zeit des 2. Weltkriegs. Dazu schreibst du selbst recherchierte Texte und übernimmt historische Fotos, nachdem du die Autoren um Erlaubnis gefragt hast. Am Ende der Internet-Seite möchtest du auf die Gefahr durch rechtsradikalen Einfluss hinweisen. Zu diesem Zweck und zur Untermauerung deiner Meinung legst du einige Links auf Seiten mit rechtsradikalem und rassistischem Inhalt.

Für Unterricht und Forschung gelten Sonderrechte. So dürfen Musik, Konzerte, Theater, Film, DVD, Video, Texte, Videos aus dem Internet usw.

auf öffentlichen Veranstaltungen nicht gezeigt werden,

für Schüler und Eltern bedingt gezeigt werden,

im Klassenzimmer gezeigt werden.

„Bedingt" (gelbe Ampel) bedeutet, es werden Einschränkungen gemacht. So darf bei Schulaufführungen kein Eintritt verlangt werden.

Tipp: Mögliche Präsentationsthemen können sein:
- Verschlüsselung, Datenschutz
- Gefahren im Internet, Persönlichkeitsrechte

Tipp: In der 9. Klasse finden Projektpräsentationen statt. Hier brauchst du all das, was du in diesem Kapitel gelernt hast.

8. Wähle ein Präsentationsthema und erstelle eine Präsentation mithilfe des folgenden Aktivitätsdiagramms:

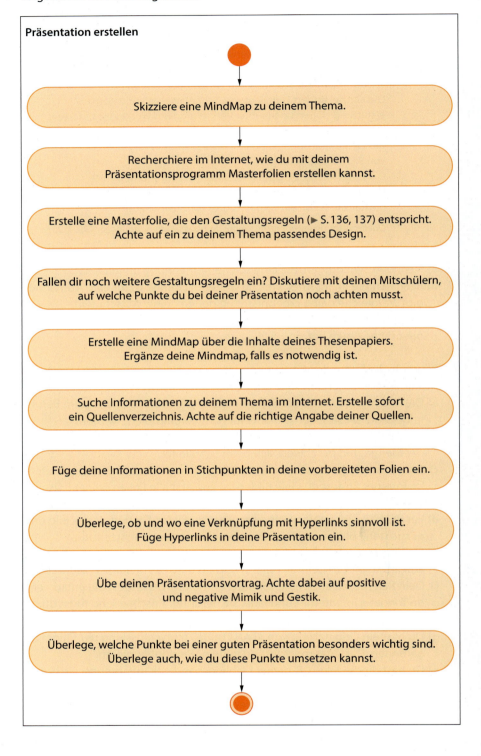

Präsentation erstellen

- Skizziere eine MindMap zu deinem Thema.
- Recherchiere im Internet, wie du mit deinem Präsentationsprogramm Masterfolien erstellen kannst.
- Erstelle eine Masterfolie, die den Gestaltungsregeln (▶ S. 136, 137) entspricht. Achte auf ein zu deinem Thema passendes Design.
- Fallen dir noch weitere Gestaltungsregeln ein? Diskutiere mit deinen Mitschülern, auf welche Punkte du bei deiner Präsentation noch achten musst.
- Erstelle eine MindMap über die Inhalte deines Thesenpapiers. Ergänze deine Mindmap, falls es notwendig ist.
- Suche Informationen zu deinem Thema im Internet. Erstelle sofort ein Quellenverzeichnis. Achte auf die richtige Angabe deiner Quellen.
- Füge deine Informationen in Stichpunkten in deine vorbereiteten Folien ein.
- Überlege, ob und wo eine Verknüpfung mit Hyperlinks sinnvoll ist. Füge Hyperlinks in deine Präsentation ein.
- Übe deinen Präsentationsvortrag. Achte dabei auf positive und negative Mimik und Gestik.
- Überlege, welche Punkte bei einer guten Präsentation besonders wichtig sind. Überlege auch, wie du diese Punkte umsetzen kannst.

Kapitel 8

Grundlagen elektronischer Datenverarbeitung

1 Das EVA-Prinzip
2 Computermodelle
3 Die Aufgaben des Betriebssystems
4 Die Verwaltung und die Sicherheit von Daten

Nachdem du bereits mit den unterschiedlichsten Anwendungsprogrammen gearbeitet hast, wirst du im Kapitel 8 die grundsätzliche Funktionsweise von Computern verstehen lernen. Dabei geht es auch um Kenntnisse zu Risiken und Sicherheitsregeln im Umgang mit Daten.

1 Das EVA-Prinzip

Informationsverarbeitende Systeme und EVA

Jedes **informationsverarbeitende System** (Lebewesen oder Maschine) funktioniert nach dem EVA-Prinzip:

Eingabe – Verarbeitung – Ausgabe

	Mensch	Maschine
E Eingabe	Du sitzt im Unterricht und *hörst* die Aufforderung deines Lehrers: „Berechne 13 + 10."	Du *gibst* die Berechnung in deinen Computer *ein* (z. B. Tabellenkalkulationsprogramm)
V Verarbeitung	Du *überlegst* und *berechnest* das Ergebnis.	Der Computer berechnet das Ergebnis.
A Ausgabe	Du *meldest* dich und *nennst* das Ergebnis: „Die Zahl ist 23!"	Das Ergebnis wird am Monitor *angezeigt*.

1. Beschreibe, wie der Mensch mithilfe seines Körpers in der Lage ist, Aktionen auszuführen, die auf dem EVA-Prinzip beruhen.

Du siehst, dass Computer in ihrer Funktionsweise dem Menschen sehr ähnlich sind. Sie sind wie viele technische Geräte der Natur nachempfunden. Der Vorteil von Computern ist ihre Geschwindigkeit bei der Verarbeitung. Sie können im Vergleich zum Menschen viel schneller schwierige Berechnungen durchführen.

- Damit der Computer Daten verarbeiten kann, müssen sie erst eingegeben werden. Dies geschieht mit den **Eingabegeräten**. Dazu gehören z. B. Maus, Tastatur, Scanner, Joystick, Mikrofon oder Webcam.
- Der Prozessor ist das „Gehirn" des Computers. Die **Verarbeitung** geschieht durch den Prozessor und Arbeitsspeicher im Rechner. Man kann ihn von außen betrachtet nicht sehen.
- Das Hauptausgabegerät ist der Monitor. Aber auch Hardware wie Drucker und Lautsprecher sind **Ausgabegeräte**.

Arbeitsspeicher (RAM) und Prozessor (CPU)

2. Bewerte die Rolle eines Speichermediums (z. B. USB-Stick) bei dem EVA-Prinzip.

> Zur **Hardware** des Computers gehören die Ein- und Ausgabegeräte.
> Sie bezeichnet man auch als **Peripheriegeräte (Umgebungsgeräte)**.

Beispiel für das EVA-Prinzip

Johanna möchte sich in der Pause am schuleigenen Getränkeautomaten einen Kakao bestellen. Sie wirft das Kleingeld in den Münzeinwurf und wählt das gewünschte Getränk durch Tastendruck aus. Der Getränkeautomat prüft daraufhin die Geldstücke auf ihre Echtheit. Sofern das eingeworfene Geld ausreicht und sich genügend Kakaopulver, Milch und Becher im Automaten befinden, beginnt das Gerät den Kakao zu mischen. Nach etwa 20 Sekunden gibt der Getränkeautomat im Ausgabefach den warmen Kakao im Becher aus. Das Rückgeld entnimmt Johanna aus dem dafür vorgesehenen Fach.

3. Gliedere den Vorgang am Getränkeautomaten nach dem EVA-Prinzip.

2 Computermodelle

Die Von-Neumann-Rechnerarchitektur

Im Raum der Rechenmaschine ENIAC in Aberdeen (Schottland) im Jahr 1947:

Peter: „Wir müssen für den nächsten Rechenvorgang die Kabel wieder umstecken!"
Mary: „Bei jeder Programmänderung das Gleiche! Der Umbau der Rechenmaschine dauert eine halbe Stunde."
Peter: „Ich gebe noch kurz die Lochkarten ein. Dann können wir endlich das Ergebnis speichern."
Mary: „Unser ENIAC liefert für alle Grundrechenarten die richtigen Ergebnisse. Der Arbeitsaufwand ist jedoch riesig!"
Peter: „Die Daten und die Programme sind in verschiedenen Speichern abgelegt. Dieser Umstand macht die Sache so kompliziert."
Mary: „In den USA soll ein Herr von Neumann an einem universellen, speicherprogrammierbaren Computer arbeiten."
Peter: „Das wäre die Lösung und würde eine Menge Zeit einsparen!"

Der Electronic Numerical Integrator and Computer (**ENIAC**) war der erste rein elektronische Universalrechner.

JOHN VON NEUMANN löste mit seiner Idee das Grundproblem der damaligen Zeit. Er *speicherte die Daten und Programmbefehle in einem Speicher*. Somit musste der Rechner nicht mehr umgebaut werden und die Arbeitsweise der Computer wurde grundlegend verbessert.

Wie ist ein **von-Neumann-Rechner** aufgebaut?

4. Erläutere, mit welchen Problemen man in den Anfangszeiten des Computers zu kämpfen hatte.

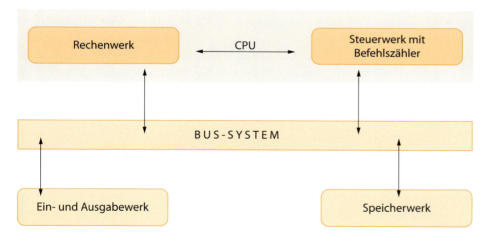

JOHN VON NEUMANN (1903–1957) gilt mit seinen Ideen als einer der Wegbereiter der heutigen Computertechnik.

1. Das **Rechenwerk** führt als Zentraleinheit Rechenoperationen und logische Verknüpfungen durch.
2. Das **Steuerwerk** übersetzt die Anweisungen eines Programms und regelt die Befehlsabfolge.
3. Ein **Bus-System** besteht aus einer bestimmten Anzahl von Leitungen, über die in einem festgelegten Takt gleichzeitig Informationen übertragen werden.
4. Das **Speicherwerk** speichert sowohl Programme als auch Daten, worauf das Steuerwerk zugreifen kann.
5. Das **Ein- und Ausgabewerk** ist die Schnittstelle zum Anwender (Tastatur, Bildschirm).

5. Begib dich im Internet auf Zeitreise und informiere dich über JOHN VON NEUMANN, Lochkarten und ENIAC.

Bei der Rechnerarchitektur von-Neumanns wurden Daten und Programme erstmalig elektromagnetisch abgespeichert. Ein Umbau des Computers war nicht mehr notwendig

Die Lochkarte konnte als Speichermedium einmalig mit Daten beschrieben werden.

KONRAD ZUSE (1910–1995) ist der Erfinder der modernen Computer.

6. Suche im Internet nach Informationen und Bildern zu KONRAD ZUSE und seinen Rechenmaschinen.

7. Nenne Kriterien, die für den Stromverbrauch und die Kostenrechnung eines Elektrogeräts ausschlaggebend sind.

8. Das „Energy-Star-Logo" wird von manchen Seiten kritisiert. Recherchiere die Hintergründe!

9. Überlege dir Aufgabenbereiche des Betriebssystems anhand des Einstiegsbeispiels.

10. Mit welchem Betriebssystem arbeitest du? Finde es heraus.

Von KONRAD ZUSE bis zur „Green-IT"

Weißt du, wer den ersten funktionsfähigen Rechner gebaut hat? Das war KONRAD ZUSE aus Berlin. Er baute im Jahr 1941 die Rechenmaschine **Z3**, mit der Berechnungen frei programmiert wurden. Er erkannte als Erster, dass sich das in der Nachrichtentechnik gebräuchliche Relais als idealer elektronischer Schalter einsetzen ließ. Das Relais kennt jedoch nur zwei Schaltzustände: „ein" oder „aus". Also war die zweite geniale Idee von KONRAD ZUSE die Folgende: Wenn die Relais nur mit zwei Zuständen arbeiten können, dann verwenden wir zum Rechnen eben Dualzahlen. Dualzahlen – oder auch Binärzahlen – basieren auf dem Zweier-System in dem eben nur zwei Ziffern (1 und 0) vorkommen (▶ Seite 71, 72).
Leider vermochte KONRAD ZUSE seine Ideen und Erfindungen nicht zu sichern (also patentieren zu lassen). Trotzdem war er es, der die Entwicklung von modernen Computern geprägt hat.

Inzwischen hat sich der Computer in allen Lebensbereichen durchgesetzt. Es wird geschätzt, dass deutschlandweit 37,5 Millionen Arbeitsplatzcomputer (in Unternehmen, Behörden und Bildungseinrichtungen) im Jahr 2020 eingesetzt werden. Wie viel welches Elektrogerät leistet, steht entweder auf den Geräten selbst oder in der Gebrauchsanweisung. Im Gegensatz zum Kühlschrank (ca. 120 Watt), verbraucht ein PC mit Monitor mit durchschnittlich ca. 250 Watt deutlich mehr Energie.

Die Höhe des Stromverbrauchs bzw. der Kosten eines Computers lässt sich einfach berechnen:

$$\text{Stromverbrauch (kWh/Jahr)} = \frac{\text{Wattzahl} \cdot \text{Gerätelaufzeit (Stunden/Tag)} \cdot 365}{1000}$$

$$\text{Kosten (Euro/Jahr)} = \text{Stromverbrauch (kWh/Jahr)} \cdot \text{Arbeitspreis (Cent/kWh)}$$

Beispiel: Ein PC mit 250 Watt, der täglich zwei Stunden benutzt wird, verbraucht im Jahr 182,50 kWh Strom und verursacht bei einem Arbeitspreis von 20 Cent/kWh ca. 36,50 Euro im Jahr.

Informationtechnologie zu nutzen und dabei die Umwelt zu schonen – das liegt dem **„Green-IT"-Gedanken** zu Grunde.

Jeder hat Möglichkeiten, Energie zu sparen, unnötiges Ausdrucken zu vermeiden, Umweltpapier zu verwenden oder energiesparende Geräte zu kaufen. Hilfreich dabei sind Logos, wie *„Der Blaue Engel"* oder *„Energy Star"*.
Der „Energy Star" bescheinigt z. B. elektrischen Geräten oder Bauteilen, dass sie Stromsparkriterien erfüllen. Die Grenzwerte zum maximalen Stromverbrauch über eine bestimmte Zeitdauer werden dabei individuell berechnet. Eingeschaltete Geräte bzw. Komponenten müssen sich zudem nach einer gewissen Zeit zurückschalten.

3 Die Aufgaben des Betriebssystems

Betriebssystem

Du erstellst auf deinem USB-Stick einen neuen Ordner „IT_Hausaufgabe". Du klickst mit der Maus auf das Symbol deines Tabellenkalkulationsprogramms und startest das Programm. Du trägst Zahlen und Berechnungen in das Tabellenblatt ein. Während deiner Arbeit speicherst du die Datei in dem erstellten Ordner ab.
Was beim Arbeiten an einem Rechner ganz selbstverständlich ist, wäre ohne das Betriebssystem nicht möglich.

Die Aufgaben des Betriebssystems **Kapitel 8** 149

> Ein **Betriebssystem** (englisch operating system; OS) ist eine Sammlung von Programmen, die den Betrieb eines Computers ermöglicht.

Das Betriebssystem ist mit den wichtigen Systemdateien auf der Festplatte gespeichert. Meistens ist es beim Kauf eines Computers vorinstalliert und als Software nicht greifbar.
Erst das Betriebssystem ermöglicht dir den Zugriff auf Anwendungssoftware (z. B. auf ein Tabellenkalkulationsprogramm) und auf angeschlossenen Hardware (z. B. die Tastatur). Seit Mitte der 1980er-Jahre bieten Betriebssysteme auch grafische Benutzeroberflächen an.
Es gibt eine Vielzahl von Betriebssystemen. Sie werden ständig weiterentwickelt und den neuen Anforderungen angepasst. Zu den verbreitetsten Betriebssystemen zählen die Varianten von Microsoft Windows, Apple Mac OS X und Linux.

Aktuelle Betriebssysteme (Stand Januar 2017):
Microsoft Windows 10
macOS von Apple
Android 7 (für mobile Geräte)

Hauptaufgaben eines Betriebssystems

1. Speicher- und Dateiverwaltung
Das Betriebssystem verwaltet die freien bzw. benutzten Bereiche auf Datenträgern (z. B. USB-Stick oder Festplatte). Es ermöglicht dem Benutzer, die Daten in Form von Dateien in Ordnern abzuspeichern und gibt Informationen zur Speichergröße oder dem Speicherort (Verzeichnisstruktur). Es erlaubt die Dateien und Ordner zu erstellen, zu verändern, umzubenennen, zu löschen usw.

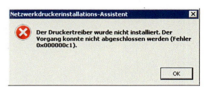

Treibersoftware ermöglicht die Kommunikation zwischen dem Rechner und der angeschlossenen Hardware.

2. Geräteverwaltung
Eingabegeräte lassen sich heutzutage einfach per USB am Rechner anschließen. Damit du die Tastatur oder Maus sofort nutzen kannst, muss das Betriebssystem das Gerät erkennen und in Betrieb nehmen. Moderne Betriebssysteme haben die erforderlichen Treiber für aktuelle Hardware standardmäßig vorinstalliert. Der Zugriff auf Betriebsmittel wie z. B. Festplatte, Arbeitsspeicher oder Drucker regelt das Betriebssystem. Manchmal werden Betriebsmittel gleichzeitig benötigt. Um einen Zugriffskonflikt zu vermeiden, erstellt das Betriebssystem eine Art Reihenfolge, welches Dokument z. B. zuerst gedruckt wird und welches sich „hinten anstellen" muss.

11. Dein Betriebssystem führt eine Geräteverwaltung. Finde sie.

3. Prozess- und Diensteverwaltung
Jede Anwendungssoftware und jeder Dienst wird auf Grundlage eines Prozesses oder sogar mehrerer Prozesse in einem Betriebssystem ausgeführt. Im Unterschied zu Anwendungen ist ein Dienst ein Programm, das im Hintergrund darauf wartet, dass es benötigt wird. Nach dem Systemstart laufen bereits Dutzende Dienste. Der Dienst „Plug & Play" ist z. B. für das automatische Erkennen neuer Hardware notwendig. Wie viele Prozesse führt dein Rechner gerade aus? Welche Dienste wickelt er gerade ab? Dies lässt sich sogenannten „Task-Manager" bei Windows übersichtlich nachlesen.

Tipp: Wenn dein Computer abgestürzt ist, rufst du mit der Tastenkombination Strg+Alt+Entf den **Task-Manager** („Dienste-Planer") auf. Hier kannst du nachsehen, welches Programm abgestürzt ist. Und mit etwas Glück kannst du das Programm dann schließen, ohne gleich den ganzen Computer neu starten zu müssen.

4. Rechte- und Benutzerverwaltung
In vielen Firmen, in Bildungseinrichtungen und auch im privaten Bereich ist es üblich, dass sich mehrere Personen ein PC-System teilen.

Benutzer wechseln
Abmelden
Sperren

Energie sparen
Ruhezustand

Neu starten
Herunterfahren

Das Betriebssystem erteilt nur den Zugriff auf den Rechner, wenn der Benutzername mit dem dazugehörigen Kennwort korrekt eingegeben wird.
Außerdem ist es möglich, Rechte des Benutzers eines Rechners auf Dateien, Ordner und auf Hardware zu erteilen, einzuschränken oder zu entziehen.

Anwendungsprogramme

Möchtest du im Internet surfen, umfangreiche Berechnungen durchführen oder ein Bild bearbeiten? Dann benötigst du ein sogenanntes **Anwendungsprogramm**. Die Verwendung ist meist auf einen bestimmten Einsatzbereich zugeschnitten. Beispiele für Einsatzbereiche von Anwendungssoftware sind: Bildbearbeitung, Kommunikation, Textverarbeitung, Tabellenkalkulation, Schutz vor Schadprogrammen oder auch Computerspiele.

Das Angebot von Anwendungssoftware ist groß. Programme werden oftmals mit dem Betriebssystem von Herstellern veröffentlicht. Je nach Bedarf müssen Anwender Programme zusätzlich auf dem Rechner installieren. Aber Vorsicht, jedes Programm arbeitet nur auf einem bestimmten Betriebssystem.

12. Informiere dich in der Systemsteuerung deines Betriebssystems über die installieren Anwendungsprogramme.
Erstelle mit einem Textverarbeitungsprogramm eine Tabelle (▶ rechts) über die vorgefundenen Programme.

Einsatzbereich	Beispiel für Anwendungssoftware
Bildbearbeitung	• GIMP (Freeware) • Adobe Photoshop • Paint.NET (Freeware)
Tabellenkalkulation	• Calc (Teil von OpenOffice) • Excel (Teil von Microsoft Office) • KSpread (Teil von KOffice) • Numbers (für Mac OS)
Dateiverwaltung	• Windows Explorer • Finder (für Mac OS) • Speed Commander (kostenpflichtige Lizenz) • Directory Opus (Freeware)

Du brauchst (in der Regel) nur eine Software für eine Art der Anwendung. Je mehr die Software kann, desto schwieriger ist sie für den Anfänger zu bedienen. Deshalb fange mit einfacher Software an.
Es gibt
- käufliche Software (z. B. Microsoft Word),
- kostenlose Software, sogenannte Freeware (z. B. Libre Office Writer),
- kostenlose Software im Internet (z. B. Google Docs).

Lizenzbestimmungen

Software ist das Ergebnis kreativer Arbeit von Entwicklern. Sie ist – genauso wie Bücher, Musik und Filme – durch das Urheberrecht geschützt. Eine **Softwarelizenz** stellt das Einverständnis des Softwareherstellers (z. B. Microsoft) zur Installation und Nutzung seiner Software auf einem Computer dar.

Hast du ein Anwendungsprogramm gekauft, hast du zugleich mit dem Produkt die Lizenz für die Software erworben. Du darfst das Programm verwenden. Meist ist die Anzahl der Benutzer dabei festgelegt und das Kopieren und die Weitergabe der Software an andere Benutzer oder Computer streng verboten.

Die Lizenzbedingungen sind meist sehr ausführlich formuliert und müssen vom Anwender bestätigt werden.

Was bei käuflicher Software verboten ist, ist bei sogenannter „freier Software" erlaubt. Im Internet gibt es eine große Auswahl von kostenloser Software (**Freeware**) zum Herunterladen. Dabei solltest du jedoch genau darauf achten, was du dir auf deinem Rechner installierst. Es kann vorkommen, dass die Software nicht ausreichend getestet wurde oder sie im schlimmsten Fall Schäden an deinem Computer anrichtet.

Es gibt sogar Software, in deren Quellcode, also dem „Innenleben", man schauen kann. Libre Office bietet als „Open-Source-Software" zum Beispiel ein ausgereiftes Textverarbeitungs-, Tabellenkalkulations-, Präsentations- und Grafikprogramm kostenlos an.

4 Die Verwaltung und die Sicherheit von Daten

Ordner und Dateien

In der Schulbibliothek befinden sich ca. 500 Bücher. Wie kann man gezielt ein einziges Buch finden? Die Bücher werden, wie du der Auflistung rechts entnehmen kannst, thematisch geordnet. Im jeweiligen Regal findet man die verschiedenen Buchtitel alphabetisch geordnet. Ist ein Buch ausgeliehen, ist der Platz im Regal leer.

Datenträger, wie Festplatten oder USB-Speicher, besitzen ebenso Bereiche, die
- leer bzw. frei sind oder
- zur Speicherung von Daten verwendet werden.

Das Betriebssystem verwaltet die freien und benutzten Speicherbereiche. Dabei werden Informationen in Form von **Ordnern** und **Dateien** abgespeichert. Was du mit diesen machen kannst (Methoden) und welche Eigenschaften (Attribute) sie haben, kannst du den Klassenkarten entnehmen:

ORDNER	DATEI
Erstellungszeitpunkt	Dateityp
Änderungszeitpunkt	Ort
Größe der enthaltenen Dateien	Größe
Inhalt	Erstellungszeitpunkt
Schreibschutz	Schreibschutz
versteckt …	versteckt …
Öffnen()	Öffnen()
Kopieren()	Kopieren()
Löschen()	Löschen()
Umbenennen()	Umbenennen()
Verknüpfung erstellen() …	Senden an() …

Alle gängigen Betriebssysteme verwalten die Ordner mit ihren Unterordnern und den darin enthaltenden Dateien in einer **Verzeichnisstruktur**. Diese ist hierarchisch aufgebaut und erinnert in ihrer Aufteilung an einen Baum mit seinen Ästen (▶ folgende Seite).

Das Festplattenlaufwerk C: unter Windows beinhaltet Ordner (Verzeichnisse) und Dateien. Ein Ordner wie zum Beispiel „Eigene Dateien" (s. Bild auf der folgenden Seite oben) kann wieder Unterordner wie „Privat" und „Schule" enthalten.

13. Skizziere eine geeignete Verzeichnisstruktur zur geordneten Ablage deiner Schuldateien.

14. Finde drei Möglichkeiten um in die Verzeichnisstruktur deines Rechners zu gelangen.

Der Zugriff auf eine Datei erfolgt durch die Angabe des Weges (**Pfad**) bis zu dieser Datei:

Möchtest du auf die Datei „Rechenblatt Kalkulation.xlsx" im Ordner „Fach IT" zugreifen, musst den Pfad vom Ursprung (C:) in das Unterverzeichnis „zurücklegen".

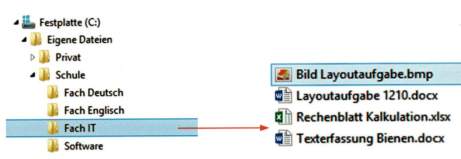

Dateiverwaltung nach der „Baumstruktur": Die Datei „Rechenblatt Kalkulation.xlsx" ist ein Blatt am Ast „Fach IT".

> Ein **Ordner** kann keine, eine oder mehrere Dateien enthalten. Umgekehrt ist eine Datei in genau einem Ordner enthalten. Dateien enthalten keine Ordner und Dateien.

Datensicherheit

Die 13-jährige Johanna besitzt einen eigenen Laptop mit Internetanschluss. Darauf speichert sie schulische und private Daten ab. Besonders stolz ist Johanna auf ihre umfangreiche digitale Fotosammlung. Aus dem IT-Unterricht weiß die Schülerin, dass sie die Daten vor Beschädigung oder Verlust schützen sollte, da es eine Vielzahl von Risiken gibt.

Risiken:
Die Bauteile eines Computers, wie die Hauptplatine oder die Festplatte, liegen geschützt und abgeschirmt im Gehäuse des Computers. Trotzdem sind Beschädigungen (z. B. Laptop wird fallen gelassen) denkbar, wodurch Teile des Rechners zerstört werden können. Bei einer defekten Festplatte kann es vorkommen, dass keine Daten mehr wiederhergestellt werden können. Alle darauf abgespeicherten Daten sind dann verloren.

Nichts ist für die Ewigkeit – dies trifft auch auf Festplatten zu. Sie verschleißen und nach einigen Jahren kann die Abnutzung so groß sein, dass die Daten nicht mehr lesbar sind.

Verfügt der Rechner über einen Internetzugang, gibt es eine weitere Gefahrenquelle. Während du im Internet surfst und Webseiten besuchst, E-Mails abrufst oder mit deinen Freunden chattest, lädt dein Computer laufend Daten (im Hintergrund) herunter. Darunter können winzige Programme sein, die deinen Rechner schädigen. Außerdem kannst du dir auch unabsichtlich Programme herunterladen, die auf deinem PC Schaden anrichten oder die Funktion stark beeinträchtigen. Man spricht hier von sogenannter Malware (lateinisch *malus* = schlecht, englisch *malicious* = bösartig).

> Als **Malware** bezeichnet man Computerprogramme, die entwickelt wurden, um unerwünschte und schädliche Funktionen auszuführen.

15. Beurteile, welche Daten auf deinem Computer für dich persönlich besonders wichtig sind.

Festplatte

16. Informiere dich, welche Malware am häufigsten vorkommt. Erstelle in deinem Tabellenkalkulationsprogramm eine Rangliste und ein übersichtliches Diagramm.

Art der Malware	Auswirkung
Ein **Computervirus** ist ein sich selbst verbreitendes Computerprogramm, welches sich in andere Computerprogramme einschleust und sich damit vervielfältigen kann.	Einmal gestartet, kann der Computervirus vom Anwender nicht kontrollierbare Veränderungen verursachen – z. B. der Rechner lässt sich nicht mehr starten oder die Dateien werden gelöscht.

Art der Malware	Auswirkung
Computerwürmer sind ähnliche Programme wie Viren, verbreiten sich jedoch selbstständig über Netzwerke.	• Veränderung von Computereinstellungen • Türöffner für andere Schadprogramme (z. B. Spyware) • über eingeschleuste Software kann sogar der Rechner ferngesteuert werden
Spyware ist „Spionagesoftware", die vertraulichen Daten eines Computernutzers ausliest.	Da Spyware nach Passwörtern, Zugangsdaten, Benutzernamen, Kreditkartennummern usw. „fischt", wird der Vorgang auch **Phishing** genannt.

17. „W32.Blaster" ist der Name eines Computerwurms.
Recherchiere im Web nach dem Schaden, den diese Malware anrichtet.

18. Erkläre den Unterschied von Computerwürmern und Trojanern.

Tipp: Vergleiche hierzu auch die Ausführungen zu Trojanern auf Seite 77 oben.

19. Die US-Softwarefirma Microsoft gibt hohe Belohnungen für die Ergreifung von Wurmverbreitern aus. Überlege dir, warum sich die Firma dahingehend so stark engagiert.

Ob ein Betrüger seine Angel ausgeworfen hat, erkennt man bei betrügerischen E-Mails, Kurznachrichten oder Webseiten nicht immer auf den ersten Blick. Hier eine hilfreiche Checkliste, wie du dich davor schützen und Betrügereien entdecken kannst:

1. Absenderangaben von E-Mails lassen sich fälschen. Prüfe die ausführlichen Absenderangaben genau.
2. Mails wurden in einer fremder Sprache bzw. fehlerhafter deutscher Übersetzung mit Grammatik- und Zeichensatzfehlern oder fehlenden Umlauten verschickt.
3. Eine Institution oder Firma spricht dich ohne deinen Namen an und bittet dich um dringende Erledigung ihres Anliegens.
4. Du wirst aufgefordert, eine angehängte Datei zu öffnen, einen Link zu betätigen oder ein Formular auszufüllen.

„Phishing-Verdacht" – ein Beispiel für eine „gefährliche E-Mail":

```
Anfrage                                               Heute 01:43 Uhr

Von:    Vincent Wolff                                 Details ausblenden
An:     hartwig.heckmann@t-online.de
Kopie:

Ich möchte mich an dieser Stelle nochmals für Ihr Interesse bedanken.
Für einen Vergleich der besten privaten KK-Versicherungen benötige ich noch das ausgefüllte Formular.
Das dauert maximal zwei Minuten.
Füllen Sie einfach das Formular aus und Sie erhalten von mir einen Vergleich der günstigsten privaten KK-Versicherungen.
Hier klicken und kostenlos ausfüllen
```

Art der Malware	Auswirkung
Hoaxes sind Falschmeldungen, ähnlich wie „Kettenbriefe" (englisch *hoax* = Scherz, Schwindel). Sie werden mit einer E-Mail, SMS oder auf anderen Wegen verbreitet.	Mit diesen Nachrichten können persönliche Daten abgefragt und ausspioniert werden. Manchmal werden die Empfänger auch aufgefordert Dateien zu löschen, was Schäden am Rechner verursachen kann. Viele Empfänger leiten Hoaxes auch weiter, was zu einer „Verstopfung" und Blockierung des Internets führt.
Ein **Trojaner** ist ein Programm, das vorgibt, etwas zu sein, was es nicht ist: zum Beispiel ein Bildschirmschoner oder ein Spiel.	Trojaner spionieren und schicken heimlich Informationen, z. B. ein Passwort an den Verbreiter des Trojaner-Programms. Oder sie zerstören die Daten auf der Festplatte.

"Ich erhalte täglich über 10 E-Mails mit Werbung, die ich gar nicht haben möchte!", beschwert sich Johanna. Ihr Postfach wird seit einiger Zeit von sogenannten **„Spam-Mails"** überschwemmt. Diese Art von E-Mail hat meist Werbung zum Inhalt und wird von den Empfängern als störend empfunden.

Johanna möchte in Zukunft folgende Tipps beherzigen, um keine lästigen Spam-Mails mehr zu bekommen:
- Lösche E-Mails von dir unbekannten Absendern mit merkwürdigem Inhalt sofort!
- Leite keine E-Mails von Unbekannten oder Hoaxes weiter. So werden Adressen gesammelt und für Spam-Mails verwendet.
- Beantworte keine Spam-Mails. Merkt der Absender, dass deine Adresse aktiv ist, wirst du sicher in Zukunft wieder E-Mails erhalten.
- Öffne Dateianhänge von E-Mails nur, wenn du dir absolut sicher bist, was der Inhalt ist.

Tipp: Trage die Adressen von unerwünschten Webseiten oder E-Mail-Adressen in den Spam-Filter deines E-Mail-Programms ein.

In einer Befragung zu persönlichen Erfahrungen mit kriminellen Vorfällen im Internet innerhalb der letzten 12 Monate gaben Computernutzer unter anderem Folgendes an:
- „Mein Computer wurde mit Schadprogrammen (z. B. Viren) infiziert." (40 %)
- „Meine Zugangsdaten zu Online-Diensten wurden ausspioniert." (19 %)
- „In meinem Namen wurden unerwünschte E-Mails versendet." (16 %)

Welche Maßnahmen hilfreich sind, um Malware oder Spam aus den Weg zu gehen, erfährst du im nächsten Abschnitt.

Maßnahmen:
Viele Risiken lassen sich durch *achtsames* und *überlegtes Handeln* reduzieren oder sogar vermeiden. Sei besonders im Internet vorsichtig und besuche nur sichere Webseiten. Öffne keine E-Mails von unbekannten Absendern und lade dir keine Anhänge davon auf deinem Rechner. Hole dir im Zweifelsfall Rat ein!

Johanna schützt ihren Rechner mit einer sogenannten **„Firewall"**. Zum Glück war diese Software gleichzeitig mit dem Betriebssystem auf dem Rechner vorinstalliert. Genauer betrachtet ist eine Firewall eine Zusammenfassung mehrerer, verschiedener Sicherheitsprogramme. Die Firewall überwacht den laufenden Datenverkehr aus dem Internet und entscheidet anhand festgelegter Regeln, ob bestimmte Datenpakete durchgelassen werden oder nicht.
Der Monatsbericht einer Firewall:

Auch dein Computer sollte auf alle Fälle mit einer Firewall („Brandschutzmauer") gerüstet sein.
Zudem legt Johanna einmal pro Woche eine **Sicherungskopie (Backup)** aller wichtigen Daten auf einer externen – nicht im PC eingebauten – Festplatte an. Damit ist im Notfall bei Datenverlust ihre geliebte Fotosammlung nicht verloren.
Sicherungskopien können auch auf anderen Speichermedien, wie einer CD oder DVD, erstellt werden. Sinnvoll ist es, eine Beschriftung auf dem Datenträger anzubringen. Dann weißt du auch nach einem halben Jahr, was du wann gesichert hast.

Tipp: Hilfreich ist eine ordentlich beschriftete Sicherungskopie.

Außerdem können Daten heutzutage im Internet (in der sogenannten „cloud")
gesichert werden. Um große Datenmengen nicht immer wieder neu z. B. auf eine
externe Festplatte zu kopieren, empfiehlt es sich mit „synchronisierten Speicher-
orten" zu arbeiten. Dabei gleicht eine Software (z. B. die Freeware „FreeFileSync")
die Datenbestände ab und ergänzt bzw. löscht nur die geänderten Daten.

Was für einen an Husten erkrankten Menschen der Hustensaft
ist, ist für einen „infizierten Computer" ein **Antivirenprogramm
(Virenscanner, Security-Programm)**. Genau genommen ist es
ein Programm, das Malware abblockt oder, falls sie sich schon
auf deinem Computer eingenistet hat, beseitigt.
Es gibt verschiedene Scanner, aber sie haben alle eines gemeinsam: Sie besitzen eine Datenbank mit den Namen bekannter
Malwaretypen. Weil aber ständig neue Viren erfunden werden,
müssen die Hersteller von Virenscannern schnell daran arbeiten, diese zu erkennen. Es gibt bereits kostenlose Antivirenprogramme im Internet zum Herunterladen (z. B. Avira). Besser sei
jedoch käufliche Software (z. B. Kaspersky, Norton), so meinen
einige Experten. Auch hier möchten Unternehmen am Verkauf
dieser Programme Geld verdienen. Im Endeffekt ist für den Benutzer wichtig, seinen Rechner mit einer Software zu schützen.

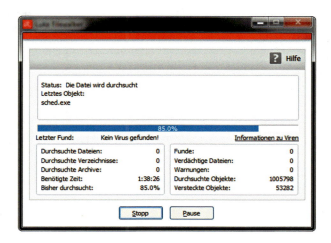

Deine Firewall und dein Virenscanner sollten stets auf dem aktuellsten Stand sein,
um gegen die neuesten Gefährdungen aus dem Internet gerüstet zu sein.
Es ist daher ratsam, sich über **Updates**
(Aktualisierungen) zu informieren und
diese zu installieren. Die Programme
lassen sich so einstellen, dass du beispielsweise täglich oder wochenweise
über Updates informiert wirst.

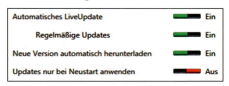

20. Informiere dich, welche Software zum Schutz des Rechners und der Daten auf deinem Rechner installiert ist.

21. Überlege dir mindestens fünf Sicherheitsregeln zum Schutz des Rechners für dich persönlich.

Passwörter:
Ob bei der Anmeldung am Computer, beim E-Mail-Konto oder in sozialen Netzwer-
ken: Wer mit dem Computer arbeitet und im Internet surft, legt sich eine ganze
Reihe von Passwörtern zu, hinter denen er wichtige Daten versteckt.
Die Ziffernfolge „123456" lässt sich zwar leicht merken, reicht aber als Passwort
keinesfalls.
Hier einige Tipps, mit denen man sein Passwort sicher gestalten kann:
- **Länge:** Mindestens zwölf Zeichen sollte ein Passwort haben.
- **Zeichen:** Groß- und Kleinbuchstaben, Sonderzeichen und Ziffern erhöhen den Aufwand, das Passwort zu knacken.
- **Tabus:** Namen von Familienmitgliedern, Geburtsdaten oder Tastaturmuster (z. B. „qwertz") sind keine sicheren Zeichenkombinationen.
- **Schutz:** Passwörter sollten nicht per E-Mail versandt oder an Fremde weitergege-
ben werden. Außerdem sollten sie nie auf dem Rechner abgespeichert werden.

22. Dokumentiere die Verwendung deiner Passwörter und überprüfe sie auf ihre Sicherheit.

Hier ist eine einfache Methode, um an ein sicheres Passwort zu kommen:

Überlege dir einen einprägsamen Satz, zum Beispiel:
„Das Fach IT macht mir sehr viel Spaß!"

Daraus lässt sich ein sicheres Passwort „basteln". Hier darf ausnahmsweise die
Rechtschreibung ignoriert werden. Sonderzeichen und Ziffern sollten dagegen in
den Satz eingebaut werden:
„Das Fach & IT macht 3 mir 1 sehr viel = Spaß!" Verkürzt wäre das Passwort jetzt
„DF&ITm3m1sv=S!".

23. Erstelle nach dieser Methode selbst ein Passwort.

Grundwissen

- EVA-Prinzip:

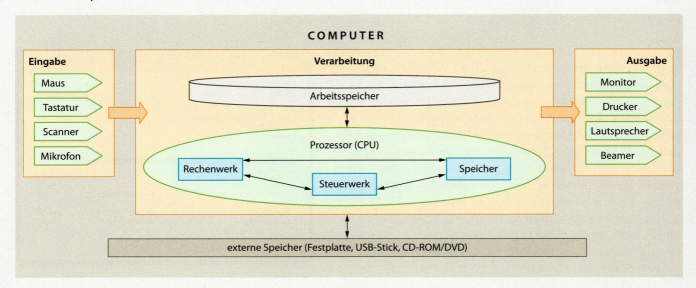

- JOHN VON NEUMANN (1903 – 1957) entwickelte die Idee, dass auch das Programm selbst im Rechner gespeichert werden konnte. KONRAD ZUSE schuf mit dem Rechner „Z3" 1941 den ersten frei programmierbaren Rechner.

- Heute finden wir in nahezu allen Lebensbereichen Computer. „**Green-IT**" versucht einer umweltschonenden Informations- und Kommunikationsgesellschaft gerecht zu werden.

- Das **Betriebssystem** bildet die Schnittstelle zwischen der Hardware, der Anwendungssoftware und dem Benutzer. Es gibt eine Vielzahl von Betriebssystemen (kostenpflichtig und kostenlos). Da ein Betriebssystem viele wichtige Aufgaben erfüllt, wäre eine Benutzung eines Rechners ohne ihn nicht möglich.

    Hauptaufgaben des Betriebssystems:
    - Speicher- und Dateiverwaltung
    - Geräteverwaltung
    - Prozess- und Diensteverwaltung
    - Rechte- und Benutzerverwaltung

- Software wird durch das **Urheberrecht** weltweit geschützt. Mit dem Kauf erwirbt man eine **Nutzungslizenz**. Im Gegensatz zu „freier Software" darf käufliche Software nicht kopiert und weitergegeben werden.

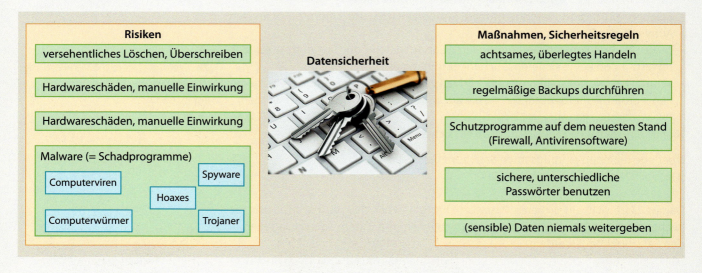

Zeig was du kannst

1. Betrachte deinen Computer-Arbeitsplatz und benenne die vorhandene Hardware nach dem Grundsatz des EVA-Prinzips.

2. Du möchtest deiner Mutter zum Geburtstag einen Kuchen backen. Die Zutaten dafür kaufst du im Supermarkt. In der Warteschlange an der Kasse beobachtest du die Kassiererin.
   a) Beschreibe den Vorgang an der Kasse anhand des EVA-Prinzips.
   b) Gliedere die einzelnen Schritte des Kuchenbackens und sortiere sie nach dem Grundsatz des EVA-Prinzips.

3. Entscheide, welchen Stufen der Informationsverarbeitung nach dem EVA-Prinzip du die folgenden Aussagen zuordnen kannst.
   a) Du notierst die Hausaufgabe des Lehrers in dein Hausaufgabenheft.
   b) Du erzählst deinen Eltern von deinen Schulerlebnissen.
   c) Du bearbeitest die Einstellungen deines Textverarbeitungsprogramms.
   d) Aus dem Zimmer deines kleinen Bruders ertönen Stimmen.
   e) Du erfasst einen Text und formatierst ihn.
   f) Du speicherst die Datei auf deinem Rechner ab.
   g) Du druckst deine Arbeit aus.

4. Johanna hat die gesamte Hardware ihres Computers zusammengestellt. Sie möchte von dir die Fachbegriffe wissen.
   a) Ordne jeder Abbildung den passenden Namen zu und erkundige dich, wenn nötig, dafür im Internet.
   b) Erstelle eine dreispaltige Tabelle in deinem Textverarbeitungsprogramm. Beschrifte die drei Spalten mit Eingabe, Verarbeitung und Ausgabe und sortiere die Geräte in die richtige Spalte.

5. Du darfst dir Expertenwissen zu den Geräten der Eingabe, Verarbeitung und Ausgabe aneignen.
   a) Wähle ein Gerät aus den Abbildungen der Aufgabe 4 aus. Informiere dich ausführlich mit Informationsquellen deiner Wahl.
   b) Fasse die wichtigsten Informationen in deinem Textdokument anschaulich zusammen.
   c) Berichte deiner Klasse innerhalb einer Minute über dein Computerbauteil.

6. Die peripheren Geräte eines Computers werden laufend weiterentwickelt und verbessert.
   a) Überlege, bei welcher Hardware du dies beobachten kannst.
   b) Suche aktuelle Bilder von Hardware in Zeitschriften oder im Internet. Klebe sie geordnet nach Eingabe, Verarbeitung, Ausgabe auf ein Blatt. Beschrifte die Bilder mit den Fachbegriffen.

7. Beschreibe den Unterschied zwischen Hardware und Software.

8. Erkläre die Grundidee von JOHN VON NEUMANN.

9. Entscheide bei den Merkmalen, ob es sich um einen Rechner wie den ENIAC oder um einen „Rechner nach von-Neumann" handelt.
   a) Lochkarten dienen als Speichermedium und können Informationen mit bis zu 80 Byte speichern.
   b) Möchte man die Grundrechenart auf dem Rechner wechseln, müssen die Stecker auf Schalttafeln umgesteckt werden.
   c) Der Rechner muss nicht umgebaut werden, da das Programm im Speicher liegt.
   d) Die Daten im Speicher können geändert werden.

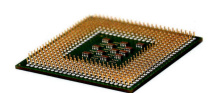

10. Moderne CPUs (Central Processing Unit) arbeiten die Befehle in sehr hoher Geschwindigkeit ab.
    a) Eine Maßzahl für die Leistungsfähigkeit eines Prozessors ist seine Taktfrequenz in „GHz". Informiere dich, was das bedeutet.
    b) Welcher Prozessor ist in deinem Rechner verbaut?
    c) Wie hoch ist dein Prozessor im Rechner getaktet? Erkundige dich in den Systemeinstellungen deines Computers.

11. Folgende Schritte zeigen dir die Arbeitsweise einer CPU. Vervollständige den jeweiligen Arbeitsschritt mit dem richtigen Begriff (Steuer-, Rechen-, oder Speicherwerk).

    1. Der auszuführende Befehl wird aus dem _____ geladen.
    2. Das _____ dekodiert den Befehl, damit er für den Computer lesbar ist.
    3. Die notwendigen Daten werden aus dem _____ geladen.
    4. Das _____ führt den Befehl aus.
    5. Das Ergebnis wird wieder im _____ abgelegt.
    6. Der Befehlszähler im _____ wird um eins erhöht.
    7. Der nächste Befehl wird aus dem _____ geholt.

Zeig was du kannst **Kapitel 8** 159

12. Durch Surfen im Internet, Spielen, Chatten oder Downloaden mit Informations- und Kommunikationstechnik wurden im Jahr 2007 in Deutschland rund 33 Mio. Tonnen von dem klimaschädlichen Kohlendioxid (CO_2) in die Umwelt abgegeben. Berechne mit dem CO_2-Rechner (*http://uba.co2-rechner.de*) des Umweltbundesamtes deinen persönlichen CO_2-Ausstoß.

13. Green-IT an deiner Schule!?
Bildet Gruppen mit maximal fünf Schülern.
Diskutiert Möglichkeiten, wie moderne Informationstechnologie umweltgerecht an eurer Schule gestaltet werden könnte.
Notiert die besten drei Vorschläge und präsentiert sie der Klasse.
Versucht eure Ideen mit den Lehrern in die Tat umzusetzen.

14. Vervollständige die Lücken mit folgenden Begriffen:
Nutzungsrecht, Urheber, Werk, Diebstahl, Lizenz, Eigentum

> Derjenige, der Software erfunden und programmiert hat, ist der _____. Das, was der Entwickler erfunden hat, nennt man _____. Wenn er möchte, vergibt der Urheber für sein Werk ein _____. Ein Werk wird vom Gesetz geschützt, denn man versteht es als geistiges _____. Die Erlaubnis, ein Werk zu kopieren, zu vervielfältigen usw. nennt man _____. Verwendet man ein Werk ohne Erlaubnis, ist das _____.

15. Erstelle einen Steckbrief deines Computers, aus dem folgende Informationen hervorgehen:
Hersteller, Baujahr, Betriebssystem, Prozessor, Größe der Festplatte, Bildschirmauflösung, Anzahl der Eingabe- und Ausgabegeräte.
Finde zusätzliche interessante Informationen zu deinem Rechner.

16. Begib dich auf eine Zeitreise um Jahrzehnte zurück. Beginne in den 1980er-Jahren. Versuche herauszufinden, wie die grafischen Oberflächen der ersten Betriebssysteme aussahen. Stelle unter Angabe der Quellen Bilder zusammen. Wo lagen Gemeinsamkeiten und Unterschiede zu den heutigen Betriebssystemen?

17. Nenne die Vor- bzw. Nachteile von käuflicher Software gegenüber kostenlosen Programmen.
Überlege dir selbständig je zwei Punkte. Diskutiert anschließend dieses Thema in der Klasse.

18. Paul behauptet: „Gute Software hat ihren Preis!" Nimm zu seiner Meinung Stellung. Verwende für deine Argumentation auch Beispiele.

19. Nenne drei Möglichkeiten, die dir ein Betriebssystem zur Dateiverwaltung bereitstellt.

20. Beschreibe detailliert dein Vorgehen bei der Korrektur des Fehlers (▶ rechtes Bild).

Fotos Uhrlaub

21. Der Zugriff auf eine Datei erfolgt durch die Angabe des Zugriffsweges (Pfad) bis zu dieser Datei.
   a) Verfolge die Pfadangabe C:\Schule\Bio\Filme\Raubtiere.mp4 in der Baumstruktur.

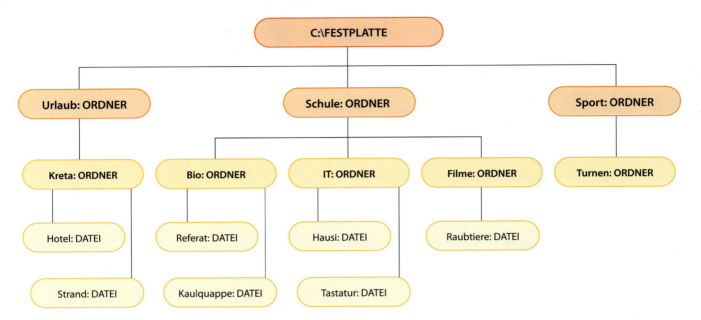

   b) Entscheide, ob die Aussagen zur Baumstruktur richtig oder falsch sind! Berichtige auch die falschen Aussagen.
   - Auf der Festplatte befinden sich drei Ordner.
   - Der Ordner Sport beinhaltet keine Datei.
   - Im Schulordner befinden sich drei Ordner.
   - „Filme" ist der Unterordner des IT-Ordners.
   - Der Ordner Urlaub beinhaltet zwei Dateien.

22. Erstelle für deine Dateiverwaltung auf dem Rechner zu Hause eine sinnvolle Baumstruktur.

23. Nebenstehend wird dir der Inhalt der Festplatte mit der Bezeichnung „C" vom Betriebssystem angezeigt.
   a) Zeichne die Baumstruktur, die die Dateiverwaltung mit den Ordnern übersichtlich darstellt.
   b) Ergänze deine Zeichnung um folgende Dateien:
   - C:\Heimat\Braeuche\Maibaum.odr
   - C:\Heimat\Fotos\Alpen.jpg
   - C:\Schule\Sport\Fussballturnier.jpg
   - C:\Schule\Sport\Abseits.doc
   - C:\Schule\Wirtschaft\Gewinnberechnung.xls

24. Nenne drei Attribute (Eigenschaften) eines Ordners.

25. Du stellst fest, dass dein Rechner von einem Computervirus befallen ist. Entscheide welche Maßnahmen bei der Situation richtig oder falsch sind:
   a) Wenn dir etwas an deinem Computer komisch vorkommt, gilt als oberste Regel: Du rufst laut um Hilfe und drückst währenddessen wild alle möglichen Tasten.
   b) Falls du gerade im Internet bist und dein Browser warnt dich vor unbekanntem Inhalt, schließe die Website, brich den Download ab und trenne wenn nötig die Verbindung.

c) Sag bloß deinen Eltern nichts und warte einfach ein paar Tage, bis sich die Viren von selbst verzogen haben.
d) Ein Virenscanner muss immer aktuell, das heißt auf dem neuesten Stand sein.

26. Begründe, woran du erkennen kannst, dass es sich bei der E-Mail um einen Hoax handelt.

27. Der folgende Hilferuf geht seit einigen Tagen als Kettenbrief per E-Mail um:

```
> Betreff: WG: Bitte an ALLE bekannten E-Mail Adressen weiterleiten
>
>
> >Da der Verlust des Augenlichtes droht wieder dringend
> >jemand gesucht der positive Erfahrungen mit der Krankheit:
> >
> >Nasse Makuladegeneration ( Erkrankung des hinteren
> >Augenabschnittes, Netzhaut)
> >
> >gemacht hat.
> >Seit 3 Jahren haben alle Operationen und Krankenhausbesuche
> >keine Hilfe gebracht.
> >
> >Wer Erfahrungen mit dieser seltenen Krankheit gemacht, bitte melden
> >bei:
> >
> >Familie M., S., Tel. XXXXX/XXXXX *
> >
> >DANKE !!!
>
```

Untersuche den Inhalt der E-Mail und gib an, warum es sich bei der E-Mail um einen Hoax handelt.

Quelle: *https://hoax-info.tubit.tu-berlin.de/hoax/makula.shtml* (06.2015)

28. Erkläre schrittweise dein Vorgehen, nachdem du eine zweifelhafte E-Mail mit Anhang erhalten hast.

29. Stell dir vor, deine kleine Schwester darf euren „Familienrechner" zu Hause mitbenutzen. Erstelle eine Liste mit fünf Sicherheitsregeln für die Verwendung eures gemeinsamen Rechners.

30. Überlege dir, wie du selbst zum Schutz deiner persönlichen Daten im Internet beitragen kannst.

31. Paul hat zum Thema Datenschutz und Datensicherheit eine persönliche Meinung: *„Wer niemandem etwas über sich verrät, braucht auch nicht zu befürchten, dass Daten über die eigene Person verwendet werden."*
Was hältst du von seinem Standpunkt? Finde Beispiele dafür und dagegen.

32. Suche im Internet nach einer Seite „Computerbetrug". Dort findest du immer die neuesten Nachrichten zum Thema Datensicherheit. Informiere dich ausführlich und berichte deinem Banknachbarn davon.

33. Malware benötigt in den meisten Fällen die Mithilfe des Benutzers, um den Rechner zu infizieren. Die folgende Mail ist eine Variante des Computerwurms *I-Worm/Sober.CF*. Welche Mittel verwendet der Absender der E-Mail, um den Empfänger zur Öffnung des Anhangs zu verleiten?

Von: BKA.Bund@BKA.de
Betreff: Sie besitzen Raubkopien
Anhang: Akte8472.zip (55,6 KB)

Sehr geehrte Dame, sehr geehrter Herr,

das Herunterladen von Filmen, Software und MP3s ist illegal und somit strafbar. Wir möchten Ihnen hiermit vorab mitteilen, dass Ihr Rechner unter der IP 145.101.151.186 erfasst wurde. Der Inhalt des Rechners wurde als Beweismittel sichergestellt und es wird ein Ermittlungsverfahren gegen Sie eingeleitet.

Die Strafanzeige und die Möglichkeit zur Stellungnahme wird Ihnen in den naechsten Tagen schriftlich zugestellt.
Aktenzeichen NR. #8472 (siehe Anhang)

Hochachtungsvoll
i.A. Juergen Stock

--- Bundeskriminalamt
--- Referat LS 2
--- 65173 Wiesbaden

Quelle: http://bilder.pcwelt.de/3362670_original.jpg
(06. 2015)

34. Am Wochenende hast du bei einer Geburtstagsfeier lustige Fotos gemacht. Dürfen die Partyfotos mit anderen Personen ins Internet gestellt werden?

35. Liste auf, wo du beim Einsatz deines Computers Passwörter benötigst? Schätze, wie viele Passwörter ein Computerbenutzer in Deutschland durchschnittlich verwendet.

36. Begründe, welches von folgenden Passwörtern das sicherste ist.
#F,Dh1Gg!   123456   Passwort   Schatzi   asdfghjkl

37. Erkläre die Bedeutung und Verwendung von Apps.

38. Begibst du dich in das World Wide Web, hinterlässt du (digitale) Spuren. Finde zu den folgenden Beispielen eine passende Verhaltensregel.
 a) Du möchtest mit deiner Freundin eine längere Radtour in den Ferien planen. Dafür bietet sich die Verwendung eines Routenplaners im Internet an. Du findest eine Website mit Routenplan, für den du dich registrieren musst.
 b) Du stößt im Internet auf eine Homepage mit einem Gewinnspiel und hochwertigen Preisen. Die drei Quizfragen, um den Hauptpreis zu gewinnen, sind für dich gar kein Problem. Nebenbei musst du dich aber noch mit deinen persönlichen Angaben registrieren, damit dir der Hauptpreis zugesandt werden kann.

39. Ein Computerfachmagazin berichtet in seiner aktuellsten Ausgabe über das Thema Datensicherheit. Dabei fallen häufig in den Artikeln die drei folgenden Fachbegriffe:
DATENSPARSAMKEIT   ERFORDERLICHKEIT   ZWECKBINDUNG
Erkläre an einem eigenen Beispiel diese drei Begriffe.

40. Deine Schule arbeitet in der Verwaltung mit modernen Informations- und Computersystemen. Die Mitarbeiter der Schulverwaltung bearbeiten und speichern zahlreiche Informationen digital ab.

a) Überlege dir, welche (vertraulichen) Daten deine Schule sammelt und speichert.
b) Zeige mögliche negative Vorfälle auf, die mit den vertraulichen Informationen geschehen könnten.

41. Cookies (deutsch: *Kekse*) sind kleine Textdateien, die von Websites auf deinen Rechner gespeichert werden. Der Vorgang geschieht im Hintergrund. Meistens bekommst du davon nichts mit, wenn du im Internet surfst. Unternehmen nutzen Cookies beispielsweise um das Benutzerverhalten im Internet zu untersuchen und daraufhin passgenaue Werbung zu platzieren.
    a) Nenne die Internetbrowser, die du in der Schule und zu Hause verwendest.
    b) Informiere dich über die Sicherheitseinstellungen deines Webbrowsers.
    c) Lasse dir alle Cookies mit deinem Browser anzeigen, die auf deinem Rechner gespeichert wurden.
    d) Erkläre, wie du die Einstellungen deines Webbrowsers für Cookies ändern kannst.

Inhaltseinstellungen eines Browsers zu Cookies

42. Begründe, warum ein Cookie in Bezug auf deine Privatsphäre ein Problem darstellen kann.

43. Computerexperten empfehlen die Daten auf einem Computer regelmäßig zu sichern.
    a) Erkläre den Unterschied von Dateien und Daten.
    b) Liste Vorfälle auf, die zur Zerstörung oder zum Verlust deiner Daten führen können.
    c) Überlege dir, zu welchem Zeitpunkt eine Datensicherung sinnvoll ist. Beachte hierbei die zu sichernden Datenmengen.
    d) Liste absteigend die Dateien bzw. Ordner auf, die für dich persönlich sehr wichtig sind, und deshalb gesichert werden müssen.
    e) Begründe, welches Speichermedium für welche Daten(-mengen) dir zur Sicherung sinnvoll erscheint.
    f) Es gibt eine Vielzahl von kostenlosen Programmen zur Datensicherung (engl. *Backup*) – ein solches Programm ist beispielsweise die Freeware DirSync.
    Ein Vorteil dieser Software ist die Synchronisation der Daten auf der Computerfestplatte und dem Sicherungsmedium.
    Informiere dich über diesen Vorteil im Internet.

44. Erkläre die Auswirkungen von Spam-Mails und die Einsatzmöglichkeiten von Spam-Filtern.

45. Überlege dir zu jeder Sicherheitslücke beim Austausch von E-Mails ein eigenes Beispiel.
    a) Die Vertraulichkeit einer E-Mail ist nicht gewährleistet.
    b) Die Unverfälschtheit einer E-Mail ist nicht gewährleistet.
    c) Die Echtheit des Absenders ist nicht gewährleistet.

46. Informiere dich, wie Firmen und Privatpersonen vertrauliche E-Mails vor Fälschern und Betrügern schützen können.

47. Du schreibst aus dem Urlaub einen privaten Brief an eine Freundin, eine Postkarte an deine Eltern und eine E-Mail an einen Freund. Welche der drei Nachrichten fallen unter das Briefgeheimnis?

48. In welchen Bereichen spielt die Verschlüsselung von Informationen mittels Codierung eine Rolle?

49. Im Gegensatz zu normalen E-Mails sind per De-Mail zugesandte Verträge genauso gültig wie ein handschriftlich unterzeichneter Vertrag.
Wie funktioniert das Verschlüsselungsverfahren, das die Kommunikation zwischen Bürgern, Behörden und Unternehmer sicherer macht?

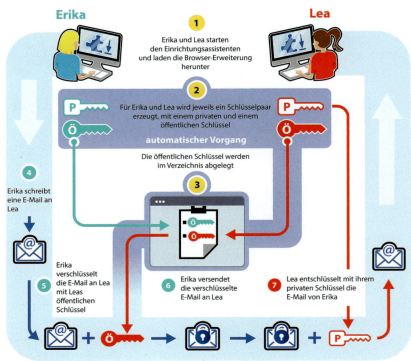

Quelle: WEB.DE/GMX

a) Informiere dich anhand des Schaubilds über die Funktionsweise der „Ende-zu-Ende-Verschlüsselung".
b) Überlege dir Einsatzbereiche, in welchen du diese Verschlüsselung anwenden könntest.
c) Entscheide, ob die folgenden Aussagen richtig oder falsch sind. Berichtige die falschen Aussagen.
- Jeder Anwender der „Ende-zu-Ende-Verschlüsselung" benötigt insgesamt vier Schlüssel.
- Ein Anwender verwendet einen professionellen und einen öffentlichen Schlüssel.
- Die Nachricht wird mit dem öffentlichen Schlüssel des Empfängers verschlüsselt.
- Der Empfänger decodiert (entschlüsselt) die Nachricht mit dem privaten Schlüssel des Absenders.

Projekte

1. **Tabellenkalkulation, Präsentation, Layout, Vektorgrafik, Datenschutz, Rechte**

   Hast du den Satz „Das Internet vergisst nichts" schon einmal gehört? Einmal im Internet veröffentlichte Fotos, Filme und Informationen sind nicht mehr privat. Hast du sie ins Netz gestellt, verbreiten sich deine Daten, können von Suchmaschinen gefunden, von anderen kopiert und weiterverbreitet werden. Es ist nahezu unmöglich, die veröffentlichten Daten wieder zu löschen. Deswegen ist es wichtig, keine unbedachten Informationen über dich oder Fremde im Internet zu veröffentlichen.

   Tipp: Eigentlich ist es ganz einfach, sich richtig im Internet zu verhalten – nämlich ganz genauso wie im „richtigen Leben" – mit Respekt und Wertschätzung anderen gegenüber.

   a) Diskutiert in der Klasse darüber, welche Daten man von sich veröffentlichen sollte bzw. welche lieber nicht. Was könnten andere mit veröffentlichten Daten machen und was darf man mit Informationen, Bildern oder Videos von anderen überhaupt tun? Wie ist die Rechtslage?

   b) Besprecht die Informationen, die ihr in der Klassendiskussion ausgetauscht habt in Gruppen von drei bis vier Personen und strukturiert eure Erkenntnisse mithilfe einer Mindmap.

   Tipp: Es gibt kostenlose Software im Internet für die Erstellung von Mindmaps.

   c) Da eure Erkenntnisse auch für eure Mitschüler wichtig sind, sollten sie in geeignetem Rahmen weitergegeben werden. Plant hierzu ein Plakat für eine Pausenausstellung. Welche Layoutregeln müsst ihr bei der Gestaltung des Plakats beachten?

   d) Da sicher nicht all euer gewonnenes Wissen auf einem einfachen Plakat Platz findet, plant zusätzlich einen passenden Flyer. Diskutiert welche Informationen am besten auf welchem der Medien aufgehoben sind. Erstellt euer geplantes Plakat und euren Flyer mit geeigneten Programmen. Passen das Layout von Plakat und Flyer zusammen? Beachtet ein einheitliches Seiten- und Farbdesign.

   Tipp: Ganz professionell wirkt ein Logo passend zum Thema. Erstellt ihr ein eigenes Gruppenlogo, gebt ihr damit euren Medien Wiedererkennungswert.

   e) Fertigt mithilfe eines Präsentationsprogramms ein Quiz zu dem Thema an. Hiermit könnt ihr prüfen, welche eurer Informationen von Plakat und Flyer noch vorhanden sind, aber auch wie viel grundlegende Kenntnisse schon bei euren Mitschülern vorhanden sind.
   Achtung: Falsche Antworten müssen bei einem Quiz unbedingt berichtigt werden, da sich sonst Fehlinformationen weiterverbreiten würden. Euer Quiz braucht also auch eine Auflösung der Fragen.
   Denkt daran, dass zu einer gelungenen Präsentation eine passende Einstiegsfolie und eine Masterfolie gehören.

   Tipp: Im Fernsehen gibt es einige Quizsendungen. Übernehmt doch eine dieser Ideen.

   f) Stellt euer Quiz in einem passenden Rahmen wie zum Beispiel beim Tag der offenen Tür vor. Es ist interessant zu sehen wie viel euer Publikum tatsächlich weiß. Wertet daher die Ergebnisse eures Quiz mithilfe eines Tabellenkalkulationsprogramms aus. Mit Diagrammen lassen sich die Ergebnisse am besten veranschaulichen.

2. **Datenschutz, Layout, Tabellenkalkulation, Urheberrecht, Präsentation**

   Du und deine Mitschüler bewegen sich viel in sozialen Netzwerken. Inzwischen ist euch sicher bewusst, dass der Umgang mit sozialen Netzwerken sowohl Vorteile, als auch Gefahren birgt.

   a) Erstellt in einem Team von drei bis vier Mitschülern eine Mindmap, in der ihr sowohl festhaltet, was ihr zu sozialen Netzwerken schon wisst, also auch was ihr noch Fragen habt oder wo ihr euch uneinig seid. Klärt im nächsten Schritt eure Fragen durch eine Internetrecherche.

   b) Um mehr über die Nutzungsgewohnheiten eurer Mitschüler und auch deren Kenntnisstand zu Vorteilen und Gefahren zu erfahren, stellt ihr einen geeigneten Umfragebogen zusammen. Zieht beim Entwurf eurer Umfrage

   Tipp: Auf euren Umfragebögen solltet ihr auch Alter oder Jahrgangsstufe der jeweils befragten Person vermerken.

vor allem eure Mindmap zu Rate. Bedenkt, wie viele Personen welcher Altersstufen ihr befragen solltet, um an ein repräsentatives Umfrageergebnis zu gelangen und befragt entsprechend viele Schüler in euren Pausen.

c) Zur Auswertung der Ergebnisse eurer Umfrage dienen euch die Mittel der Tabellenkalkulation. Erstellt dabei auch Diagramme mit dem jeweils am geeignetsten scheinenden Diagrammtypen.

Tipp: Gestaltet eure Ergebnisse nach den gelernten Layoutregeln und verwendet auch geeignete selbstgemachte Bilder oder Bilder aus dem Internet. Selbstverständlich müssen eure Kenntnisse zu Urheber- und Persönlichkeitsrechten bei eurer Arbeit beachtet werden!

d) Natürlich soll eure Arbeit nicht umsonst sein. Mit eurem gesicherten Wissen aus Aufgabe a) und euren Umfrageergebnissen aus Aufgabe c) lässt sich eine gute Aufklärungskampagne starten. Hierzu könnt ihr eine ansprechende Präsentation gestalten oder/und einen Informationsflyer bzw. ein Plakat erstellen. Überlegt, wer die Zielpersonen eurer Aufklärung sein sollen und macht euch dementsprechend an die Arbeit. Mit eurer Lehrkraft könnt ihr absprechen, in welchem Rahmen ihr eure Präsentation vorstellen könnt, bzw. ob eure Flyer gedruckt in der Schule zur Auflage kommen. Vielleicht sind eure Ergebnisse ja auch für die Aufklärung von jüngeren Schülern oder im IT-Unterricht zu nutzen.

3. **Präsentation, Bildbearbeitung, Urheberrecht**
Nach den Ferien habt ihr euch in der Klasse meist viel zu erzählen. Fremde Länder wurden bereist und vielfältige Eindrücke gesammelt. Zur Weitergabe eurer schönsten Erinnerungen und des gewonnenen Wissens über andere Länder und Kulturen eignet sich eine Präsentation.

a) Findet in der Klasse heraus, welche Länder schon von wem bereist wurden. Stellt Gruppen von drei bis vier Personen zusammen, die ein Land besonders gut kennen oder mögen und die Aufgabe übernehmen, der Klasse dieses Land näher zu bringen.

b) Erstellt in den Gruppen jeweils eine Masterfolie und eine Einstiegsfolie, die zum Thema „Rund um die Welt" passt.
Sucht außerdem das Schwarz-Weiß-Bild einer Weltkarte im Internet heraus. Stimmt in der Klasse darüber ab, welche der Folien ihr am passendsten findet und auf welcher der Weltkarten man am besten Länder einfärben kann. Der jeweilige Sieger muss zur Bearbeitung allen anderen Gruppen zur Verfügung gestellt werden. Wie kann man diesen Datenaustausch bewerkstelligen?

c) Erstellt eine Mindmap, in der ihr die wichtigsten Daten zu eurem Land sammelt und eure zu erledigenden Arbeiten in der Gruppe sinnvoll verteilt. Die Präsentation jeder Gruppe soll folgende Punkte berücksichtigen:
Auf der Weltkarte soll das Land farbig hervorgehoben sein.
Eine Tabelle soll die wichtigsten Daten zum Land übersichtlich darstellen.
Pro Schüler der Gruppe soll das Bild einer Sehenswürdigkeit mit Bildunterschrift und kurzer Erklärung ausgewählt werden.

Tipp: Schaut bei euren eigenen Urlaubsfotos nach, ob ihr geeignete Bilder findet. Eure Präsentation wird für eure Mitschüler interessanter, wenn die Bilder persönlich sind und evtl. auch euch zeigen.

d) Stellt eure Folienübergänge so ein, dass beim automatischen Abspielen der Präsentation dem Betrachter genug Zeit bleibt um alle Informationen in Ruhe zu erfassen, er allerdings nicht anfängt sich zu langweilen. Besitzt ihr noch landestypische Musik, mit der ihr eure Präsentation untermalen könnt?

e) Vielleicht findet sich in eurer Klasse ein Profi, der bereit ist alle Präsentationen in eine zusammenzuführen? Schön wäre es sicher auch, das Gesamtwerk eurem Erdkundelehrer zu zeigen.

f) Diskutiert zum Abschluss in der Klasse, ob ihr eure Präsentation außerhalb des Klassenrahmens vorstellen dürft. Denkt hierzu darüber nach, woher eure Bilder stammen.
Welche Bedingungen müssten gegeben sein, damit ihr euer Werk bei Youtube hochladen dürft?

Register

Symbole
10-Finger-System 9

A
Absatz 52
Absatzformatierung 52
absoluter Zellbezug 113, 118
Account 80
additive Farbmischung 92
Aktivitätsdiagramm 111
alphanumerische Daten 109
alphanumerisches Tastenfeld 8, 48
analoge Darstellung 69
AND 135
Animation 135
Antivirenprogramm 76, 150, 155
Anwendungsprogramme 150
Arbeitsbereich 46
Arbeitshaltung 6
Arbeitsplatz 6
ASCII-Code 69, 72
Attribute 27, 53, 61
Attributwerte 27, 53, 61
at-Zeichen 75
Auflösung 90
Ausgabewerk 147

B
Backup, Sicherungskopie 154
Betriebssystem 149, 156
Bewegungsblock 8
Bildausschnitt 57
Bildbearbeitung 93
Bildkomposition 96
Bit 70
BMP 89
Braillecode 69
Bundesdatenschutzgesetz (BDSG) 77
Byte 70

C
Cäsarcode 69
CMYK-Farbmodell 92
Codierung 67
Computerarbeitsplatz 6
Computermodelle 147
Computervirus 76, 152
Computerwürmer 153
Copy and Paste 56
Copyright-Zeichen 130
Creative Commons 131
Cursor 52
Cybermobbing 78

D
Datei 107, 151
Daten 107, 151
 – alphanumerische 109
 – numerische 109
Datenbankprogramm 150

Datensicherheit 152
Datentypen 109
Datum 109
Decodierung 67
Dualsystem 71
Diagrammobjekte 116
Diagrammtypen 116
 – Balkendiagramm 116
 – Kreisdiagramm 116
 – Liniendiagramm 116
 – Säulendiagramm 116
 – Tortendiagramm 117
digitale Darstellung 69
DIN 5008 50
Dokument 46
Dokumentabschnitt 46
Domain 128
DPI 90
Drag and Drop 56
Drehen 97

E
Ebene 96
 – schwebende 97
Eingabewerk 147
Eingabezeile 107
E-Mail 75
E-Mail-Adressen 51
E-Mail-Programm 150
Endlosschleife 38
ENIAC 147
EOS 33
EVA-Prinzip 146, 156

F
Farbmischung
 – additive 92
 – subtraktive 92
Farbtiefe 91
Filter 100
Firewall 154
Folien 135
Folienmaster 136
Formatierungszeichen 46
Formel 110
Freeware 28, 150
Freistellen 96
Funktion 112
Funktionstastenfeld 8

G
Gaußscher Weichzeichner 100
gesetzliche Grundlagen
 – Grundgesetz 129
 – Kunsturheberrechtsgesetz 129
Gestaltungsregeln 136
GIF 89
Gigabit 141
Googeln 127
„Green-IT"-Gedanke 148

Grundgesetz 129
gruppieren 32

H
Handout 138
Hardware 146
Helligkeit 98
Hintergrundfarbe 55
Hoaxes 153

I
Implementierung 111
Index 126
Informationen 66, 126
 – sammeln 133
 – strukturieren 134
Informationskanal 67
Informationssuche 126
informationsverarbeitendes System 146
Internetbrowser 150
Internetsucht 79

J
JPEG 89

K
Kilobit 141
Klassenkarte 27, 29
Klonen 95
Kommunikation 67
Konstruktionsprogramm 150
Kontrast 98

L
LESSING, LAWRENCE 131
Link 128
Lizenzbestimmungen 150

M
Malware 76, 152
Megabit 141
Menüleiste 46
Messenger 150
Methode 27
Mindmap 134
Mobbing 78
Modellierung 111
Morsecode 69

N
Nachricht 66
NEUMANN, JOHN VON 147, 156
Numerikblock 8
numerische Daten 109
Nutzungslizenz 156

O
Object-Draw 28
Objekte 27, 61
Objektkarte 27, 53, 61

OR 127
Ordner 151, 152

P
Peripheriegeräte, Umgebungsgeräte 146
Phishing 76, 153
Pixel 86
Pixelgrafik 86
Plagiat 132
Präsentation 133
Präsentationsprogramm 135, 150
Privatsphäre 77
programmieren 26
Punktnotation 53

Q
Quellenangabe 131

R
Rechenblätter 107
Rechenmaschine Z3 148
Rechenwerk 147
relativer Zellbezug 113, 118
RGB-Farbmodell 92

S
Sättigung 99
Scareware 76, 77
Schadsoftware (Malware) 76
Schriftart 10, 22, 52
Schriftgrad 22, 52
Schriftgröße 10
Schriftschnitt 22, 52
Screenshots 58
Security-Programm 155

Seitenlayout 46
Seitenrand 10, 46
Sexting 79
SHOLES, CHRISTOPHER LATHAM 8
Shortcuts 54, 61
Sicherheit von Daten 151
Sicherungskopie, Backup 154
Silbentrennung 51
Skalieren 56, 97
Snail-Mail 75
Softwarelizenz 150
Sonderzeichen 51
soziales Netzwerk 74
Spalte 55, 106, 107
Spam-Mail 76, 154
Speichergröße 90
Speicherwerk 147
Spider-Programme 126
Spyware 76, 77, 153
Stellenwertsystem 71
Steuerwerk 147
Struktogramm 38
subtraktive Farbmischung 92
Suchmaschine 126
Suchstrategien 127

T
Tabelle 55, 107
Tabellenkalkulationsprogramm 106, 150
Tabulator-Taste 55
Tastatur 8
Textverarbeitungsprogramm 46, 150
Titelleiste 46
Top-Level-Domain 128
Trojaner 76, 77, 153

U
Unicode 73
Updates 155
Urheberrecht 156

V
Vektorgrafik 28, 86, 87
Vektorgrafikprogramme 28
Verwaltung von Daten 151
Verzeichnisstruktur 151
Viren 76
Virenscanner 155
Von-Neumann-Rechnerarchitektur 147

W
Werkzeugkasten 94
Wikipedia 127

Z
Zählschleife 38
Zeichen 52
Zeichenprogramm 28
Zeile 55, 106, 107
Zelladresse 106
Zellbereich 106
Zellbezug 110
– absoluter 113, 118
– relativer 113, 118
Zelle 106, 107
– formatieren 108
Zellwert 109
Zitieren 132
ZUSE, KONRAD 148, 156
Zwischenablage 58

Bildquellenverzeichnis

123RF/Ana Vasileva: 6/1; Beck, Julia, Germering: 99/1, 99/2; ClipDealer/Robert Kneschke: 146/3; Corbis: 8/1; Deutscher Olympischer Sportbund: 121/1; Fotolia/3dkombinat: 152/2; Fotolia/adempercem: 154/2, 157/9; Fotolia/Africa Studio: 56/1, 56/2, 57/1, 57/2; Fotolia/Andreas P: 142/3; Fotolia/Artur Marciniec: 85/1; Fotolia/babimu: 10/1, 157/8; Fotolia/Bernd Kröger: 102/3; Fotolia/blackboard1965: 66/1; Fotolia/blickpixel: 157/14; Fotolia/bob: 8/2; Fotolia/bofotolux: 81/2; Fotolia/branislav: 69/1; Fotolia/busary: 100/1, 100/2; Fotolia/chalabala: 102/1; Fotolia/Dan Race 78/1; Fotolia/davemhuntphoto: 91/1, 91/2, 93/1; Fotolia/diavolessa: 162/1; Fotolia/Digproof 20/1; Fotolia/Douglas Knight: 96/1; Fotolia/druada: 102/2; Fotolia/Eisenhans: 152/1; Fotolia/eneng: 91/3, 93/2; Fotolia/Feydzhet Shabanov: 76/2; Fotolia/foto4live: 142/2; Fotolia/fotohansel: 162/2; Fotolia/Fotolyse 122/1; Fotolia/Fotosasch: 26/2, 140/1; Fotolia/Frog: 99/3, 99/4, 99/5, 99/6; Fotolia/galijatovic: 62/1; Fotolia/Gina Sanders: 81/4; Fotolia/Igos: 69/2; Fotolia/imaginando: 74/1; Fotolia/JFL Photography: 142/1; Fotolia/Jürgen Fälchle: 98/3, 98/4, 103/1; Fotolia/Lefteris Damianidis - PHOTOJOURNALIST: 26/1; Fotolia/Lionello Rovati: 25/1; Fotolia/Marcin Robert Balcerza: 7/2, 7/3; Fotolia/Michael Rosskothen: 77/1; Fotolia/mikemols: 106/1; Fotolia/misterkakkak: 157/5; Fotolia/new7ducks: 64/1 Fotolia/Nomadic Media Lab: 105/1; Fotolia/Oleksiy Mark: 156/1; Fotolia/PHOTOERICK: 86/2; Fotolia/Picture-Factory: 65/1; Fotolia/popov48: 157/10, 158/1; Fotolia/Rawpixel: 125/1; Fotolia/Regormark: 67/1; Fotolia/Renáta Sedmáková: 52/1; Fotolia/science photo: 153/1; Fotolia/siloto: 126/1; Fotolia/simm49: 157/11; Fotolia/Syda Productions: 81/1; Fotolia/ulkas: 146/1; Fotolia/vadymg: 146/2; Fotolia/WavebreakMediaMicro: 5/1, 45/1; Fotolia/Zerbor: 107/1; geek & poke: 84/1; getDigital/Stern & Schatz GmbH: 72/1; GMX GmbH, Montabaur: 164/1; Grätz-Verlag: 75/1; Mauritius images/Alamy: 119/1; Mauritius images/imageBROKER/Norbert Michalke: 129/3; Mauritius images/Superstock: 102/7; Mauritius images/United Archives: 147/1; picture-alliance/dpa: 147/2; pixabay - Public Domain: 95/1, 95/2, 95/3, 95/4, 96/2, 97/1, 97/2, 97/3, 102/5; Shutterstock/360b: 129/1; Shutterstock/AGIF: 41/1; Shutterstock/Alhovik: 102/6; Shutterstock/Atlaspix: 120/1; Shutterstock/Brailescu Cristian: 157/2, 157/4, 157/6, 157/7, 157/12; Shutterstock/canadastock: 129/2; Shutterstock/candy1812: 100/3, 100/4; Shutterstock/Chief Crow Daria: 86/1; Shutterstock/Christos Georghiou: 137/1, 137/2, 137/3; Shutterstock/Cienpies Design: 81/3; Shutterstock/Claudio Divizia: 147/3; Shutterstock/Denis Dryashkin: 157/13; Shutterstock/Eugene Partyzan: 104/1, 104/2; Shutterstock/eveleen: 7/1; Shutterstock/Haryadi CH: 66/2; Shutterstock/Kamira: 126/2; Shutterstock/KieferPix: 100/3, 100/4; Shutterstock/Knumina Studios: 163/1; Shutterstock/Lenscap Photography: 76/1; Shutterstock/Mechanik: 102/4; Shutterstock/Mihai Simonia: 145/1; Shutterstock/Nucleartist: 157/3; Shutterstock/Radu Bercan: 151/1; Shutterstock/Ray49: 154/1; Shutterstock/StockPhotosArt: 157/1; wikipedia/Hubert Berberich: 82/1; Your photo today . A1 pix - superbild: 77/2, 148/1